明 远 通 识 文 库

通川至海，立一识大

四川大学通识教育读本
编委会

主　任
游劲松

委　员

主　编：徐玖平

副主编：应千伟　牛永革　李小平　刘海月

教材组成员：鲁　力　张　攀　孟致毅
　　　　　　吴邦刚　贾西猛　邱　瑞

财富的理性本质

从 个 人 功 用
到 社 会 素 养

一

四川大学出版社
SICHUAN UNIVERSITY PRESS

通识教育的"川大方案"

◎ 李言荣

大学之道，学以成人。作为大学精神的重要体现，以培养"全人"为目标的通识教育是对马克思所讲的"人的自由而全面的发展"的积极回应。自19世纪初被正式提出以来，通识教育便以其对人类历史、现实及未来的宏大视野和深切关怀，在现代教育体系中发挥着无可替代的作用。

如今，全球正经历新一轮大发展大变革大调整，通识教育自然而然被赋予了更多使命。放眼世界，面对社会分工的日益细碎、专业壁垒的日益高筑，通识教育能否成为砸破学院之"墙"的有力工具？面对经济社会飞速发展中的常与变、全球化背景下的危与机，通识教育能否成为对抗利己主义，挣脱偏见、迷信和教条主义束缚的有力武器？面对大数据算法用"知识碎片"织就的"信息茧房"、人工智能向人类智能发起的重重挑战，通识教育能否成为人类叩开真理之门、确证自我价值的有效法宝？凝望中国，我们正前所未有地靠近世界舞台中心，前所未有地接近实现中华民族伟大复兴，通识教育又该如何助力教育强国建设，培养出一批批堪当民族复兴重任的时代新人？

这些问题都需要通识教育做出新的回答。为此，我们必须立足当下、面向未来，立足中国、面向世界，重新描绘通识教育的蓝图，给出具有针对性、系统性、操作性和前瞻性的方案。

一般而言，通识教育是超越各学科专业教育，针对人的共性、公民的共性、技能的共性和文化的共性的知识和能力的教育，是对社会中不同人群的共同认识和价值观的培养。时代新人要成为面向未来的优秀公民和创新人才，就必须具有健全的人格，具有人文情怀和科学精神，具有独立生活、独立思考和独立研究的能力，具有社会责任感和使命担当，具有足以胜任未来挑战的全球竞争力。针对这"五个具有"的能力培养，理应贯穿通识教育始终。基于此，我认为新时代的通识教育应该面向五个维度展开。

第一，厚植家国情怀，强化使命担当。如何培养人是教育的根本问题。时代新人要肩负起中华民族伟大复兴的历史重任，首先要胸怀祖国，情系人民，在伟大民族精神和优秀传统文化的熏陶中潜深情感、超拔意志、丰博趣味、豁朗胸襟，从而汇聚起实现中华民族伟大复兴的磅礴力量。因此，新时代的通识教育必须聚焦立德树人这一根本任务，为学生点亮领航人生之灯，使其深入领悟人类文明和中华优秀传统文化的精髓，增强民族认同与文化自信。

第二，打好人生底色，奠基全面发展。高品质的通识教育可转化为学生的思维能力、思想格局和精神境界，进而转化为学生直面飞速发展的世界、应对变幻莫测的未来的本领。因此，无论学生将来会读到何种学位、从事何种工作，通识教育都应该聚焦"三观"培养和视野拓展，为学生搭稳登高望远之梯，使其有机会多了解人类文明史，多探究人与自然的关系，这样才有可能培养出德才兼备、软硬实力兼具的人，培养出既有思维深度又不乏视野广度的人，培养出开放阳光又坚韧不拔的人。

第三，提倡独立思考，激发创新能力。当前中国正面临"两个大局"（中华民族伟大复兴的战略全局和世界百年未有之大变局），经济、社会等各领域的高质量发展都有赖于科技创新的支撑、引领、推动。而通识教育的力量正在于激活学生的创新基因，使其提出有益的质疑与反思，享受创新创造的快乐。因此，新时代的通识教育必须聚焦独立思考能力和底层思维方式的训练，为学生打造破冰拓土之船，使其从惯于模仿向敢于质疑再到勇于创新转变。同时，要使其多了解世界科技史，使其产生立于人类历史之巅鸟瞰人类文明演进的壮阔之感，进而生发创新创造的欲望、填补空白的冲动。

第四，打破学科局限，鼓励跨界融合。当今科学领域的专业划分越来越细，既碎片化了人们的创新思想和创造能力，又稀释了科技资源，既不利于创新人才的培养，也不利于"从0到1"的重大原始创新成果的产生。而通识教育就是要跨越学科界限，实现不同学科间的互联互通，凝聚起高于各学科专业知识的科技共识、文化共识和人性共识，直抵事物内在本质。这对于在未来多学科交叉融通解决大问题非常重要。因此，新时代的通识教育应该聚焦学科交叉融合，为学生架起游弋穿梭之桥，引导学生更多地以"他山之石"攻"本山之玉"。其中，信息技术素养的培养是基础中的基础。

第五，构建全球视野，培育世界公民。未来，中国人将越来越频繁地走到世界舞台中央去展示甚至引领。他们既应该怀抱对本国历史的温情与敬意，深刻领悟中华优秀传统文化的精髓，同时又必须站在更高的位置打量世界，洞悉自身在人类文明和世界格局中的地位和价值。因此，新时代的通识教育必须聚焦全球视野的构建和全球胜任力的培养，为学生铺就通往国际舞台之路，使其真正了解世界、不孤陋寡闻，真正了解中国、不妄自菲薄，真正了解人类、不孤芳自赏；不仅关注自我、关注社会、关注国家，还关注世界、关注人类、关注未来。

我相信，以上五方面齐头并进，就能呈现出通识教育的理想图景。但从现实情况来看，我们目前所实施的通识教育还不能充分满足当下及未来对人才的需求，也不足以支撑起民族复兴的重任。其问题主要体现在两个方面：

其一，问题导向不突出，主要表现为当前的通识教育课程体系大多是按预设的知识结构来补充和完善的，其实质仍然是以院系为基础、以学科专业为中心的知识教育，而非以问题为导向、以提高学生综合素养及解决复杂问题能力为目标的通识教育。换言之，这种通识教育课程体系仅对完善学生知识结构有一定帮助，而对完善学生能力结构和人格结构效果有限。这一问题归根结底是未能彻底回归教育本质。

其二，未来导向不明显，主要表现为没有充分考虑未来全球发展及我国建设社会主义现代化强国对人才的需求，难以培养出在未来具有国际竞争力的人才。其症结之一是对学生独立思考和深度思考能力的培养不够，尤其未能有效激活学生问问题，问好问题，层层剥离后问出有挑战性、有想象力的问题的能力。其症结之二是对学生引领全国乃至引领世界能力的培养不够。这一问题归根结底是未能完全顺应时代潮流。

时代是"出卷人"，我们都是"答卷人"。自百余年前四川省城高等学堂（四川大学前身之一）首任校长胡峻提出"仰副国家，造就通才"的办学宗旨以来，四川大学便始终以集思想之大成、育国家之栋梁、开学术之先河、促科技之进步、引社会之方向为己任，探索通识成人的大道，为国家民族输送人才。

正如社会所期望，川大英才应该是文科生才华横溢、仪表堂堂，医科生医术精湛、医者仁心，理科生学术深厚、术业专攻，工科生技术过硬、行业引领。但在我看来，川大的育人之道向来不只在于专精，更在于博通，因此从川大走出的大成之才不应仅是各专业领域的精英，而更应是真正"完整的、大写的人"。简而言之，川大英才除了精熟专业技能，还应该有川大人所共有的川大气质、川大味道、川大烙印。

关于这一点，或许可以做一不太恰当的类比。到过四川的人，大多对四川泡菜赞不绝口。事实上，一坛泡菜的风味，不仅取决于食材，更取决于泡菜水的配方以及发酵的工艺和环境。以之类比，四川大学的通识教育正是要提供一坛既富含"复合维生素"又富含"丰富乳酸菌"的"泡菜水"，让浸润其中的川大学子有一股独特的"川大味道"。

为了配制这样一坛"泡菜水"，四川大学近年来紧紧围绕立德树人根本任务，充分发挥文理工医多学科优势，聚焦"厚通识、宽视野、多交叉"，制定实施了通识教育的"川大方案"。具体而言，就是坚持问题导向和未来导向，以"培育家国情怀、涵养人文底蕴、弘扬科学精神、促进融合创新"为目标，以"世界科技史"和"人类文明史"为四川大学通识教育体系的两大动脉，以"人类演进与社会文明""科学进步与技术革命"和"中华文化（文史哲艺）"为三大先导课程，按"人文与艺术""自然与科技""生命与健康""信息与交叉""责任与视野"五大模块打造100门通识"金课"，并邀请院士、杰出教授等名师大家担任课程模块首席专家，在实现知识传授和能力培养的同时，突出价值引领和品格塑造。

如今呈现在大家面前的这套"明远通识文库"，即按照通识教育"川大方案"打造的通识读本，也是百门通识"金课"的智慧结晶。按计划，丛书共100部，分属于五大模块。

——"人文与艺术"模块，突出对世界及中华优秀文化的学习，鼓励读者以更加开放的心态学习和借鉴其他文明的优秀成果，了解人类文明演进的过程和现实世界，着力提升自身的人文修养、文化自信和责任担当。

——"自然与科技"模块，突出对全球重大科学发现、科技发展脉络的梳理，以帮助读者更全面、更深入地了解自身所在领域，学习科学方法，培养科学精神、科学思维以及创新引领的战略思维、深度思考和独立研究能力。

——"生命与健康"模块，突出对生命科学、医学、生命伦理等领域的学习探索，强化对大自然、对生命的尊重与敬畏，帮助读者保持身心健康、积极、阳光。

——"信息与交叉"模块，突出以"信息+"推动实现"万物互联"和"万物智能"的新场景，使读者形成更宽的专业知识面和多学科的学术视野，进而成为探索科学前沿、创造未来技术的创新人才。

——"责任与视野"模块，着重探讨全球化时代多文明共存背景下人类面临的若干共同议题，鼓励读者不仅要有参与、融入国际事务的能力和胆识，更要有影响和引领全球事务的国际竞争力和领导力。

百部通识读本既相对独立又有机融通，共同构成了四川大学通识教育体系的重要一翼。它们体系精巧、知识丰博，皆出自名师大家之手，是大家著小书的生动范例。它们坚持思想性、知识性、系统性、可读性与趣味性的统一，力求将各学科的基本常识、思维方法以及价值观念简明扼要地呈现给读者，引领读者攀上知识树的顶端，一览人类知识的全景，并竭力揭示各知识之间交汇贯通的路径，以便读者自如穿梭于知识树枝叶之间，兼收并蓄，掇菁撷华。

总之，通过这套书，我们不惟希望引领读者走进某一学科殿堂，更希望借此重申通识教育与终身学习的必要，并以具有强烈问题意识和未来意识的通识教育"川大方案"，使每位崇尚智识的读者都有机会获得心灵的满足，保持思想的活力，成就更开放通达的自我。

是为序。

（本文作于 2023 年 1 月，作者系中国工程院院士，时任四川大学校长）

序 言

每个人都渴望拥有更多的财富，可又有多少人认真思考过财富的本质，仔细规划过自己的财富人生？财富从哪里来？财富应该用到哪里去？如何创造和管理财富来成就更美好、更精彩的人生？回答这些问题，需要具备一定的财经素养。

财经素养包含财经观念、知识、能力及风险防范等，是当代青年必备的综合素质。但"校园网贷""超前消费"等乱象的出现，表明青年财经素养亟需提升。以通识教育的方式，广泛开展财经素养教育，引导青年掌握财经知识、提升财经技能、树立正确的财经价值观、形成强烈的财经责任感，势在必行、刻不容缓！

网络时代，互联网技术广泛地应用到了实际生活之中。依托大数据、云计算、区块链等新兴技术的创新驱动，"互联网+"环境下B to B，B to C，C to C 等新型商业模式不断涌现。消费升级，支付方式多样，给经济生活带来了极大便捷。与此同时，网上交易、线上支付，相比传统商业模式，对经营者和消费者的财经素养都提出了更高的要求。

当代青年大部分是互联网的"原住民"。他们善于利用网络平台获取信息，习惯通过网络平台消费。他们思想敏锐、接受力强，但社会阅历有限、辨认能力较差，容易受到网络不良信息的影响，被社会上一些不正确的财富观念迷惑。由于网络传播具有速度快、内容繁杂、互动性强的特点，拜金主义、享乐主义、消费主义等各种错误价值观念大量涌入青年头脑中，对他们的价值观造成了一定冲击。有些禁不住诱惑的青年，对物质世界产生极度的渴求，形成急功近利的价值取向、享乐至上的价值观念。

在这种形势下，青年群体迅速成为一些商家竞相抢夺的"大蛋糕"。各类网络借贷、分期付款的平台大量出现，个别青年陷入过度超前消费的泥潭。比如，近年来高校"校园贷"等事件层出不穷，由此引发的各种培训贷、求职贷、暴力催收等违法现象也屡见不鲜；更有甚者，有些大学生一边拿着助学金，一边用着高档手机，沉迷于网络与游戏，以致多门课程不合格，连续收到学业预警。这些问题反映了青年财经素养的严重缺失，折射出财经素养教育的严重缺位。

大学生是青年群体中比较有代表性的部分。基于"提升素养"的现实需要和"立德树人"的教师使命，四川大学成立了财经素养教研组。基于大学生群体财经素养状况调查和多年教研实践，2021年9月1日，教研组发布了中国首部《大学生财经素养蓝皮书》，全面刻画了中国大学生财经素养现状，唤起了各界的关注、思考并引起共鸣。《大学生财经素养蓝皮书》依据规范的量表开发程序，将财经素养分解为5个领域、23个变量，综合运用多种计量分析方法，从大学生财经意识、态度、知识、技能和行为等维度进行了系统调研，得到很多有价值的发现。比如，金融产品在大学生群体中的普及率达到100%，45.7%的受访大学生持有三种及以上的金融产品，持有最多的金融产品类型分别是储蓄账户、信用卡（或花呗）和基金。从财经技能来看，64.9%的受访大学生参与了自己家庭金钱方面的决策；当面临入不敷出的困境时，一般通过节流、开源、变卖、借款和贷款等5种方式处理。但是，尚有2.8%的受访大学生面对财务困境不知所措，48.1%的受访大学生预算的自我效能较高，55.2%的受访大学生不太具备长期的金钱计划能力。从财经行为来看，64.3%的受访大学生认为自己的财经行为具有较高的合理性，40.6%感受到较强的限制性，12.5%感受到过重的个人负债。

《大学生财经素养蓝皮书》分析结果表明，大学生群体提升财经素养的需求非常迫切。

本书站在商业文明的高度，通过问题导向式的逻辑演绎和知识介绍、启发探究式的案例分析和互动讨论，引导读者理解货币的时间价值和风险，领会金钱的社会价值和局限，认识财富的理性本质和变迁，提升个人财经素养。本书从青年个人成长、商业文明进步及二者交互发展的角度，带领大家学习和领悟两个方面的内容：作为现代公民，认识财富的个人功用，形成日常生活应有的财经素养；作为创新创业人才，认识财富的社会功能，具备从事创新创业必备的财经素养。

本书分为四篇，共十四讲，系统讲解了财经生活规划中从消费、储蓄、信贷到投资各个关键环节所必备的常识、理念和基本方法。本书充分体现了国际视野和人文关怀，有机融入了中国优秀的传统文化与社会主义核心价值观，全面关照个人与家庭、个人与社会、个人与国家的关系，充分考虑了青年当前身心发展特点和未来发展目标，兼顾了认知发展规律和教育教学规律，循序渐进，重点突出，具有很强的可读性和可操作性。既可以作为高校财经类通识课程的教材，又可以为广大青年读者提升财经素养提供必备知识。本书特色具体可以总结为以下"五个导向"。

一是目标导向。现代财经素养教育，既是专业通识课，也是思想素质课。本书遵循"培养德智体美劳全面发展的社会主义建设者和接班人"的人才培养总体目标，以引导青年树立马克思主义财经价值观为导向，传授系统的财经知识，拓展财富的内涵与外延，将追求物质财富和精神财富结合起来，培育具有财富道德与信仰的社会主义劳动者。

二是问题导向。本书的每一讲都提出并解决一个核心问题，同时在每讲各小节中，又将核心问题细分为若干小问题分别加以阐述和解决。这样可以帮助读者更合理地做出财务预算，更恰当地规划自己的消费、储蓄和借贷。

三是"以学为中心"导向。从作为通识课程的教材这一层面讲，考虑到大学生来自全国各地，财经素养初值差异大、分布广，本书尝试从注重知识点传授的"以教为中心"向"知识+思维+想象力"并重的"以学为中心"教学模式转变。尊重学生的主体性，按"问题导向—案例解析—教学测评"的基本逻辑展开，鼓励学生自己发现问题、分析问题、解决问题，真正实现以学生为中心的教学。

四是应用导向。从作为青年读者提升财经素养读本的角度来讲，青年财富观念、理财能力的养成，除了依靠财经知识的传授，更需要将财经知识与实际具体场景相结合，以深入了解消费市场、参与财经生活。本书设计的话题均来源于当下和未来要面临的生活和工作，整体上分为生活教育和创业教育两个部分，对应财经素养的两大类场景，即生活和职场。

五是效果导向。以财经知识情景化、财经语言生活化，来调动青年读者学习的积极性。每一讲由学习目标、测试、正文（包括思考题）、小结四部分组成。通过测试和思考题，让读者更清楚地了解自己的财经素养现状和学习目标达成情况。

我们相信，《财富的理性本质：从个人功用到社会素养》这本书能带来一股清新的空气，让青年获得财经类的基础知识和技能，掌握不同情境下做出恰当财经决策的方法，树立马克思主义财经价值观，在广泛财经环境中，能做出正确决策、采取有效行动，获得个人收益、稳定家庭财富、繁荣国家经济，为建设富强民主文明和谐美丽的社会主义现代化强国做出更大的贡献。

徐玖平

目 录

第四篇 经济问题应对

第一篇

预算与消费

第 01 讲

量入而定出：如何做好财务预算？

学习目标

- ◆ 确定目标，并排出优先顺序
- ◆ 确定实现目标需采取的步骤及所需资源
- ◆ 确定并检查你目前的消费习惯和消费模式
- ◆ 了解编制预算的意义，并明确需执行预算的原因
- ◆ 编制并执行一个可以帮助你实现个人财务目标的预算

个人预算是关于如何分配未来收入，以用于开销、储蓄和债务偿还的一项财务计划。"钱都去哪儿了?"是许多个人与家庭在预算和理财过程中面临的常见问题。好的理财效果需要依靠循序渐进的节流与开源来实现。财务目标应当切实可行、明确具体，包含清晰的时间表及需要采取的行动。本讲将鼓励读者花时间和精力制定自己的财务目标和预算。建议读者在学习本讲的过程中，以文字形式梳理自己的消费习惯并最大限度地发挥现有资金的价值。我们还将证明，通过仔细权衡需求与欲望，一个人或一个家庭将可以在保持适当生活开销的前提下开展储蓄和投资活动，实现长期的财务安全。

测试

1. 编制预算的最后一步是_____。

    A. 设定个人目标和财务目标

    B. 比较预算和实际花销

    C. 审查财务进度

    D. 监控目前的开销模式

2. 以下哪项属于长期目标_____。

    A. 年假

    B. 退休储蓄

    C. 购买二手车

    D. 在未来 6 个月内完成大学学业

3. 清晰明朗的财务目标应当是_____。

    A. 为接下来 4 年的大学学费存钱

    B. 在 12 个月内还清信用卡账单

    C. 投资国际共同基金，为退休做储蓄

    D. 在 18 个月内攒下一笔 4 000 元的应急资金

4. 以下哪项属于固定开销_____。

    A. 服装费用

    B. 汽车保险费用

    C. 电费

    D. 教育费用

5. _____通常被认为是灵活开销。

    A. 房租

    B. 房贷

    C. 房屋保险费用

    D. 休闲娱乐费用

一、明确你的目标

目标是对活动预期结果的主观设想，是在头脑中形成的一种主观意识形态，也是活动的预期目的。它为活动指明方向，具有维系组织各个方面关系、构成系统组织方向核心的作用。

每个人的一生都是由一个个目标组成的。人生百载，同样的时间里不同的人绽放出的光彩是完全不同的。有了清晰和适合自己的目标，每一个充满活力的青年才会更坚定地创造属于自己的精彩人生。

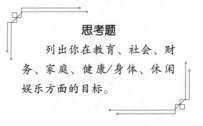

思维延伸

进入大学校园，你有为自己定下什么目标吗？是短期的还是长期的呢？

（一）目标的类别

（1）按内容划分

从个人的人生规划和发展来看，人生的目标可以体现在教育、社会、财务、家庭、健康/身体、休闲娱乐六个方面。

思考题

列出你在教育、社会、财务、家庭、健康/身体、休闲娱乐方面的目标。

第一，教育目标。就是一个人希望通过在学校的系统化学习获得知识和技能以及对应的学历和学位，或者通过培训机构、自我学习获得知识和技能。知识包含基础知识、专业知识和文化知识。

小学至高中的学习，可帮助人们获得生活中常用的必备的基础知识，其运用贯穿我们的一生。

大学学到的知识是专业知识。所谓的专业知识，即为了有效完成人类社会生产活动中劳动分工形成的某种工作岗位的任务所建立的系统性知识。比如，四川大学商学院的市场营销专业，专业培养课程包括市场营销、营销战略、营销策划、品牌管理、市场调查、销售管理、消费者行为分析、营销工程与应用、营销研究方法与运用、整合营销传播、客户关系管理、计量经济学、商业数据挖掘、管理学原理、管理运筹学、管理沟通、商务谈判与推销、电子商务、城市营销等。课程内容既涵盖了基础的工商类管理学知识，又包括专业性强的市场营销理论，既有系统的商学理论体系，也有前沿的市场营销应用技术。学生通过学习经济管理基础理论、市场营销理论，数据分析与数据挖掘等，将具备市场调查与分析、营销策划和营销策略制定、渠道管理和销售管理等能力。

文化知识，即基础知识和专业知识之外的知识。这种知识是通过一以贯之的阅读和实地考察进而获得的，包括逻辑学、美学、哲学、文学、政治学等。凡是学校教育规定的课程之外可提升自己综合能力的知识，都可称为文化知识。文化知识有助于提高自己的涵养，以及认识自己和外部世界的能力。

思考题

挑选 6 个对你来讲最重要的目标，并按重要程度排序。在每一个目标后面注明你为实现这一目标目前可以采取的行动，以及实现这一目标所需的资源。

	重要程度大小	
	目标 1　……　目标 6	
我目前可以采取哪些行动		
实现这一目标需要哪些资源		
计划在哪个时间点完成		

第二，社会目标。即在社会交往、社会活动中所确立的目标，在马斯洛需求层次理论中体现为归属的需要（爱、友谊、他人的接受）、自

尊的需要（声望、地位、成就）。比如，在大学期间的社会目标主要表现为与同学相处融洽，参加学校社团活动并担任负责人角色，参加志愿者活动，和老师进行有效的沟通，在学习和生活上帮助他人，获得奖学金，组团参加学术或创业项目比赛并获得荣誉等。

第三，财务目标。即在计划期内合理运用自己掌控的资金，除确保必要的日常生活开支外，可以购买有意义的商品和参与有意义的休闲娱乐活动，原则上保持收入和支出的平衡。

第四，家庭目标。即和家庭成员保持良好的沟通氛围。人的成长必须支付成本，来自家庭的成本就是批评和自我批评；年轻人要虚心接受父母长辈的批评，只有这样，才能顺利茁壮成长。

第五，健康/身体目标。即养成每天锻炼身体的习惯，比如每天花一个小时进行跑步、打篮球、游泳等体育活动，使自己保持健康的体魄。体育运动的好处是不言而喻的，保持健康的体魄，才可以让自己精力充沛地投入艰巨的学习和工作当中。

第六，休闲娱乐。休闲时间是当一个人在做选择的时候，自己可以自由支配的时间，或者就是一种随意的时间。它是没有义务的时间，即摆脱了对生理或社会需求的预先承诺。比如，在绿化程度高的环境里散步，研究发现，这样做可以放松身心，建立积极的情绪，快速恢复注意认知能力。上述提到的是随意性休闲（casual leisure）。其实，在生活中还存在严肃性休闲（serious leisure），它是指业余爱好者或者志愿者系统化追求，参与者能发现本质的有趣的活动，在此过程中，他们能获得并表现自己的特殊技能、知识和经验。娱乐通常表现为享受、消遣、获得快乐，简而言之就是"玩"。娱乐是人类生活的核心构成要素，它以个人兴趣和周围的社会结构为基础而自然形成不同的形式。娱乐活动可以表现为群体或个体，主动或被动，户外或室内，安全或危险，对社会有利或不利。娱乐活动的清单是无止境的，它几乎囊括了人类的所有活动，如读书、看电影或电视、运动、旅游等。公共空间，如公园和海边，是很多人开展娱乐活动的场所。

（2）按时间跨度区分

可以从时间跨度上对目标进行分类：①短期目标。短期目标是指 1~4 周时间可达到的目标，短期目标要求全面而又具体。②中期目标。中期目标是指一季度或半年可达到的目标。③长期目标。长期目标是指一年以上可达到的目标。

（二）目标设定的原则

从青年自身出发，目标的设定应遵循以下原则：①可行原则。可行原则是说就你的能力和特点而言，实现这个目标是现实的、可能的。②可信原则。可信原则是指你真的相信自己能完成这个目标，对自己的能力非常有信心，相信自己能够在设定的时间之内完成。③可控原则。可控原则是指你对一些可能会最终影响到自己实现目标的因素的控制能力。④可界定原则。可界定原则是指你的目标必须使用普通人都能理解的口头语言或书面语言描述。⑤可量化原则。可量化原则是指你的目标应尽量以一种能够用数字加以衡量的方式来表达，而不要用宽泛的、一般的、模糊的或抽象的形式。⑥明晰原则。明晰原则是指你只陈述某一特定的目标，并且在一段时间之内只集中于这一个目标。同时，这个指导原则也要求你非常慎重地遣词用句。⑦适己原则。适己原则是指你制定的目标应该是自己真正想去做的事情，而不是别人强加的。⑧促长原则。促长原则是指你的目标应该是对自己和他人均无伤害性或破坏性的。

思考题

按照目标内容，从每一个方面选取 2 个对你来讲最重要的目标。明确每一个目标的期限，对个人来讲，短期目标设定在 1~4 周为宜；中期目标设定在 5~12 个月为宜；长期目标设定在 1 年以上为宜。

二、做好你的预算

（一）认识预算

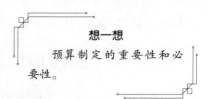

萨勒（Thaler）在心理账户理论中首次提出"心理预算"的概念，他认为人们会在心理上设置不同类别的账户（如食物、娱乐、衣服账户等），并为不同类别的账户设置预算限制。希思和索尔（Heath and Soll）对心理预算进行了单独的研究，他们将心理预算的概念界定为"人们从心理上对各项支出设定预算约束，并对其进行支出追踪的认知过程"，之后的研究大多都建立在这一定义的基础之上。但该定义主要强调了心理预算的认知过程，并没有从广义上回答心理预算是什么。克里希纳穆尔蒂和普罗科佩茨（Krishnamurthy and Prokopec）在研究中指出心理预算是行为目标的一个数字呈现，是消费者在消费之前所计划花费的数额。

目前，在消费者心理预算领域中呈现出了名词性概念和动词性概念两种观点。名词性消费者心理预算被认为是人们在进行消费决策时，预先对自己的财富做出安排，即在心理上为即将发生的消费设置预算值。如消费者逛超市之前会设置一个大致的预算值、人们会为下个月的生活花销设置预算等。人们总是试图使自己的决策不要超出心理预算值（参照点），高于预算值就认为是"损失"（loss），低于预算值就认为是"获益"（gain）。因此，消费者心理预算是行为目标的数字呈现，是消费者进行消费决策的一个重要参照点。人们设置心理预算的方式很多，可以根据不同的项目单列预算，如家庭日常开支、事业发展投入、教育费用、人情往来支出等；也可以根据不同的时间来设置预算，例如为每个月的开支设置预算、为每年的开支设置预算等，甚至有些人的心理预算更精细，每天都会记录当天的收支情况。由此可见，名词性的心理预算概念与财务会计学领域的组织预算没有太大区别，虽然两者在预算主体上存在差异，但这并未影响预算的本质，研究前者时依然可以借鉴后者的相关研究成果。

基于对财务会计相关领域文献的回顾和总结，预算应具备如下性质：①提前性，即预算是在事件之前发生的。②计划性，即预算是一种对未来可能发生的活动的计划。③预测性，即预算是一种对预期结果的预测。④数字呈现，即预算是一种数字表达。

名词性的消费者心理预算可以理解为消费者为某一段时间或为某一事件的消费支出在心理上提前进行计划，并依据不同计划组合的可能结果预测所需花费的金额的过程，其预算的结果为心理预算值。

动词性预算观点认为心理预算是一个认知过程，不仅包含了对消费之前心理预算值的设定过程，还包含了消费过程中对各项支出进行追踪的过程。当支出发生时，它们会消耗账户中的可用资金，使账户中的预算余额逐渐减少，从而导致未来购买的可能性变小，即通过将静态的心理预算值和实时支出作为参考不断进行比较，以达到控制支出的目的。由此看来，动词性质的消费者心理预算包含"提前设置预算值"和"利用预算值进行支出控制"两个方面。其中，"提前设置预算值"是消费者在消费之前形成心理预算值（名词性心理预算）；而"利用预算值进行支出控制"是消费者在消费过程中不断追踪各项支出，并将之与心理预算账户中的余额（名词性心理预算）相比较，以达到控制支出的目的。

预算涉及如下三个方面的问题：预算是预计未来的活动吗？预算是预计未来的金钱流动情况吗？预算是规划未来的财务结构吗？比如，一对小夫妻在购房选择上存在如下预算问题：要不要把存款拿来买房（未来在经济上有什么活动）？用多少存款来买房（这项经济活动涉及多少金钱流动）？要不要卖了股票加上存款买大一点的房（这项经济活动有没有必要改变现有的财务结构）？小夫妻购房选择面临的三个预算问题，实质是三个预算通识问题的具体化。对应在企业管理中，可以将其解析为经营预算、财务预算和资本预算。当然，个人预算远没有企业预算复杂，但是原理是一样的。所以，个人财务预算，可以理解为将未来的可支配收入分配至各项合理消费活动的财务规划。

（二）预算的意义

总的来讲，个人预算存在三方面的现实意义：满足我们更高的需求和目标；应对突发财务状况；保证收入支出合情合理，不至于陷入财务困境。

有两种情形可能比较使人困惑。第一种情形，有足够的钱可以花，那么这种情况下是不是就不用做预算了？第二种情形，没有多少钱可以花，那么这种情况下是不是也不用做预算了？这两种想法都是错误的。不同经济背景的人有不同的消费水平，因此对应的预算内容也是不同的。有钱人如果随意花钱，再多的钱都有可能被折腾完；穷人不做预算，也可能把有限的钱用在没有意义的事情上。

思考题

小王和小李每个月都会因家庭开销而进行长时间的讨论。他们想不通，为什么两个人的薪资水平都不低，但钱经常不够用。为了避免个人财务上的困难，可采取哪些措施？

（三）怎么做预算

1. 预算的类别

个人在做预算的时候，可按照时间的长度与项目的必要性两个维度将预算划分为四个类别：长期且必要；短期但必要；长期但非必要；短期且非必要。

（1）长期且必要的预算项目

这类项目通常是指生活中的必需品。衣食住行可归入这个类别。衣，即定期且必要的服装购置；食，即日常必需的食物，以及在规划之内的外出就餐；住，即房租、水电燃气费、网费等；行，即日常出行需求等。长期且必要的项目与恩格尔系数反映的定律相一致，反映了人类最基本的生活需求。恩格尔系数（Engel's Coefficient）是食品支出总额占个人消费支出总额的比重。19 世纪德国统计学家恩格尔根据统计资料，针对消费结构的变化得出一个规律：一个家庭收入越少，家庭收入中（或总支出中）用来购买食物的支出所占的比例就越大；随着家庭收入的增加，家庭收入（或总支出）中用来购买食物的支出比例则会下降。推而广之，一个国家越贫穷，每个国民的平均收入（或平均支出）中，用于购买食物的支出所占比例就越大；随着国家经济发展水平的提高，这个比例呈下降趋势。预算满足最基本的生活需求是一个人或者一个家庭维持其正常生存的必要条件。

（2）短期但必要和长期但非必要的预算项目

这两类项目可以使用备用金来应对。短期但必要的预算项目优先级要高于长期但非必要的，这是因为它是必要支出的。为了满足短期需求，这类支出在备用之时就要被放在随时可用的账户中。短期但必要的预算项目最常见的就是意外支出，因为我们难免会遇到一些突发事件，它和短期且非必要的预算项目的区别在于，这笔钱是不得不支出的。比如开车违章所产生的罚单；朋友结婚要送的份子钱；好朋友突然从外地过来看你，请朋友吃饭的花费。我们不得不提前准备好逢用必能取出来的备用金，以应付短期但有必要的预算项目。除了上述备用金，还有一类是无需随时提取但站在长远发展角度需要准备的备用金，我们将其称为长期但非必要的备用金。这类项目主要指长期投资、保险等，它通常不是一两次就能完成的，并且在能力不足的情况下无需优先考虑。这里的长期投资可以指购买股票、外汇等具有风险性的投资项目，由此获得投资回报。同时，它也可以理解为对自己的投资。如培养业余爱好，具体体现为旅游、烹饪、舞蹈等；再如提升自己的能力，具体体现为获得更高的学历、专业培训、语言培训等。

（3）短期且非必要的预算项目

它主要是指不受控制的、突发但不重要的事件。比如你原本计划在一个月后购买一部价格为 5 000 元的新手机，但是在你有这个想法的三天后，你的朋友刚使用半年的手机不用了想出手，价格仅为 2 000 元。在此条件下，你觉得朋友的旧手机和自己计划购买的 5 000 元新手机的性能差异不大，且各个方面保养得都很好，而价格仅是你新手机预算的40%，经过再三衡量，你觉得比较划算，于是就购买了朋友的二手手机。在这个例子中，二手手机不是计划范围内的，所以不是必要的，但自身和外部原因让你产生了短期购入行为，所以属于短期且非必要的支出。

2. 确定预算的分配比例

确定好项目的类别之后，接着就是为各个项目分配预算金额。有学者提出过个人"理财金三角"理论，即日常生活：投资理财：风险管理＝60%：30%：10%。"理财金三角"理论将日常生活、投资理财和风险管理三者的预算固

思维延伸

记录你的每月消费情况，回答你的实际消费支出与消费预算是否差别很大，你每月花费最大的领域是什么？

定为6：3：1，但这并不能适用于所有人，并且也不能和上述四种预算项目相对应。因此，我们在此基础上进行修改，按照优先级分配预算。

把收入的 40%～60% 分配到长期且有必要的项目上。恩格尔系数反映个人的消费层次，收入高的人，购买食物的支出占总收入的比重就比较低；反之，就比较高。因此，不同收入水平的人在这项最基本的支出上体现出比较大的差异性。

把收入的 20%～30% 分配到备用金账户中。短期但必要和长期但非必要的预算项目处于第二个优先级水平。一般来讲，二至三成的备用金占比可以大致满足大部分人的需求。其中，短期但必要和长期但非必要两者的比例则因人而异。通常情况下，如果经济条件较好，则可以提高后者的比例，也就是投资项目的比例；若经济条件欠佳，如经济来源较少的学生，则应该将重点放在前者，也就是应急事件。

把收入的 20%～30% 分配到短期且非必要的预算项目中。它突发和不重要的性质表示了如果经济状况较好，可以多分配一定比例。

在这里需要提醒的是，有些人的工资并不固定，或者经常有偶然所

得。在这种情况下，在分配长期且有必要的支出时最好仅以固定收入为基数；当有偶然所得时，去调整备用金和短期且非必要的项目预算。也就是需要把握这样一个原则，即用确定的收入去计划确定项目，用不确定的收入去分配不确定的项目。

在将预算分配到单项类别的时候，有记账习惯的人，可以根据以往在某一项的消费记录计算平均值，然后在此基础上进行调整，以此设置该项经费的预算。对于平常没有记账习惯的人，我们推荐的方法是，将所有可能的项目支出列入 Excel 表中，越详细越好。将所有的可支配收入按照你的预期规划至每一个细节，然后按照该规划连续记账三个周期以上，并进行不断调整，最终确定单项项目的预算金额。预算金额确定之后，接着要确定的是预算的时间周期和预算的后续调整。

3. 预算的时间周期

预算的时间周期可划分为三个层级：周、月份和季度。月份是最常用、最基础的时间周期。对于那些每天发生的琐事的支出，用月份来规划太过宽泛，用周划分更为合适。而对于那些偶尔才会发生的，但又知道一定会发生，只是时间不确定的项目支出，则放宽到季度比较合适。具体做法如下：①以周时间周期管平常的琐事：吃饭、水果零食、公共交通等；②以月份时间周期管基础的事务：房租、各项杂费、私人交通、日用品等；③以季度时间周期管灵活的事务：外出聚餐、服装、护肤品、家装及电器、医疗保健等。

4. 预算的后续调整

最初的预算金额和预算的时间周期只是预算执行的起点，在接下来的执行过程中可以对其进行调整，但这并不意味着所有的预算都一定需要调整，通常建议在以下两种情况下可以对预算进行适当的调整。

（1）定期收入变动

这里的定期收入变动主要是指升职加薪、离职减薪、生活费用增加等。在这种情况下，需要对总预算进行调整，再分布至单项详细预算。在调整预算的过程中，需要注意的是具体类别的改变比例。比如工资增加了50%，购买服装的费用也增加50%，这种同比例的增加显然是不合适的。所以在收入大幅提升的情况下需要花费一定时间对单项预算进行调整，这可以看作二次预算的制定。

（2）连续三个月大幅偏离

如果某个项目执行连续三个月都与预算有着较大的差距，且差距是同一个方向（都增加/都减少）时，就意味着有必要对预算进行重新调整了。比如你在吃饭上的花销连续三个月都上涨了20%，那么就应该按照如下顺序进行核查：第一步，确定是购买数量的上涨还是购买单价的上涨导致的总额增加。在这里，我们引入管理会计中的弹性预算的理念，即通过固定一个变量来审查另一个变量，从而确定实际发生额与预算之间差异的根源。第二步，确定这种上涨在将来还会不会发生。如果是数量的上涨导致的，那么这种上升有没有控制的可能性；如果是单价的上升引起的，同样需要考虑有无改变的可能性。第三步，确定调整的方案。如果确定了数量或者单价其中一项不可变，那么就要考虑有没有可能通过改变另一项来恢复到预期。如果两者都不能改变，那么该预算在当前条件下的不合理性就显而易见了，要做的事情就是调整该单项的预算金额至合理范畴。

（四）编制并执行个人预算

完成预算规划后，尝试在一个月内执行这一预算。月底时，记录实际收入和实际开销，计算预期收入和实际收入之间的差额，计算预期开销与实际开销之间的差额。收入计算和开销计算分别见表1.1和表1.2。

表1.1　收入计算

收入	预算（元）	实际（元）	差额（元）
来源1			
来源2			
月收入总计			

表 1.2　开销计算

开销	预算（元）	实际（元）	差额（元）
三餐花费			
水果零食花费			
日用品花费			
购物花费			
房租及各项杂费			
医疗保健花费			
休闲娱乐花费			
其他花费（请备注）			
月开销总计			

举例来说，小张分别在一家火锅店和一家礼品店做兼职。前者的每月收入为 1 800 元，后者的每月收入为 800 元。小张的预算编制和实际执行情况见表 1.3。

表 1.3　小张的预算

开销	预算（元）	实际（元）	差额（元）
三餐花费	900	850	
水果零食花费	150	95	
日用品花费	100	60	
购物花费	250	400	
房租及各项杂费	100	100	
医疗保健花费	50	15	
休闲娱乐花费	200	210	
其他花费（请备注）	150	120	
月开销总计			

现在我们作如下思考：①现在看来小张的预算情况怎么样？②他的计划开销和实际开销之间的差额有多少？③他在哪些方面超支了？④他

在哪些方面的花销比预期的少？⑤他月末还有多少钱可自由安排？

假如你是小张，使用表 1.4 的预算表编制预算。请作如下思考：①你对预算有什么改变？②你想每月存多少钱来实现自己的个人财务目标？

表 1.4　你的预算

开销	预算（元）	实际（元）	差额（元）
三餐花费			
水果零食花费			
日用品花费			
购物花费			
房租及各项杂费			
医疗保健花费			
休闲娱乐花费			
其他花费（请备注）			
月开销总计			

小结

本讲明确了个人财务目标，财务预算的定义、意义和种类，并讲述了编制并执行个人预算的步骤。一个清晰的财务目标和可以明确有效执行的预算，能够在一定程度上帮助大家避免陷入财务困境，培养良好的消费习惯。

第 **02** 讲

得失寸心知：如何保护我们的消费者权益？

作为消费者的我们,是否真正了解自己的消费行为?面对商家巧妙繁多的营销手段,如何确保我们不被套路?面对众多选择时,如何保证我们做出正确的消费决策?当发生消费纠纷时,我们该如何保护自己的合法权益?面对如今不断升级的电信诈骗手段,我们该如何防范?本讲将为大家揭开消费者行为背后的奥秘,教会大家保护自身权益,并提高对消费诈骗的防范意识。

测试

1. 林嘉在使用她刚买的电扇时候受了伤并且需要医疗帮助，她应该_____。

   A. 将电扇退回商店

   B. 联系消费者维权机构或政府机关

   C. 联系公司

   D. 采取法律措施

2. 酒店"谢绝自带酒水"侵犯了消费者的哪项权利_____。

   A. 安全保障权　　　　　　B. 知悉真情权

   C. 自主选择权　　　　　　D. 公平交易权

3. 以下哪一项不是消费者进行信息搜索的渠道_____。

   A. 个人渠道（家庭成员、熟人）

   B. 商业渠道（广告、销售人员、经销商网站、包装、展示）

   C. 公共渠道（大众媒体、消费者评定组织、社交媒体、在线搜索和同行评议）

   D. 专业调研渠道（聘请调研公司进行大规模调查）

4. 消费者组织的任务不包括_____。

   A. 提供商品和服务的质量信息

   B. 对商品和服务进行监督、检查

   C. 对不合格的商品和服务予以揭露、批评

   D. 勒令违法商家对消费者进行赔偿

5. 以下哪一项不是消费者协会履行的职能_____。

   A. 向消费者提供消费信息和咨询服务

   B. 受理消费者投诉，并对投诉事项进行调查、调解

   C. 代替受损害的消费者向法院提起诉讼

   D. 针对商品和服务的质量问题提请鉴定部门鉴定

一、消费者决策

消费者每天都会做出许多购买决策，这正是商家和营销人员的关注点。大多数大型公司会仔细研究消费者的购买决策，分析消费者购买什么、在哪里购买、如何购买、花了多少钱、何时购买以及为何购买等问题。商家和营销人员可以通过研究消费者的实际购买行为来了解他们购买的商品品类、购买的地点以及花费的金额，但是要了解消费者购买行为产生的原因却不容易，这些答案常常隐藏在消费者的内心。事实上，消费者通常自己也不知道影响他们购买行为的因素是什么。因此，为了防止在消费时被商家套路，消费者应该首先了解自己的购买决策过程以及可能的影响因素。

（一）消费者购买决策过程

消费者在每一次深思熟虑的购买活动中，都会经历五个阶段——识别需求、信息搜索、选择评估、购买决策和购后行为，此即消费者购买决策过程。而商家对消费者决策的操纵和干预也贯穿了人们的整个决策过程。

1. 识别需求

即消费者意识到需要解决的问题或需要。这种需求可能由内部刺激物激发出来——当人的一种正常生理需求（如饥渴）上升到足够高的水平时，就会转化为一种驱动力，促使人们发生购买行为。需求也可能被外部刺激物所激发，例如一个广告或者一个推销电话可能会促使你考虑买辆车。商家常常研究消费者的需求，并将这种需求引向特定的产品。

2. 信息搜索

当产生需求以后，消费者可能会搜寻更多相关产品或品牌信息。例如，一旦你决定买一辆新车，至少你会留意汽车广告、朋友的爱车，以及有关汽车的谈话。消费者可以从多种渠道获取信息。这些渠道有个人渠道（家庭成员、熟人），商业渠道（广告、销售人员、经销商网站、包装、展示），公共渠道（大众媒体、消费者评定组织、社交媒体、在线搜索和同行评议）以及经验渠道（测试和使用产品）。这些信息渠道都成为商家影响消费者购买决策的重要信息手段。

3. 选择评估

获得产品和品牌信息之后，消费者如何在众多可供选择的品牌中做出选择呢？这要取决于个人情况和具体的购买情境。假定你已经把汽车的选择范围缩小至三个品牌，并且你主要对汽车的四种属性感兴趣：价格、风格、使用的经济性以及保修情况。毫无疑问，不同的品牌有不同的产品诉求。如果你更看重风格，你就会买一辆你认为最有风格的汽车。每个属性的重要性都不同，营销人员通过了解你分配给每个属性的权重，可以更可靠地预测你需要的车型。营销人员通过研究顾客的心理，了解顾客的品牌评估过程是怎样进行的，这样他们就可以一步一步影响顾客的决策。

4. 购买决策

在评估阶段，顾客会对品牌进行排名，从而形成购买意图。一般来说，顾客的购买决策更倾向于首选品牌。但是，有两个因素会影响顾客的购买意图和购买决策。其中一个因素就是别人的态度。如果一个对你来说比较重要的人认为你应该买廉价的车，那么，你买高价车的欲望就会降低。另一个因素是不能预测的情境因素。顾客可能会基于预期收入、预期价格和预期产品收益这些因素形成购买意图。然而，突发事件会改变顾客的购买意图，例如，经济衰退，同行降价，或者朋友对你中意的车感到失望。因此，偏好或者购买意图并不总是决定顾客实际的购买选择。

5. 购后行为

在购买产品后，消费者可能会对产品感到满意或者不满意。那么什么决定了消费者的满意度呢？答案是顾客的预期和产品的实际性能之间的关系。如果产品的实际性能达不到预期，消费者就会对其感到失望；

如果刚好符合预期，消费者就会感到满意；如果超出预期，消费者就会感到十分满意。因此，建议商家仅仅承诺他们能提供的服务，而不是夸大其词，这样顾客的满意度会高一些。

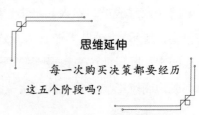

思维延伸

每一次购买决策都要经历这五个阶段吗？

通过研究顾客的全部决策过程，商家有可能找出促成顾客购买的方法。例如，如果顾客因为对产品没有需求而无动于衷，商家就可以向顾客发送广告信息以引起他们的需求和欲望，同时，也可向顾客展示他们的产品能解决哪些方面的问题。如果顾客已经了解了产品的信息却因为对产品的印象不太好而不愿购买，那么商家就应找出改变产品或者顾客感知的方法，最终达到促使顾客购买的目的。

（二）常用销售刺激

商家对消费者购买决策过程持续关注，并通过各种销售刺激来影响和干预消费者的购买决策过程，从而达到促进购买的效果。常用销售刺激包括4P：产品、价格、渠道和促销。

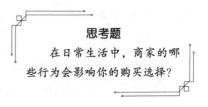

思考题

在日常生活中，商家的哪些行为会影响你的购买选择？

1. 产品

商家会通过产品（或服务）的品牌、功能、特征、风格、包装等特质来影响消费者决策。请看下面的小案例：

产品包装会传递出不同的视觉效果。下图展示了生活中常见的两种爆米花包装。两张图片中爆米花的量实际是一样多的，但由于包装 A 本身体积较大，给消费者"没有装满"的感

思考题

在生活中，你还发现了哪些商家使用包装来影响消费者决策的例子？

觉；而包装 B 采用了细长的包装，实际等量的爆米花却给人"多得要溢出来"的感觉，大大增加了消费者的满意度。这种包装上的视力错觉是商家影响消费者决策的一种常见手段。

　　　　包装 A　　　　　　　　　　　包装 B

2. 价格

价格是消费者购买一件产品或一项服务所支付的费用。古往今来，价格一直是影响买家选择的主要因素。商家对产品的定价除了要考虑涵盖成本、不能超过顾客可接受的最高价格等因素以外，还要考虑与竞争者比较的相对价格、消费者的价格心理等。商家对价格呈现方式的微小调整都可能影响消费者的选择，请看下面的小案例：

订阅方案一：《经济学人》杂志推出三种订阅选择。
　　　　选项 A：网络版杂志 59 美元；
　　　　选项 B：印刷版杂志 125 美元；
　　　　选项 C：网络版杂志+印刷版杂志 125 美元。
订阅方案二：《经济学人》杂志推出两种订阅选择。
　　　　选项 A：网络版杂志 59 美元；
　　　　选项 C：网络版杂志+印刷版杂志 125 美元。

在以上两种订阅方案中，你会分别选择哪种订阅方式？

这是杜克大学教授丹·艾瑞里（Dan Ariely）在麻省理工学院（MIT）做过的一个关于杂志订阅的实验。在第一种订阅方案中，100 个 MIT 学生中有 16 人选了 A，84 人选了 C，无人选择 B。既然没人选 B，那么把选项 B 去掉（即方案二），是否影响学生选择 A 和 C 的比例呢？结果在方案二中，68 人选了 A，32 人选了 C。

对比两个方案的结果可以发现，选项 B 的出现导致了更多的人选择 C。原因很简单，没有 B 时，人们很难比较 A 和 C 哪个性价比更高，因为 A 是

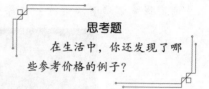

价格便宜内容少，C 是价格高内容多。但有了 B，比较突然变简单了，因为 C 和 B 价格一样，却比 B 多了内容 A。横竖比，都是 C 更划算。这里 B 就是 C 的诱饵选项。通过提供诱饵选项，商家改变了消费者的购买选择。

3. 渠道

渠道是指产品（服务）从生产者向消费者（用户）转移所经过的路线，是连结生产和消费的"桥梁"和"纽带"。商家通过改变商品（服务）转移到消费者手中的路线，影响消费者对商品的选择。例如，淘宝不通过实体店来销售商品的模式改变了零售业模式；直播带货打开了渠道新思路。

4. 促销

促销是商家用来传播客户价值和建立客户关系的工具，包括广告、公共关系、人员推销和销售促进，这是商家用来影响消费者决策的常用手段。那么，这些促销工具是如何影响消费者决策的？我们以广告为例来探知其中一二：

研究表明，明星类广告可以通过社会比较来影响消费者的自尊水平，从而影响人们的购买决策。广告常常选用富有吸引力的模特来演示产品，在这一过程中，消费者会试图将自己

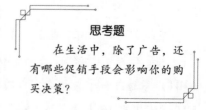

与广告塑造的形象进行对比来评价自我。例如，女生倾向于将自己的外表与广告中的模特进行对比，看到美女广告的女生比其他没有接触美女广告的女生，对自身的外表表现出较低的满意度。为了克服由于比较而产生的外表低满意度，观看美女广告的女生会通过购买产品来塑造自己理想化的形象。①

由于篇幅的限制，本书仅呈现了商家干预消费者决策的部分案例，感兴趣的读者可以关注和学习市场营销和消费者行为相关内容，以期更加全面深入地了解消费者自身购买决策过程和商家对消费者购买决策过程的众多干预手段。

二、消费者权益

消费者为生活消费需要购买、使用商品或者接受服务，其权益受到法律的保护。消费者权益是指消费者在有偿获得商品或接受服务时，以及在以后的一定时期内依法享有的权益。

思考题

当你的消费者权益受到侵害时，该如何保护自己的合法权益？

消费者权益的核心是消费者的权利，其有效实现是消费者权益从应然状态转化为实然状态的前提和基础，而为消费者权利的实现直接提供法律保障的，则是消费者权益保护法。

根据《中华人民共和国消费者权益保护法》（以下简称《消费者权益保护法》），消费者享有以下权利：

1. 安全保障权
消费者的安全保障权分为人身安全权和财产安全权。消费者在购

_____

① 改编自国外学者 Mary C. Matin 的研究。

买、使用商品和接受服务时，首先考虑的便是商品和服务的卫生、安全因素，不希望因卫生、安全方面存在问题而使身体受到伤害，甚至发生生命危险。财产安全不仅指购买、使用的商品或接受的服务的安全，更重要的是指购买、使用的商品或接受的服务以外的其他财产的安全。只要是在购买、使用商品或接受服务过程中，消费者的人身、财产安全受到损害，消费者就有权要求赔偿。

2. 知悉真情权

诚实信用是交易双方应遵守的基本准则，作为经营者，不得隐瞒实情，不得作虚假承诺，否则就构成对消费者知情权的侵犯。一旦发生争议或造成损害，消费者有权要求经营者给予赔偿。

3. 自主选择权

消费者选购商品或接受服务的行为必须是自愿的，不必以经营者的意愿为自己的意志，主动权在自己手中。同时消费者自主选择商品和服务的行为必须合法，不能把自主选择权建立在侵害国家、集体和他人合法权益之上。此外，自主选择权通常只能限定在购买商品或接受服务的范围内，不能扩大到使用商品上。

以常见的"谢绝自带酒水"为例，这一规定本质上限制了消费者自主选择消费的权利，是一种变相的强制交易行为。从法律的角度来看，这种限制性的规定是不合法的，但由于不少消费者法律意识淡薄，加之一些经营者过度追求利润，这一现象还在蔓延。消费者在遇到酒店、餐厅等消费场所提出"禁止自带酒水"或者"收取开瓶费"等不合法的要求时，应当学会用法律武器来抵制这种无理要求，更好地维护自己的合法权益。

4. 公平交易权

经营者在提供商品或服务时，必须保证质量合格、价格合理、计量正确，不得违反平等自愿、公平交易的市场准则，不得违背消费者的意愿强制交易。

《消费者权益保护法》第五十五条第一款规定，经营者应当向消费者提供有关商品或者服务的真实信息，不得作引人误解的虚假宣传。经营者故意告知消费者虚假情况，或者故意隐瞒真实情况，诱使消费者购买商品或者接受服务的，为欺诈行为。举例来说，商家在店庆活动期间提高商品价格、进行返券促销的，即存在诱使消费者购买商品的行为，构成欺诈。依照《消费者权益保护法》第五十五条规定，经营者提供商品或者服务有欺诈行为的，应当按照消费者的要求增加赔偿其受到的损失，增加赔偿的金额为消费者购买商品的价款或者接收服务的费用的三倍。

5. 获得赔偿权

消费者在购买、使用商品或接受服务时，由于经营者的过失或故意，可能会使人身权和财产权受到侵害。这里的人身权包括消费者的生命健康权、姓名权、名誉权、荣誉权等；财产权包括直接的财产损失和间接的财产损失。对于商品的购买者、商品的使用者、接受服务者以及在别人购买、使用商品或接受服务的过程中受到人身或财产损害的其他人而言，只要其人身、财产损害是因购买、使用商品或接受服务而引起的，都享有求偿权；商品的生产者、销售者或服务者均要承担赔偿责任，而不论其是否有过错；除非是出于受害者自己的过错，如违反使用说明造成的损害，商品的制造者、经销者则不承担责任。按照法律规定，消费者除因人身、财产的损害而要求获得赔偿损失这一最基本、最常见的方式之外，还可以要求其他多种民事责任承担方式，如修理、重作、更换、恢复原状、消除影响、恢复名誉、赔礼道歉，等等。

6. 结社权

结社权是指消费者有权组织起来依法成立消费者社会团体，形成对商品和服务的广泛社会监督，及时处理侵害消费者权益的行为、指导消费者提高自我保护意识和能力，通过调解、仲裁等方式，及时解决消费纠纷。

7. 获得有关知识权

所谓消费知识，包括消费态度知识，使消费者科学指导自己消费行为；有关商品和服务的基本知识以及有关市场的基本知识，以指导自己做出正确消费选择。所谓消费者权益保护方面的知识，包括有关消费者权益保护的法律、法规和政策，消费者权益保护机构，以及消费者和经营者发生争议时的解决途径等。

8. 监督批评权

消费者享有对商品和服务以及保护消费者权益工作进行监督的权利。有权检举、控告侵害消费者权益的行为和国家机关及其工作人员在保护消费者权益工作中的违法失职行为，有权对保护消费者权益工作提出批评、建议。

9. 人格尊严和民族风俗习惯受尊重权

消费者在消费活动中的人格尊严受到尊重是消费者享有的最起码权利，任何人都无权对消费者加以污辱和诽谤。公民的人格尊严权利包括姓名权、

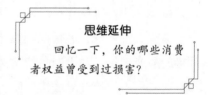

思维延伸

回忆一下，你的哪些消费者权益曾受到过损害？

名誉权、荣誉权、肖像权等。对于侵犯消费者人格尊严的行为，法律视情节轻重予以相应民事制裁。情节特别严重构成犯罪的，还应予以刑事制裁。中国有 56 个民族，各民族饮食、服饰、居住、婚葬、节庆、娱乐、礼节、禁忌等风俗习惯有所不同，都应受到尊重，保护少数民族消费者的合法权益是关系到民族平等、促进安定团结的大事。

三、消费者组织

消费者组织是保护消费者合法权益体系中的一个重要组成部分，主要以保护消费者利益为宗旨。《消费者权益保护法》第十三条规定，"消费者组织是指依法成立的，对商品和服务进行社会监督，保护消费者合法权益的社会团体"。我国的消费者组织分两种，一种是消费者协会，是指中国消费者协会和各地设立的消费者协会（有的称为消费者委

员会或消费者监督联合会等）；一种是其他消费者组织，是指除消费者协会系统之外，由消费者依法成立的旨在维护自身合法权益的社会团体。

1. 消费者组织的任务

消费者组织的任务有两项：①对商品和服务进行社会监督。监督的形式可以是多样的，如提供商品和服务的质量信息，对商品和服务进行监督、检查，对不合格的商品和服务予以揭露、批评等。②保护消费者的合法权益。这是对商品和服务进行社会监督的直接目的和必然结果，是消费者组织一切活动的出发点和归宿。同时，这一任务又是消费者组织的特征之一，是消费者组织区别于其他社会团体的重要标志。

2. 消费者组织的职能

根据《消费者权益保护法》第三十二条的规定，消费者协会履行下列职能：

（1）向消费者提供消费信息和咨询服务

此项职能要求其必须把向消费者提供信息作为日常工作的重要内容，通过各种形式经常性地向广大消费者提供信息。消费者协会提供的信息主要包括两个方面的内容：一是消费方面的信息，二是消费者保护方面的信息。消费者协会提供信息及咨询服务，不得以牟利为目的；并且，其向消费者提供的信息应当保证真实、准确和全面，不得传播虚假的信息。

（2）参与有关行政部门对商品和服务的监督、检查

参与的形式，可以是消费者协会主动要求参加，也可以是有关机关吸收其参加。

（3）就有关消费者合法权益问题，向有关行政部门反映、查询、提出建议

这里所说的行政部门，是指具有保护消费者合法权益职能及责任的行政部门，既包括执法监督部门，也包括行业主管部门。消费者合法权益问题，是指在消费领域中与消费者合法权益有关的所有问题。消费者

协会反映有关问题，应真实、客观。

（4）受理消费者投诉，并对投诉事项进行调查、调解

消费者投诉，是指消费者在购买、使用商品或接受服务时，认为自己的合法权益受到侵害，而向消费者协会反映情况，要求其进行处理的行为。

（5）针对商品和服务的质量问题提请鉴定部门鉴定

消费者协会行使这一职能，有助于分清是非、明确责任，从而使消费者权益争议得到公正、合理的解决。并且，鉴定部门在消费者协会向其提出鉴定申请时，有义务进行鉴定并告知其鉴定结论。

（6）支持受损害的消费者起诉

消费者是一个弱势群体，在遭受损害时，往往因知识、能力等的不足而无从获得救济。支持受损害的消费者寻求司法保护，实现社会公正，是一种社会责任。消费者协会作为消费者自己的组织，维护消费者的合法权益是其基本宗旨，因此支持受损害的消费者提起诉讼，就成为其当然职责。但是，应当指出，消费者协会的支持是其法定义务，不能以此牟利；消费者协会只是协助受损害的消费者提起诉讼，而不是直接以自己的名义向人民法院起诉。

（7）通过大众传播媒介，对损害消费者合法权益的行为予以揭露批评

消费者协会通过大众传播媒介揭露批评损害消费者合法权益的行为，具有速度快、社会影响大等特点。但也应实事求是，在可靠的事实、充分的证据的基础上进行。

四、电信诈骗

当今社会，科技高速发展。科技给予了人们无限便利的同时，利用高科技完成的电信诈骗也在高速蔓延中。在电信诈骗的诸多案例中，最

为公众层面熟知的可能还是 2016 年的"徐玉玉案"：2016 年 8 月，即将进入大学的女生徐玉玉因被诈骗电话骗走学费 9 900 元，在报警回家途中身体出现不适，经抢救无效死亡。2017 年 7 月，该案涉案主犯陈文辉被判无期徒刑。

电信诈骗是指不法分子通过电话、网络和短信方式，编造虚假信息，设置骗局，对受害人实施远程、非接触式诈骗，诱使受害人给不法分子打款或转账的犯罪行为。2016 年 12 月 20 日，最高法等三部门发布《关于办理电信网络诈骗等刑事案件适用法律若干问题的意见》，再度明确，利用电信网络技术手段实施诈骗，诈骗公私财物价值 3 000 元以上的可判刑；诈骗公私财物价值 50 万元以上的，最高可判无期徒刑。凡是遇到疑似诈骗电话，请立即挂断电话，以策安全。

目前，电信诈骗的常见手法主要有如下几种①，我们以小案例的形式进行呈现：

1. 冒充公检法进行诈骗

2016 年 4 月，宋某接到陌生电话称其信用卡在上海欠款。宋某否认后，接到一个自称公安的电话，对方称其卷入一起经济案件，并通过网络向其发了一份"逮捕令"。于是，宋某按对方要求操作，先后被转走 50 余万元。

小贴士：警方不会通过电话做笔录，逮捕证均由警方在逮捕现场出示，不会通过传真发放，更不会在网上查到。公检法机关不会通过电话要求当事人转账汇款。

2. 冒充熟人诈骗

2016 年 10 月，李某接到电话，对方直接叫出李某的名字并自称是其朋友"张某"。次日，李某再次接到其电话称手头急需用钱。第二天，

---

① 常见手法及案例均选自澎湃新闻网，https：//m. thepaper. cn/baijiahao_5494045.

李某在银行给对方汇款 4 万元，之后很快就发现"张某"是冒充的。

小贴士：记住一条，不管谁借钱，尤其是通过网络或者电话等方式的，一定要通过拨打对方常用号码或者视频聊天等方式核实对方身份后再做决定。

3. 高薪兼职、找工作诈骗

2017 年，李某通过某网络招聘平台找工作，拿到了一家公司的 Offer。不久后，李某发现自己被骗入了传销组织。事后查明，该公司是一家"李鬼"公司，打着招聘的名义通过网络招聘平台将人骗入传销组织。

小贴士：找兼职、工作的过程中，"高佣金""先垫付"这些词是诈骗高频词汇，若招聘方没有留下固定电话和办公地址，更需警惕。此外，若急于求成，往往容易被对方利用，事先最好查证对方的资料。

4. 利用伪基站实施诈骗

乌鲁木齐一市民曾收到一条号码显示为"10086"的话费充值短信，他点击链接充值 200 元并填写了身份信息。随后，他收到短信验证码并输入，但显示充值失败。很快，他收到银行扣款通知，银行卡被扣款 3 899 元。

小贴士：一般情况下，如果你没在银行、通信营业厅办理相关业务，却收到"银行卡密码升级""积分兑换""中奖"等含有链接的短信，都可以当作垃圾短信处理。

5. 谎称网购平台诈骗

郝某花 29 元在网购平台买了一个手机支架。6 月 4 日，他接到自称"××客服"的电话，对方称因工作人员失误，将郝某加入了"钻石会员"，如不取消，每月会自动扣款。郝某配合"客服"操作，被骗走 12 万余元。

小贴士：在网购的过程中，卖家与买家的交易行为仅在平台上进行，若对方有超越平台边界的行为，买家则有权要求其自证"清白"。

6. 引诱裸聊敲诈勒索

于某通过聊天软件认识刘某，于某提出如与其裸聊就给刘某 1 万元钱，并用软件制作了向刘某转账的单据照片。刘某同意后，于某将裸聊过程录了下来，以此威胁刘某。

小贴士：网络上与陌生人进行交流时，对于对方提出的过分要求应直接拒绝。与陌生人交流的过程中，应树立边界意识，保持最基本的界限。

7. 考试诈骗

高考前，广州警方接到消息称，有人在QQ群中售卖屏蔽器、放射器、"橡皮擦接收器"等考试作弊器材。经侦查，警方抓获了3名涉嫌销售考试作弊器材及从事贩卖"高考试题"诈骗活动的犯罪嫌疑人。

小贴士：在考试的过程中，漏题、改分等行为本身就是违法的，即便侥幸得到了高分，也会有"东窗事发"的一天，所以大家还是"好好学习，天天向上"吧。

8. 校园贷诈骗

2017年10月，邓某等人向大学生放贷，每笔8 000元。签订合同后，又以各种名义扣费，学生实际所得很少。邓某又故意制造借款人违约事由，通知发生逾期，要求学生一次性还清本金、利息、违约金、催收费等计12 000~16 000元。若不还钱，就对其采取骚扰、威胁、非法拘禁等手段。

小贴士：学生申请借款或分期购物时，要衡量自己是否具备还款能力。对于关乎自身信息、财产安全的事，要多方求证，不要轻易透露个人信息。一发现危险应及时报警。

9. 投资返利诈骗

杨女士经朋友介绍，了解到一个"境外投资项目"。她通过朋友添加"项目客服"为好友，并提供隐私信息，将11 000元转入"项目客服"指定的账户。前两天每天都会准时收到一笔返利，第三天却被对方拉黑。

小贴士：投资本身便具有极大的风险性，对于那些号称"低投入、高收益、无风险"的投资理财项目，一般情况下都需要提高警惕，切勿盲目追求高息回报。

10. 保健品购物诈骗

70岁的刘某接到一个"保健专家"的电话，在"专家"的忽悠下，刘某购买了1万多元的保健品。然而，对方又称只要购满50万元，即可获得补助款104万元。然而当刘某真的购买了远超50万元的保健品后，那个从未露面的"专家"却再也联系不上了。

小贴士：一般在电话中自称"保健专家"的人基本上都可以判定为骗子，专家们不会通过陌生电话的形式去引诱你购买某款产品。遇到此类事件时，应该多问问身边的年轻人。

不管犯罪分子的诈骗手段如何复杂，最终都指向用户的财产，因此在接到此类电话时，只要多问几个为什么，多调查核实，就会发现事情的真相；另外对于对方提出的转账要求，千万不要轻信。

案例讨论

在日常的消费活动，尤其是合同的签订过程中，经常会涉及"定金"和"订金"。这是两个有所区别、容易混淆的概念，我们有必要对两者的涵义进行辨析。让我们来看一个案例。

"定金"与"订金"有哪些区别？①

近日，广西北海的祁女士在某4S店举行的车展上看中了一辆新款轿车。听了销售人员关于轿车的性能介绍及配置介绍后，她十分心动，加之当时店里正在进行"进店有礼，现订有奖"的优惠促销活动，就头脑一热，现场交付了一万元定金。一周后，祁女士在某汽车论坛恶补

---

① 案例选自贾华春《法律枕边书：女性智慧生存维权宝典》（中国法制出版社）。

汽车知识时，有网友告诉她：她订购的这款轿车是厂家目前刚上市的主流车型，广告推介与让利销售的力度非常大。她迅速与厂家联系，厂家证实了此事，并说这个活动已经通知到各个 4S 店。但祁女士交定金时，那家 4S 店并没有告知其这些优惠政策。后经她反复追问，4S 店才承认确有此事。祁女士因 4S 店故意隐瞒事实的情况而对其失去信任。于是，想换一家 4S 店购买同类型轿车。结果收受定金的 4S 店经理说，如果不在他们店买车就不退定金，因为她交的是"定金"而不是"订金"。

案例思考：

"定金"与"订金"有哪些区别？祁女士的"定金"该不该退？

提示

所谓定金，是指合同当事人为了确保合同的履行，依据法律规定或者当事人双方的约定，由当事人一方在合同订立时或者订立后履行前，按照合同标的额的一定比例（不超过 20%），预先给付对方当事人的金钱或其他替代物。它是作为债权担保的一定数额的货币或者财物，属于一种法律上的担保方式，目的在于促使债务人履行债务，保障债权人的债权得以实现。签合同时，对定金必须以书面形式进行约定，同时还应约定定金的数额和交付期限。给付定金一方如果不履行债务，无权要求另一方返还定金；接受定金的一方如果不履行债务，需向另一方双倍返还定金。债务人履行债务后，依照约定，定金应抵作价款或者收回。所谓订金，在法律上并没有严格的界定，从文字的理解上来说，"订"的含义是订立、预订之意。在司法实践中一般被视为预付款。即使认定为一种履约保证，这种保证也是单方的，它只对给付方形成约束，即给付方对接受方的保证，不具有担保债务履行的作用，也不能证明合同的成立。收受预付款一方违约，只需返还所收款项，而无须双倍返还。可见，"定金"和"订金"虽只一字之差，其所产生的法律后果是不一样的。

小结

　　本讲围绕如何保护我们的消费者权益这一话题，对于消费过程中的各种问题进行了介绍，包括消费者决策、消费者权益及保护，并引用了大量案例来介绍电信诈骗的常见手段，以此来帮助大家警惕消费诈骗，更好地维护我们的消费者权益。

第 **03** 讲

策马行天涯：如何揭开买车背后的奥秘？

学习目标

◆了解如何购买汽车，计算所涉及的成本

◆了解使用信贷购买汽车的相关知识

◆学习二手车交易经验

◆了解汽车保险类型

◆了解汽车租赁市场

汽车作为消费者出行最常用的代步工具，其购买过程包含许多重要的知识。在本讲中，读者将了解如何购买汽车，并尝试计算车辆购买和使用所需的成本，包括一些比较容易被忽略的隐含成本。读者还将掌握二手车交易的知识与经验，以及汽车保险知识。此外，本讲探讨了汽车租赁的知识，有助于读者了解保险类型和影响保险费用的因素。"我应该买一辆新车还是一辆二手车？""哪里能为我购买汽车提供最佳贷款？""是直接打折好，还是采取低利率贷款好？"这些人们买车的时候通常会问到的问题，都将在本讲中讨论。

测试

1. 购买二手车的最可靠来源通常是_____。

    A. 租车公司

    B. 警方拍卖

    C. 汽车经销商

    D. 私人当事人

2. _____保修表明这一产品将履行设计初衷。

    A. 延长

    B. 默示

    C. 经销商

    D. 未到期的制造商

3. 诚信贷款法案要求告知借贷方_____。

    A. 信贷额

    B. 汽车保险成本

    C. 延长保修期的功能

    D. 信贷被拒的原因

4. 承保由于事故导致车辆损坏的汽车保险名为_____。

    A. 财产损毁险

    B. 综合保险

    C. 责任险

    D. 碰撞保险

5. _____责任险承保事故中导致他人受伤就医产生的费用。

    A. 医疗

    B. 碰撞

    C. 人身伤害

    D. 综合

一、十大购车流程

汽车已经成为我们生活中最常见的交通工具。通过十大购车流程，大家能够快速掌握购车的相关知识。

1. 选择品牌

中国汽车市场发展迅速，在短短的 20 年间便超越东欧与北美，成为全球最大的汽车市场。在中国加入 WTO 之后，国内的汽车生产全球化和销售全球化趋势日益显著。伴随新的市场

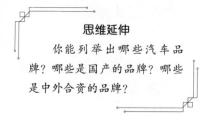

思维延伸

你能列举出哪些汽车品牌？哪些是国产的品牌？哪些是中外合资的品牌？

机会而来的，还有国内汽车市场日益激烈的竞争形势。据乘用车市场信息联席会（CPCA）数据统计，目前国内的汽车品牌已经超过 110 家，但是真正被消费者所熟知的汽车品牌可能只有 30 家。汽车市场提供给消费者的选择更加丰富，消费者能够根据自身条件，从大量的汽车品牌之中选择出符合自己需求的汽车品牌。

不同品牌的造车理念大有不同，理念的不同又使得品牌商在汽车设计中有所差异，故而不同品牌针对的目标客户也存在显著的不同。保有量大、知名度高的汽车品牌拥有更完善的销售网络布局。一套成熟的销售网络布局，品牌的售后配件供应往往也更加充足，在生活中，消费者遇到车辆故障，也能更加方便地找到维修站点。由于品牌积累的需要，知名品牌也更注重服务的整体水平，以及维修质量"三包"承诺等。因此，选择一个符合自己需求的品牌是十分重要的。

2. 选择车型

选择车型时，主要可以从价格定位和需求定位来考虑。消费者应该根据自身的经济实力，估算适合自己的车辆处在一个怎样的价格区间。有关购车价格，往往会涉及指导价、优惠价和落地价。其中，厂家上市

时面向社会公众所发布的价格就是指导价，也叫裸车价。这个价格是经销商向 4S 店提供的一个定价参考。在现实生活之中，汽车的销售就像服装销售一样，虽然是同厂生产，但在不同的城市里，店家卖给消费者的价格不一样。在不同 4S 店的汽车销售价格就叫优惠价。由于每个 4S 店都有或多或少的差异，消费者在购车前可以有计划地多去不同的门店进行咨询和比较，或者咨询身边从事汽车相关产业的朋友。此外，咨询有过购车经历的亲朋好友也是个不错的途径。这里的落地价是指已经办妥各种费用，可以直接开着上路的价格，具体包括裸车价（含优惠）、保险费、上牌费、加装配置费用等。

确定预算后，就可以进行车型选择了。可以先挑选几款在外形和口碑评价方面不错的车型，之后根据自己的需求进一步挑选。比如，是注重空间和舒适度还是注重运动和操纵，是长途跑得多还是日常上下班使用，是适合两人出行还是满足全家三代同堂一起出行。分析完自身不同的需求后，大概就会对理想车型有具体的想法了。这个时候去 4S 店里实际感受就能更好地做出选择。

确定车型之后，还需选择合适的配置，每一款车型针对不同消费者的经济能力和使用需求推出了不同的配置。和手机、电脑这类智能电子产品类似，主要分为低配置、标准配置和中高配置三种。一般来说，低配置和标准配置可以满足行驶的大部分要求，性价比往往也最高，比较适合首次购车的消费者。中高配置往往在细节方面有所提升，能够提供更舒适的驾驶体验，甚至能够延长汽车使用的寿命。某些配置在后期进行加装可能比较麻烦，如果有这方面硬性需求，消费者就需要综合考虑了。

在 4S 门店里，消费者选好心仪的车型和配置后是可以试驾的。销售人员也愿意让消费者上路试驾，因为在驾驶过程中可以实际考察这款车是否符合自己的需要和驾驶习惯，直观感受在不同的速度下挂挡是否流畅，车

思维延伸

你有了解过某款车型的不同配置吗？配置的具体对比可以在哪里查询到？

辆的动力是否足够，乘坐是否舒适，等等。

如果对车辆的试驾也满意，就可以商议购买价格了。如果在购买之前，你作了较广泛的市场调研，比对过多家店的价格，了解过亲朋好友的购买经历，这时便可以跟 4S 店适当砍价。具体可以从购车的付款方式、保险是否在门店购买等方面入手。如果能找到门店经理洽谈，也可能拿到一个更低的价格。除了价格这个实实在在的可实现的优惠外，还可以让店家多送点赠品，包括延长车辆售后服务期、公里数等。

3. 交付车款

交付车款的方式较多，这里的交付方式不是指使用哪一种支付工具，而是选择一种适合自己的交付合同。目前主要有三种交付方式：全款购车、定金购车、贷款购车。其中贷款购车是最常见的，消费者可以分期还款，需要支付的利息也不高，这种方式也比较适合刚毕业参加工作的年轻人。

（1）全款购车：一次性交付全车所有费用

通常，全款购车消费者需提供身份证明；汽车经销商需提供"汽车销售发票""车辆保修手册""车辆使用说明书"。此外，汽车经销商可以代办缴纳车辆购置税、保险、车船使用税、上牌等手续。

（2）定金购车：预付定金→签订"定购合同"→支付尾款

需要注意的是，交付定金后如果退车，汽车经销商将不予退还定金；若汽车经销商不愿交车或者不能按"定购合同"约定的时间交车，消费者可以要求汽车经销商双倍返还定金。办好定金手续后，等汽车经销商的现车来后，你需要交清尾款，再提车。在现实中，由于先交定金有助于确定产品的需求量，在特殊节日品牌商或者汽车经销商往往会提供相应的优惠，鼓励消费者先交定金。比如在支付尾款时给一个小的折扣，或者赠送一些配套的产品与服务。

（3）贷款购车：交首付款→签合同→银行审批→银行放贷→办理牌照→办理还贷手续

消费者需要提供的证件包括身份证明、住房证明、收入证明、两张一寸照片等（已婚还需提供配偶身份证明、结婚证）。贷款购车是现在大多数 4S 店销售人员主推的购买方式，因为销售人员也会获得相应的贷款业务提成。对于消费者而言，如果当下没有足够的钱支付全款，选择贷款购车，分期付款减轻自己的经济压力，也是一种比较合理的选择。贷款购车的具体流程将在后面进行详细介绍。

4. 进行发票的工商验证

完成以上步骤后，消费者就能拿到购买汽车的发票。接下来，需要进行发票的工商验证，持购车发票在各区工商局机动车市场管理所或汽车交易市场的代办点加盖工商验证章。办理发票的工商验证需要提供购车发票、汽车出厂合格证明（合格证）、单位代码证或个人身份证（进口车辆还须提供海关证明，商检证明）。

5. 办理保险

汽车保险是非常有必要的，在 4S 门店里，销售人员也会主动为消费者科普汽车保险知识。需要注意的是，保险一定要在领取牌照之前办理，汽车交易市场都有保险公司的代办机构，

思维延伸
汽车保险的种类繁多，有哪些是消费者必买的？有哪些是购买较多的？

在购车时一起完成保险手续，可以省去以后的麻烦。如果对于保险有疑问，可以现场咨询销售代表。按照保险相关法律规定，保险从业者要保证完全诚实地回答消费者的问询，但如果消费者不咨询，可以不主动提供解释。

6. 交纳车辆购置附加费

车辆购置附加费在各市交通局车辆购置附加费征集管理处办理，一般汽车交易市场都有其办事机构。国产车为购车款的 10%，进口车为完税价格的 10%。个人车辆用现金缴费，单位车辆可以用银行支票缴费。

车辆购置附加费计算公式为：收费额 = 购车价款 /1.17×10%。

7. 交纳车船使用税①

凡在中华人民共和国境内拥有并且使用车船的单位和个人为车船使用税的纳税义务人，车船使用税不适用于外商投资企业和外国企业。如有租赁关系，拥有人与使用人不一致时，则应由租赁双方商妥确定一方为纳税人，否则，车船的使用人为纳税义务人。如无租使用的车船，车船使用人为纳税义务人。

征税对象为车船，征税范围为在中国境内道路或航道上行驶的除规定免税外的车船，具体范围可查税额表。

车船使用税，按定额征收：机动车乘用车每辆 10 座以下 200 元、10 座以上 300 元（含 10 座）。

纳税期限：车船使用税按年一次征收。每年开征时间为 2~4 月份，具体时间由县、市税务机关确定。交通运输公司等个别单位一次交纳税款有困难的，可由县、市税务机关根据实际情况分二期缴纳，但下期的税款应于 8 月底前缴纳。

纳税地点：车船使用税由纳税人向车船所在地的地方税务机关缴纳。在附加费征稽处建档后，去所在地税务局缴纳车船使用税，领取"税"字牌。此项内容可以在购车环节中随时办理，但一般在汽车交易市场中有税务部门的办事机构，一次性办完比较方便。

8. 办理移动证

在领取正式牌照之前，只有办理了移动证的车辆才能上路行驶，出京车辆则须到检测场验车并办理临时牌照方准许上路。移动证贴于所购新车的前挡风玻璃明显处。

办理地点：在各区县交通大队或其设在汽车交易市场的机构办理。

需提供的资料：车主证明或个人身份证明、车辆来历证明。

———————————

① 车船税是对在我国境内拥有并使用车船的单位和个人，按照其拥有车船的种类、吨位和规定的税额计算征收的一种税。这样做的目的是增加财政收入，加强对车船的管理和使用，调节收入。

流程：申请→业务领导岗审批→机动车查验岗验车→收费→牌证管理岗开具临时牌、移动证。

9. 验车

新车须到车辆检测场检验合格后才能领取车辆牌照。验车场由车管所指定。检验合格后填发由驻场民警签字的机动车登记表。检验项目有外观检验、车辆尾气检验等。在各区县交通大队指定的机动车检测场进行。

需提供的资料：车主个人身份证、加盖工商验证章的购车发票、车辆合格证、身份证等。（进口车还须出示商检书、进口单和车管所核发的准验单）。

注意：去指定的汽车检测场验车时，需要给新车加油添水，做好行车前检查工作，确保新车正常行驶，同时要注意初驶磨合期，不可高速行驶。

10. 登记与备案

领取牌照：验车后 5 个工作日内到各区县车管所领取牌照，同时领取行驶证代办凭证。拍照准备办理行驶执照。领取车牌照、临时行车执照和"检"字牌。私车牌证须车主本人亲自前往领取，他人不能代领。

需提供的资料：购车发票原件及复印件、单位代码证书原件及复印件（公车）、车主身份证明（私车）、机动车验车表、车辆购置附加费凭证、产品合格证、已投保的机动车第三者责任保险单据（包括保险单正本、收据及保险卡）。单位购车的须提交控办批件，合资企业须提交营业执照副本原件，私营企业须提供工商局的控办证明。

交纳养路费：办理完以上手续后，到车主所在地养路费征稽所交纳养路费。

办理车辆备案：在各区县的交通大队或当地安委会办理新车备案手续。

办理车辆行驶证：在领取牌照的同一车管所办理，须携带的文件包括行驶证待办凭证、养路费缴纳凭证、安委会登记备案资料等。

二、走进贷款购车

贷款购车是现在常见的购车方式，本小节总结梳理了银行贷款购车和汽车金融公司贷款购车的相关知识，帮助大家了解贷款购车。

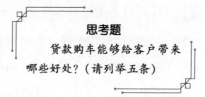

思考题

贷款购车能够给客户带来哪些好处？（请列举五条）

（一）贷款购车的流程

客户咨询→决定购买→索取表格→准备资料、填写表格→提交资料→初审→上交银行复审→批准交首付款→签合同→挑车→办理一条龙手续→提车→售后手续交接→ 客户维护。

（二）银行贷款购车

思考题

假设你要买一辆新车。挑选出你喜欢的车型，并找到它的售价。然后挑选最实惠的汽车贷款方式。尝试不同的金融机构。完成上述任务后，填写表3.1。你会选择哪种贷款？这种贷款的哪些特点对你来说更具吸引力？哪些机构提供最佳利率，你认为他们为什么会提供这一利率？

表 3.1　贷款购车

贷款金额	
金融机构	
年利率	
贷款期限	
月供	
信贷费用总计	
偿还总额	

银行贷款购车审查流程大致如下：①贷款人首先向贷款公司（大的经销商都有常驻的贷款公司代表）提供必要的证件，贷款公司将这些材料提供给放贷的银行。②银行对贷款人进行家访与拍照，并调查贷款人的材料是否属实。③贷款人到银行接受面试，银行方面会提出一些问题，根据贷款人的回答银行会给一个评估分数。④银行方面会根据贷款人的条件进行一个综合评定，决定是否放贷。⑤贷款人需要缴纳一定的手续费，如一次性支付贷款额的 2%~3%。

（三）汽车金融公司贷款购车

汽车金融公司是贷款购车的主体之一。近几年，伴随着消费升级和互联网金融快速发展，汽车金融需求市场得到了快速释放。相比向银行贷款，汽车金融为消费者提供了一种购车新选择。汽车金融公司可以提供更优惠的金融价格、更多种类的服务项目，满足消费者更个性化的服务需求。

汽车金融公司是由汽车制造商出资成立的、为买车人提供金融服务的非银行金融机构。在中国，它的成立与变更必须得到中国银监会①的批准，服务内容与范围也要接受银监会的监督。

汽车金融公司最重要的功能就是向消费者提供汽车贷款服务，此外还能开展一些为汽车经销商提供采购车辆和营运设备贷款、为贷款购车提供担保等经中国银监会批准的其他信贷业务。

（四）汽车金融公司贷款的审查

①贷款人在经销商处填写贷款申请表和授权书（贷款人授权一家资信调查公司审核自己的资信资格），同时交纳少量的定金，经销商再将这些资料传真给汽车金融公司。②由汽车金融公司直接找到贷款人，要

---

① 2018 年，中国银监会和保监会合并为中国银保监会，2023 年，国家金融监督管理总局成立，不再保留中国银保监会。本书编写中因参考材料时间限制，个别地方沿用了当时的机构名称。

求贷款人进一步提供各种详细的证件和证明材料，进行家访，并调查贷款人提供的材料是否属实。③金融公司调查评估后确认贷款人有资格得到贷款，并将正式贷款合同与批款函送达经销商。④经销商通知贷款人到店填写正式贷款合同，并交纳首付款，资信调查过程基本结束。

（五）两种贷款方式利率的计算

1. 银行贷款利率计算举例

利率是指国家规定的基础贷款利率，分为三年期年利率和五年期年利率。其中，三年期年利率为 5.76%，五年期年利率为 5.85%，并且国家允许不同银行利率有细微的差别。

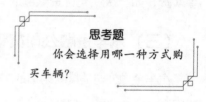

思考题
你会选择用哪一种方式购买车辆？

例 1　如果 10 万元车首付 50%，贷款 5 万元的话：

三年期月还款约 1 500 元，总支出（月还款×36＋手续费＋50 000）＝105 250 元（手续费按照 1 250 元计算）。

五年期月还款约 950 元，总支出（月还款×60＋手续费＋50 000）＝108 250 元（手续费按照 1 250 元计算）。

2. 汽车金融公司贷款利率计算举例

手续费：金融公司除了利息外没有其他费用。

除标准信贷外，大众金融还有一种"百龙信贷"。它将贷款额 20% 作为尾款，既可一次性结清尾款，也可以再申请将尾款分为 12 个月还清，灵活性更强。

各家公司利率算法不同，还款额未必与利率成正比。

如大众金融利率为：

三年期年利率：6.88%（万元月还款 310 元），五年期年利率：6.99%（万元月还款 200 元）。

GMAC 利率为：

三年期年利率：6.99%（万元月还款 309 元），五年期年利率：

7.33%（万元月还款 200 元）。

　　例 2　如果 10 万元车首付 80%，贷款 5 万元的话（大众金融和 GMAC 基本相同）：

　　　　三年期月还款约 1 530 元，总支出 105 080 元。

　　　　五年期月还款约 1 000 元，总支出 110 000 元。

三、了解二手车交易

　　二手车交易的主要内容包括二手车评估前期工作、技术状况鉴定、寄卖、置换业务、价格评估、交易实务。

（一）购买二手车的手续

　　购买二手车主要手续包括车务手续、车辆保养维修手续、税费手续。

　　一是车务手续：包括三个证件。其中最为常见的就是由车辆登记机关即车管所核发的《中华人民共和国机动车行驶证》，以及由车管所核发的车辆权属证明、类似于房产证的《中华人民共和国机动车登记证书》，还有一种证件叫《机动车来历凭证》，主要包含全国统一的机动车销售发票和二手车交易发票。

　　二是车辆保养维修手续：车辆进入使用阶段，将会自然进入保养维修过程，记录这些过程的载体我们称之为保养维修手续，包含以下三种。第一种是车辆使用说明书，也称车辆使用手册。第二种是保养手册，独立成册或者与车辆使用说明书同册记录，在购买二手车过程中这是一个非常关键的手续，手册全面记录了车辆历次保养的时间、公里数、保养项目等。需要注意的是，一些车辆保养机构会将保养记录上传至网上，而不在保养手册上记载；年份久远的车不在厂商制定的服务商处进行保养，这两种情况都会使保养记录断档。购买二手车时需要在这些方面多加注意。第三种是车辆附加配置使用说明以及保修卡。

三是税费手续：在车辆上牌开始使用后会缴纳各项税费，购买车辆保险等，我们统称为税费手续。我们把这些手续分为四种。第一种是车辆购置税完税凭证，缴税范围包含购买、进口、自产、受赠、获奖或者其他方式取得并自用的应税车辆，大家在购买二手车的时候千万注意，这些形式下获得的车辆都应该具有完税凭证。第二种是车船使用税凭证，这是大家耳熟能详的税种，在此不过多赘述。第三种是公路养路费凭证，不过随着我国成品油机制的不断改进，该项费用已经并入燃油附加费。第四种就是车辆的保险单，指保险公司为该车提供的保险凭证单据，其中从 2006 年 7 月开始的交强险属于必上险种，所以大家在交易车辆的时候也要注意，车辆保险的各种凭证会有效记录车辆的出险情况，对于购车判断具有很大帮助。

（二）购买二手车的注意事项

1. 二手车手续是否完全

消费者对要买的二手车的手续应当有一个详细的了解，有些人因为图便宜而选择购买一些手续不完全、不能过户的二手车，这样不仅买家会有麻烦，卖家也会存在相同的麻烦。二手车交易需要的手续有车辆登记证、行驶证、购车发票、保险单以及交易双方的身份证。

2. 二手车里程表是否作假

汽车里程表主要分为两种，即机械式和电子式。机械式里程表利用的是齿轮转动的工作原理，只要拨动里程表计数器的齿轮，就能随意调整读数。后者的回调难度要大一些，但也不是不可能。很多人都习惯通过了解车辆的使用年限及公里数判断原车主的用车情况，这个想法是没有问题的，但判断车况不能单凭里程表，因为这个是可以人为改动的，建议消费者提高警惕。

3. 车辆是否有隐瞒问题

一是目测检查，其中包括检查车辆发动机型号和出厂编号、底盘型号是否与行车执照上的记载吻合；二是车辆的技术状况检查，包括检查车辆是否发生过碰撞受损、车门是否平衡、油漆脱落情况和车辆的金属锈蚀

思维延伸
二手车交易市场中为什么存在劣等车驱逐优等车的现象？

程度等；三是车厢内部、附属装置、车辆底部检查，要看座位的新旧程度、座椅是否下凹，以及行李箱的随车工具是否完整、车窗玻璃升降是否灵活、仪表是否原装、踏板是否有弹性等；四是发动机检查，包括观察发动机的外部状况，看汽缸外有无油迹露出，检查发动机油量，拿出机油量度尺看机油是否混浊不堪或起水泡，揭开水箱盖看风扇皮带是否松紧合适等。

4. 过户手续是否完整办理

最后，最关键也最容易忽略的问题就是车辆相关手续的过户。很多车主为了贪图省事，没有办理过户手续，导致后期无论是用车还是理赔都遇到了很大的难题。建议消费者在购买二手车后尽快办理车辆相关手续和车险的过户更名手续。

（三）购买二手车的交易经验

1. 哪些二手车不能买

对于很多想要购车的朋友来说，选择二手车就是为了便宜，或以同等的价位购买一辆性能或是车型比较好的车。那么我们在进行选购时，必须明确哪些车是不能买的。如果购买了这些"问题车"，安全性能以及后续的维修问题都得不到保障，到时再后悔已经来不及了。

（1）经过水浸泡的车辆不能买

这种泡水车的危害比较大，特别是经过雨水浸泡的车辆，由于酸性的腐蚀，车辆的电器设备容易发生线路故障，特别是在高速公路上行驶时，比较容易发生问题，可能会导致严重的后果。然而由于这种车辆通常经过一定的美容，判断起来不是很容易。

（2）使用时间过长的车辆不能买

由于使用时间太长，车辆磨损也会特别的严重，达到相应的程度时，车辆的使用寿命就已经到了临界点。机械设备一经使用，就会随着时间的推移而逐渐减少使用寿命，维修的成本也会不断增加。如一辆行驶里程为 30 万公里左右的车，维修以及保养的花费会比车辆自身的价值还要高。所以像这种使用时间已经超过了车辆最终寿命的三分之二以上的车辆，不建议购买。

此外，租赁公司的车、翻新车、发生过重大事故的车、停产车、严重违章欠费的车也不能买。

2. 如何不吃亏

低价实惠的二手车愈来愈受用户，尤其是那些新手和手头资金有些紧的用户的喜爱。消费者往往在追求低价的时候就忽略了其他的方面。二手车交易到底如何不吃亏呢？消费者一定要谨记以下九个要点。

（1）不要只关注某一方面性能

一般女性用户和年轻用户往往只关注外表，尤其是一些个性化小车，比如甲壳虫、Mini、奥迪 TT 等。购买车辆时需要进行综合性能比较，考虑外观和车架、发动机和变速箱、底盘、电气系统等，因此选择的时候要理智。

（2）不要着急交定金

一般来说只要不是特殊的车辆，不会遇到没有车的情况。当然用户的选择不一样，但在没有完全确定的时候不要着急交定金。因为按照有关规定，用户如果不在合约期间内提车付款，定金不予退还。

（3）多方面考虑圈定车型

二手车与新车的最大不同在于其个性化，比如车辆的型号、颜色、配置、价格等。我们建议用户在选择二手车时从价格空间和功能需求等多方面考虑来圈定车型，而不能仅仅盯着一款车，这样容易造成价格偏差。

（4）多听多看

二手车交易不仅要相对了解车辆状况，同时要对车辆的手续等复杂问题有一定了解。所以有时候不要过于坚持己见，还是要多走访几家中介公司，多听听从业人员的建议，综合考虑。

（5）多询价、慎砍价

每台二手车的价格均不同，售价中有许多砍价的余地，另外若用户不确定二手车整备、销售过程中的成本，建议多找几家公司询价。

（6）买车要有耐心

不少用户买车都抱有一种急切的心态，但对二手车而言，在某些时段某些情况下也许当天的库存车辆并不令人满意，而等待一周之后不论是价格还是车况都会更好，所以选择二手车要有耐心。

（7）行家也会看走眼

在实际交易过程中，即使是最好的评估师也会有看走眼的情况。常规情况下，普遍存在 10% 的失误率。即使找了专家帮忙，为了确保问题能够真正得到解决，用户还是要按照正规程序签署合同。

（8）不要轻信里程表

不少用户在购买二手车的时候都将里程表上的数据作为依据，但目前国内对于里程表的检查和鉴定尚不完善，容易出现人为调整的情况，因此，单纯以里程表作为依据有一定的不确定性。

（9）手续亲自确认并签字

在办理过程中，用户需要签订一些文件和证明，如果采用全权代理的方式，容易出现纠纷和后续的问题。转移登记表格、合同等重要的文件还是需要用户自己确认签字。

二手车交易不吃亏的关键在于谨慎。只要消费者在购车前多方面了解情况，多听多看，仔细咨询，不轻信，到正规的二手车公司或网站交易，就可以最大限度地避免吃亏上当。

四、车险应该怎样买

机动车辆保险即汽车保险（简称车险），是指对机动车辆由于自然灾害或意外事故所造成的人身伤亡或财产损失负赔偿责任的一种商业保险，是以机动车辆本身及其第三者责任等为保险标的的一种运输工具保险。其保险客户，主要是拥有各种机动交通工具的法人团体和个人；其保险标的，主要是各种类型的汽车，但也包括电车、电瓶车等专用车辆及摩托车等。

（一）车险分类

1. 机动车辆保险

机动车辆保险是以汽车、电车、电瓶车、摩托车、拖拉机等机动车辆作为保险标的的一种保险。

机动车辆保险一般包括交强险和商业险。商业险包括基本险和附加险两部分：基本险分为车辆损失险和第三者责任保险、全车盗抢险（盗抢险）、车上人员责任险（司机责任险和乘客责任险）；附加险包括玻璃单独破碎险、划痕险、自燃损失险、涉水行驶险、无过失责任险、车载货物掉落责任险、车辆停驶损失险、新增加设备损失险、不计免赔特约险等。玻璃单独破碎险、自燃损失险、新增加设备损失险，是车身损失险的附加险，必须先投保车辆损失险后才能投保这几个附加险。车上人员责任险、无过失责任险、车载货物掉落责任险等，是第三者责任险的附加险，必须先投保第三者责任险后才能投保这几个附加险。每个险别不计免赔是可以独立投保的。

2. 二手车保险

对于二手车，在办理车辆保险之前，必须办理车险过户手续。这是很多车主在购买二手机动车时比较容易遗忘的细节。还有车主认为只要向原车主索要车险的保单就已经可以了，其实这样的观点并不正确。车辆保险没有办理过户手续，如果出现了交通意外，就不能够进行正常的赔付。因此，对于二手车车主来说，并不是光拿到保单就可以放心了，必须进行过户，否则将无法领取保险金，如果要领取保险金，就只能是原车主来领取。

（二）车险的购买原则

1. 优先购买足额的第三者责任保险

所有的汽车保险险种中，第三者责任险最为重要。毕竟，汽车毁了可以不开车，但是对他人的赔偿是免除不了的。购买汽车保险时应该将保持赔偿他人损失的能力放在第一位。所以，建议购买足额第三者责任险。

2. 第三者责任险的保险金额要参考所在地的赔偿标准

全国各个地方的赔偿标准是不一样的。按汽车保险赔偿的最高标准计算，如果死亡 1 人，深圳地区赔偿额度可达 150 万元。

3. 买足车上人员险后，再购买车损险

开车的人是你，建议如果没有其他意外保险和医疗保险的车主，给自己投保 10 万元的司机险，作为医疗费用。如果乘客乘坐概率大，乘客险可以投保金额多些，每座 5 万~10 万。如果乘客乘坐概率小，每座保 1 万就比较经济。

4. 购买车损险后再买其他险种

交通事故往往伴随汽车损坏，因此不能忽略车损险。

5. 购买第三者责任险、司机乘客人员险、车损险的免赔险

更加全面的保障，让保险公司承担相应的风险和部分赔偿。

6. 其他险种（盗抢险、玻璃险、自燃险、划痕险）可结合自己的需求购买

比如盗抢险、玻璃险、自燃险、划痕险等，在汽车风险中，这些风险相对而言，不会对家庭幸福和财产造成严重的影响。因此，建议根据需求来购买。

五、了解汽车租赁市场

随着汽车市场的逐渐完善、消费需求的多元化，一些汽车租赁公司相继成立。汽车租赁业被称为交通运输服务行业，它具有无须办理保险、无须年检维修、车型可随意更换等优点，用户能够以租车代替买车来控制企业成本。这种消费形式在外企中十分流行，并正慢慢受到国内企事业单位和个人用户的青睐。

汽车租赁是指将汽车的资产使用权从所有权中分离，出租人具有资产所有权，承租人拥有资产使用权，是出租人与承租人签订租赁合同，以交换使用权利的一种交易形式。

中国汽车租赁企业由于经营时间短，规模和实力有限，多采取分散独立经营的模式。但随着中国经济的发展和租赁市场的成长，这种模式难以为顾客提供方便快捷的服务，限制了企业的市场开拓和经营规模的扩大，不利于为企业提供持续健康发展的空间。汽车租赁企业在经历了最初的市场培育之后，经营模式必将走上连锁经营和与生产厂商合作的道路。

（一）汽车租赁的分类

按照不同的分类标准，汽车租赁具有不同的分类方法，常见的有按照租赁期长短划分和按照经营目的划分两类。汽车租赁具有租赁期短、租用方便、由出租方提供维修保养等租后服务等特点。

1. 按照租赁期长短划分

1997 年颁布实施的《汽车租赁试点工作暂行管理办法》中按照租赁期的长短将汽车租赁分为长期租赁和短期租赁。在实际经营中，有短期租赁、中期租赁和长期租赁。一般认为，15 天以下为短期租赁，15~

90 天为中期租赁，90 天以上为长期租赁。

2. 按照经营目的划分

汽车租赁可按照经营目的划分为融资租赁和经营租赁。融资租赁是指承租人以取得汽车产品的所有权为目的，经营者则是以租赁的形式实现标的物所有权的转移，其实质是一种带有销售性质的长期租赁业务，一定程度上带有金融服务的特点。经营租赁，指承租人以取得汽车产品的使用权为目的，经营者则是通过提供车辆功能、税费、保险、维修、配件等服务来实现投资收益。

（二）汽车租赁的优势

汽车租赁之所以得以快速发展，离不开它为消费者所带来的好处。

1. 车型可随时更新

随着消费水平的提高，人们对消费品有不断更新的欲望。在欧美，人们平均 8 个月更换一次车型。假设花费 30 多万元购买一台轿车，一年后汽车的性能、外观改进很多，而价格却大幅下降。这时，如果想换新车型，老车可能 15 万元都很难卖出。这意味着，一年中车价损失接近 20 万元。但假设租赁一台 30 多万元的车，一年费用只需 10 余万元。而且，可随时租用最新车型。

2. 消除检验烦恼

自购车辆后，车辆的维修和保养及车辆年检要耗费很多财力和精力。但如果租车，就不存在这些烦恼。无论是车辆维修还是其他原因，当车辆不能正常使用时，租赁公司都会及时提供替代车，保证用车。

3. 提高资金利用率

如果自购车辆，要一次性支付 30 万元，需要消费者具有一定的经济实力；而若租车一年，只需要 10 万元，租车和买车相比就可节省一次性投资 20 万元。消费者可在一年中用这 20 万元去开展其他经营活动，提高资金利用率。

4. 维持良好财务状况

自购车辆会造成固定资产增加、借款增加、流动资产减少，可能使财务出现不良状况，而租赁车辆将有效回避上述风险。

5. 提高成本观念

对单位而言，自购车辆使用时容易造成不必要的浪费。而如果租赁车，一是可根据业务需要随时调控用车数量，二是用车人知道自己的用车成本，可直接减少不必要的用车，有效地增强员工节约成本的观念。

6. 出事故由公司协助处理

驾驶自购车辆，一旦发生事故，与保险公司交涉时，车主因不熟悉报案理赔程序，往往会浪费许多时间和金钱。而作为车辆管理方的专业租赁公司，平时就与保险公司有良好的合作，从而将汽车制造商、汽车经销商和汽车用户有机地紧密结合在一起。

在发达国家，人们对租赁的认识已很全面，汽车租赁的益处已被普遍接受。在中国，随着观念的变化和市场的培育，企业、个人"以租代买"的用车观念正逐渐朝着充满活力的方向发展。

（三）汽车租赁的方式

汽车租赁主要分为企业租车、个人租车两种方式。

1. 企业租车

企业租车一般需要提供：①营业执照副本、组织机构代码证书、企业信息卡、企业法人身份证、公章、委托书。②承租方经办人本市户口本、身份证、驾驶证。

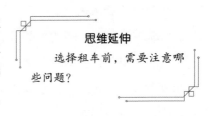

思维延伸

选择租车前，需要注意哪些问题？

2. 个人租车

相对于企业租车，个人租车需要提供更多的证件和资料。以下为其一汽车租赁公司的规定：①承租方应按要求携带有效证件如身份证、驾驶证、户口簿等，与业务部门签订租车合同。②承租方应严格履行规定的合同条款。③承租方应预付全部租金，抵押金不能视为租金。④承租方提供转账支票，必须款进账后方可办理租车手续。如出现空头支票，将上报公安机关，一切责任自负。⑤承租方每天按 24 小时为一个租车日，每天限 180～260 公里，具体根据各地租赁公司不同规定而定，超 1 公里收取相应的租金，剩余公里数累计租车时可以与租赁公司具体商定。⑥承租方在使用过程中，若违反本公司的有关规定，公司有权在任何时候收回车辆，并终止合同。

案例讨论

通过上文对购车基本知识的普及，相信读者在购车的财经决策上已经有了自己的独到见解。接下来，将通过"汽车迷"李先生在购车行为中的决策思考案例，为大家提供更具体的、更生活化的购车经验。

从途观到宝马 X1——一个实际购车案例的解析①

李先生是一位汽车迷，他对市场上的每一款车都有所了解，为了购置新车，他将市场上所有 20 万～30 万元的 SUV 都分析了一遍，并去几家 4S 店咨询了经销商的优惠幅度，以便进一步对比，只为找到适合自己的品牌和车型。

通过多次的门店考察，李先生比较中意的车型是途观，在询问了几家经销商后，得知途观车型当下较为畅销，但是在市场上经销商通过"加装装饰"的形式变相加价 1 万元，李先生对此有所犹疑。

于是李先生又看了畅销车型丰田 RAV4 和本田 CR-V，这两款车在指导价上就比途观车型直接低了 2 万多元，而且市场上的优惠幅度更大，看起来性价比较高。遗憾的是，他的爱人直接排除了日系车。

———————————

①　摘引自《从途观到宝马 X1——一个实际购车案例的解析》（AutoPie，汽派）。

当然，李先生也非常尊重家人的意见，没有继续考虑日系车。之后他看了 Jeep 指南者，越野性能也比常见的 SUV 好一点，优惠幅度也在 2 万元左右，性价比相对不错，可惜爱人并不中意它比较个性化的外形。最后李先生在汽车领域朋友的建议下，去了以前没有想过的宝马店试驾 X1，较大的优惠幅度吸引了他，而且目前的 2013 款车型还有一些现车，优惠幅度可以达到 8.25 折。拿他所中意的 sDrive18i 时尚型来说，指导价是 28.5 万元，优惠后 24 万元（经销商加装了真皮座椅），优惠了 4.5 万元，幅度还是很大的。对比刚刚到店的 2014 款，优惠幅度只有 9 折，但是两者的差距很小，2014 款只是在保险杠上作了变化，显然 2013 款更实惠。

宝马 X1 的外形尺寸比途观略小一些，但是轴距更大，其车内空间差别不大，而宝马的品牌影响力要远远大于大众。此外李先生还看了奥迪 Q3，但是车身尺寸和车内空间比 X1 小，优惠幅度也没有 X1 大，李先生只好舍弃。

最后李先生的选择是：宝马 X1。

案例思考：

通过了解李先生的购车经历，你认为李先生在购车过程中主要考虑了哪些因素？如果你也打算购买新车，你会是什么样的购车思路？

小结

　　本讲对于买车的问题进行了介绍，包括购车、贷款购车、购买二手车的具体流程和注意事项，也讲解了车险和汽车租赁市场的相应知识。希望通过对该讲的学习，读者们可以避开购车中的陷阱，更好地做出购车决策。

第 **04** 讲

心安才是家：如何做出理性的租房、购房决策？

学习目标

◆ 比较租房和购房的优点和缺点，学会理性评估
自身条件

◆ 理解和评估租约和租赁协议

◆ 了解房屋产权的概念和产权在经济学中的地位
与意义

◆ 了解房地产在经济社会中的利与弊

◆ 了解购房流程和各种贷款方式

刚参加工作时，大家收入比较少，仅靠自己难以买房，就要先租房居住。那么，在哪里居住，付多少房租，是否合租，以及签什么类型的租约，都是一些需要解决的问题。在本讲中，我们将讨论租赁的各种信息和条款。这些材料可以帮助我们在签署租赁合同（或其他合同）之前提高谨慎意识。

　　对多数人而言，购买房屋是人生中最为重要的一个财务决策。但由于整个购房过程充满艰辛，提前了解基本的购房常识显得十分有必要。此外，本讲还普及了相关的宏观知识，以拓展大家对购房行为的理解，做出合理的购买决策。具体内容包括：产权的概念与经济意义，房地产在经济社会中的作用，如何理性评估自身的购房条件，选择哪种贷款方式更合理。"我应该选择哪种类型的抵押贷款？""贷方在筛选房贷申请者的过程中更注重哪些因素？"这些常见问题都将在本讲讨论。

测试

1. 常见的与租房相关的灵活支出是_____。

    A. 租房押金

    B. 公寓保险

    C. 电费

    D. 房租

2. 一般来说迁入成本有_____。

    A. 首付

    B. 房屋保险

    C. 房地产税

    D. 保证金

3. 承租人与出租人之间的合同是一个_____。

    A. 租房押金

    B. 抵押贷款

    C. 租约

    D. 契据

4. 购房常见的坏处有_____。

    A. 财务效益较低

    B. 居住流动性受限

    C. 在装修和养宠物方面受限

    D. 可用于租赁

5. 购房流程始于_____。

    A. 选择楼盘

    B. 查看是否有购房资格

    C. 确定自有住房需求

    D. 评估我能够负担多少钱

6. 针对下列情况，请从"租房""购房"和"视情况而定"中选择一项，表明你的看法，并给出具体原因。

(1) 陈明今年 22 岁，计划在附近城市一边兼职一边完成大学学业。 （　　）

    A. 租房　　　　　B. 购房　　　　　C. 视情况而定

(2) 王刚今年 44 岁，从事销售工作，经常需要出差。公司在 1~2 年内会调派他前往另一个销售区域。 （　　）

    A. 租房　　　　　B. 购房　　　　　C. 视情况而定

(3) 李华今年 32 岁，近期刚刚完成硕士学业，且过去 6 年来一直在同一家公司工作。在此期间，他攒下近 80 000 元。（　　）

    A. 租房　　　　　B. 购房　　　　　C. 视情况而定

(4) 王帅今年 19 岁，刚刚成为一家电脑软件公司的见习销售代表，这是他的第一份工作。 （　　）

    A. 租房　　　　　B. 购房　　　　　C. 视情况而定

(5) 李兰今年 54 岁，罗俊今年 57 岁，两人准备过几年就退休。

    （　　）

    A. 租房　　　　　B. 购房　　　　　C. 视情况而定

一、先找房子安顿下来

青年人刚步入社会时，要建立一份稳定的生活，必须拥有一个住所。这个住所可以是单位的宿舍，可以是自己租住的房屋，也可以是自己购买的房子。一般而言，青年人刚参加工作时，买房子往往是比较困难的。另外，现在绝大多数单位不提供宿舍。这就意味着刚参加工作时大多数人会选择租房居住。

（一）租房要考虑的问题

租房子首先要考虑我们居住的地方是否安全，要注意周围的环境和治安状况，特别是一些脏乱差的地方，尽量不要选择。

选择租房位置的时候，一般要根据自己的工作地点而定。因为大部分人的首要目的其实是在工作之余给自己提供一个休息的地方，那么所租住房就需要距离自己的工作地点较近或者在地铁站和公交站旁。

就房子本身而言，需要关注两点：一是房子的采光、通风等情况。比如，良好的采光对我们的身心健康有很好的辅助效果。二是房子内部的硬件情况。比如，这间房子的水电设备是否完善和方便等。

接着就要考虑自己的经济情况，然后再决定是否租用此房。

租房子也要考虑一个新的方面，那就是物业费用。一个房子的价值不仅仅体现在它本身，还体现在周边环境、小区布局和绿化，以及其余设施的完善程度上。这些因素便取决于物业。一般来说，租房合同中会明确约定物业费用是由出租人还是承租人支付。如果是承租人支付，我们在选择时，就需要综合物业的工作情况和收费标准做一个较为仔细的考量。

总的来说，在最终选择的时候，我们应该对选择范围内的 2~3 个备选房源进行综合比较，以确定最适合我们的租住房。

租房小贴士

位置：工作、购物、公共交通和娱乐等地点的距离；

建筑物外部：基本设施、运动场地、停车场地和娱乐设施；

建筑物内部：出口、安全设施、大厅、电梯、邮箱；

公寓布局和设施：基本设施、整体面积、电器、热水类型、空调、管道、水压、存储区、房间面积、门、锁、窗户；

财务方面：房租金额、租赁期限、租房押金、水电燃气费用、其他费用。

（二）租赁合同

在租房时，你是不是会对以下问题存在疑问：

想一想

你本人或你身边有没有人租过房住呢？是通过什么途径租房的？有没有遇到过什么困难？

问题 1　出租人会支付水电燃气费用（如果有的话）中的哪些部分？

问题 2　如果你在公寓里从一段湿滑的楼梯上跌下来摔断了腿，能否让出租人对你的医疗费用负法律上的责任？

问题 3　如果你违反租约中的条款，出租人会采取什么方法追究你的责任？

那么，一份周密的租赁合同如何起草？应该注意哪些问题？

租赁合同（lease contract）是指出租人将租赁物交付给承租人使用、收益，承租人支付租金的合同。在当事人中，提供物的使用或收益权的一方为出租人；对租赁物有使用权或收益权的一方为承租人。租赁合同是诺成合同，租赁合同的成立不以租赁物的交付为要件。凡是当事人需要取得对方标的物的临时使用、收益而无须取得所有权，并且该物不是消耗物时，都可以适用租赁合同。租赁物须为法律允许流通的动产和不动产。租赁合同包括房产租赁合同、融资租赁合同、租赁合同范本、房屋租赁合同、汽车租赁合同、厂房租赁合同、土地租赁合同、商铺租赁合同等。

房屋租赁合同，是指房屋出租人和承租人双方签订的关于转让出租房屋的占有权和使用权的协议。其内容是出租人将房屋交给承租人使用，承租人定期向出租人支付约定的租金，并于约定期限届满或终止租约时将房屋完好地归还给出租人。房屋租赁合同按用途分为两大类——居住用和商用。签订居住用房屋租赁合同，以是否更适合居住为原则；签订商用房屋租赁合同，则以是否更适合办公为原则。

租赁是日常生活中常见的一项法律活动，为了尽可能避免在租用过程中产生不必要的争议，在签订租赁合同时一定要注意相关事项。

1. 出租人和出租物的基本情况

①作为承租方，应先审查租赁物是否存在法律法规禁止出租的情形，包括未依法取得租赁物的相关证件，共有租赁物未取得共有人同意的，权属有争议等情形。②作为承租方，为了预防欺诈，在合同中应约定，如果出租方是租赁物的所有人，必须提供相关的证明文件；如果出租方不是租赁物的所有人，必须具有转租权。③为了避免争议，在合同中对租赁物的基本信息应进行明确约定，如租赁物的规格、质量、数量等。

2. 租期条款

在合同中约定租赁物的租赁期限，明确租赁的具体起止日期，如承租方超过租赁期使用租赁物，应支付给出租方超时使用的租金。

3. 租金条款

①在合同中，明确约定租金的支付方式，以现金或是通过银行转账的方式（需写上户名、银行账号），实行按月、按季还是按年支付等。②在合同中，明确约定租金支付时间，应于每月的具体日期支付租金。如果承租方在一定宽限期内没有按期支付，应支付迟延租金或违约金，出租方可解除合同。

4. 保证金条款

在合同订立时，合同双方当事人都应尽量避免风险，预防欺诈。承租方应在合同订立前交给出租方一定的保证金或押金，押金的数额应根据实际情况在租赁物价值范围内决定。同时，对于保证金退还的条件也应明确约定。

5. 转租条款

在合同中明确约定承租方是否可以转租。①作为承租方，经过出租方的同意，可以将租赁物转租给第三人，出租方和承租方原有的租赁关系不因转租而受影响。②承租方未经出租方同意，擅自将租赁物转租给第三人的，出租方可以解除合同；因转租造成租赁物损坏的，承租方还应承担赔偿责任。

6. 妥善保管责任条款

在合同中明确约定，承租方在租赁期间应妥善保管租赁物。如果未尽妥善保管义务，造成租赁物及配套设施损毁、灭失的，应承担赔偿责任。承租方应爱护并合理使用租赁物，造成损坏的还应承担修复或赔偿责任。

7. 维修责任条款

在合同中，对维修责任应进行明确约定，出租方应确保租赁物符合约定用途，但也可以约定由承租方承担维修义务。

8. 其他事项

在合同中，建议根据实际情况对双方权利义务、违约责任、诉讼管辖地等约定清楚，以降低合同履行风险，保证合同顺利履行，并尽可能地保障双方的合理合法权益。

二、了解房屋产权二三事

2017 年全国两会上，李克强总理在回应广大群众对 70 年住宅土地使用权到期后续期问题时谈到，房屋 70 年产权到期后可续期，不需申请，没有前置条件，也不影响交易。房屋产权

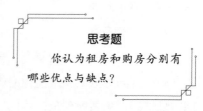

思考题
你认为租房和购房分别有哪些优点与缺点？

究竟是什么？它有哪些来源？我们应该怎样办理？接下来将一一解读。

（一）房屋产权的基本概念

房屋产权是指房产的所有者按照国家法律规定所享有的权利，也就是房屋各项权益的总和，即房屋所有者对该房屋财产的占有、使用、收益和处分的权利。房屋产权由房屋所有权和土地使用权两部分组成，房屋所有权的期限为永久，而土地使用权根据有关法规为 40 年、50 年或 70 年不等，届满自动续期，续费按当时土地所有权出让金的 1%～10% 来增收。

大家常听到的房屋所有权属于个人产权，是私有财产权的一种，是受到《中华人民共和国宪法》的保护的。根据《中华人民共和国物权法》（自 2007 年 10 月 1 日起施行）第六十四条，私人对其合法的收入、房屋、生活用品、生产工具、原材料等不动产和动产享有所有权，其年限是永久的。

土地使用权是国家向组织、机构及个人出让的土地使用方面的权利。根据《中华人民共和国宪法》，土地的所有权归国家和集体所有。土地使用权在出让时根据开发类型分为民用住宅建筑用地、商用建筑用地、工业用建筑用地。开发类型有所不同，使用年限也不同。一般民用住宅建筑权属年限为 70 年，商用建筑权属年限为 40 年。

（二）房屋产权的主要来源

依据我国法律规定，房屋产权可以通过以下几种形式取得。

1. 购买取得

购买是人们取得产权的一种主要形式。在购买房屋时应注意以下问题：一是考察所购房屋是否合法，有关手续是否齐全，卖房人是否有合法身份；二是与卖房人签订购房合同，在合同中应详细写明房屋的地理位置、购买方式、价款、付款方式、双方的权利义务等条款；三是应及时到房管部门办理登记、过户手续。

2. 建设取得

建设是房屋产权的一种原始取得方式。建设者投入一定的资金建造房屋，则该建设者对其所建房屋享有产权。通过建设而取得产权的，在产权取得前或前建设过程中应注意下列问题：一是应注意建设用地的合法性，即是否经有关部门批准；二是应注意有关手续的合法性，即是否有立项、规划、开工等手续；三是应注意房屋质量是否合格，即是否有质量检验合格单。如果上述方面存在问题，则建设者不一定能取得产权。

3. 受赠取得

这种产权的取得方式是指原产权人通过赠予行为，将房屋赠送给受赠人。在办理房屋赠予手续时，赠予人与受赠人应签订书面赠予合同，并到房管部门办理过户手续。但如果赠予人为了逃避其应履行的法定义务而将自己的房屋赠予他人时，利害关系人主张权利的，则该赠予行为无效。

4. 抵押取得

所谓房地产抵押是指抵押人以其合法的房地产以不转移占有的方式向抵押权人提供债务履行担保的行为。由于抵押是一种担保行为，当债务人不履行债务时，抵押权人有优先受偿权，在享有优先受偿权时抵押权人有权将抵押物归为己有。通过这种方式取得产权时，应注意以下四点：一是抵押人与抵押权人应订立书面合同；二是应当到有关部门办理抵押登记手续；三是应当注意抵押房地产的合法性；第四，如果抵押到期，债务人不能履行债务，则应根据抵押合同的有关约定，办理有关手续。

5. 继承取得

《中华人民共和国继承法》所列遗产的范围中有房屋。所谓房屋的继承是指被继承人死亡后，其房产归其遗嘱继承人或法定继承人所有。因此，只有被继承人的房屋具有合法产权才能被继承。当继承发生时，如果有多个继承人，则应按遗嘱及有关法律规

思维延伸

如果没有提前立下遗嘱，从法律的角度来看，房屋如何被多个继承人继承呢？如果被继承人死亡之后，其父母健在，兄弟姐妹健在，他们享有继承房屋的权利吗？

定进行折产，持原产权证、遗嘱等资料到主管部门办理过户手续。

（三）如何办理房屋产权

通常，办理房屋所有权登记流程包括七个步骤：

申请→受理→审核→收费→发证→记载于登记簿→归档

但是不同类型的房屋所有权办理需要的证件有所差异，具体如下。

1. 房屋所有权初始登记

房屋所有权初始登记时需要的证件材料包括：登记申请书；申请人的身份证明；建设用地使用权证明；建设工程符合规划的证明；房屋已竣工的证明；房屋测绘报告；以及其他必要材料。

2. 房屋所有权转移登记

房屋所有权转移登记时需要的证件材料包括：登记申请书；申请人的身份证明；房屋所有权证书；证明房屋所有权发生转移的材料；以及其他必要材料。其中，证明房屋所有权发生转移的材料，可以是买卖合同、互换合同、赠与合同、受遗赠证明、继承证明、分割协议、合并协议、人民法院生效的法律文书，或者其他证明房屋所有权发生转移的材料。

3. 抵押权登记

抵押权登记时需要的证件材料包括：登记申请书；申请人的身份证明；房屋所有权证书；抵押合同；主债权合同；以及其他必要材料。

4. 抵押权注销登记

抵押权注销登记时需要的证件材料包括：登记申请书；申请人的身份证明；房屋他项权证书；证明房屋抵押权消灭的材料；以及其他必要材料。

5. 预购商品房预告登记

预购商品房预告登记时需要的证件材料包括：登记申请书；申请人的身份证明；已登记备案的商品房预售合同；当事人关于预告登记的约定；以及其他必要材料。

三、走进产权的经济学常识

产权制度对人们或组织的经济行为有着举足轻重的作用。因为经济活动是由追求自身利益的人们或经济组织所进行的；而一个经济组织的所有权或产权界定了从事这些经济活动的人们或组织的利益所在，从而对他们可能选择的经济活动产生影响。

在关于产权的经济学和法学研究领域中，最具影响的一个理论思路是把产权看作一束权利（a bundle of rights）。即产权界定了产权所有者对资产使用、资产带来的收入、资产转移诸方面的控制权，为人们的经济行为提供了相应的激励机制，从而保证了资源分配和使用的效率。这是经济学理论有关产权讨论的出发点。在市场经济的前提下，特别是不完备市场（信息不对称、交易成本不为零）的条件下，"产权是一束权利"成为经济学产权理论的基本命题。

关于产权的特性，德姆塞茨（Demsetz）认为，"排他性"（Exclusivity）和"可转移性"（Alienability）是产权显著的特性。周国光在德姆塞茨的基础上，具体讨论了产权的三个组成部分：首先，资产使用的剩余决定权，即产权所有者对其资产有着除合同规定的他人租用的权利之外的全部决定权；其次，资产所得收入的支配权，即产权所有者对其资产所得的收入有着全部支配权；再次，资产的转移权，即产权所有者有将其资产转让给其他人的决定权。从这个意义上，可以把经济学的这一基本思路概括为"权利产权"及其相应的激励机制：产权的明晰化可以导致外部效应内在化，减少交易成本，且有助于克服组织内部的投机行为。在这个意义上，产权是保证市场机制运行的基本经济制度。

因而，"产权是一束权利"以及相应的激励机制这一思路的确可以成功地解释中国转型经济中的一些现象，例如部分国有企业的长时期亏损与产权制度以及相应的激励机制有着密不可分的关系。

四、认识房地产与经济社会的关系

房地产业作为国民经济的重要组成部分，在整个国民经济体系中具有十分重要的地位。房地产的发展不仅影响一个国家的经济，对政治、文化也有十分重要的作用。

思维延伸

你能说说一个商业地产拔地而起，会对该地区产生哪些影响吗？

（一）房地产业在经济中的地位

总体来说，房地产业在国民经济体系中处于基础性、先导性、支柱产业的地位。

1. 房地产业是基础性产业

在社会经济生活中，房地产业提供的产品和劳务兼有基础性的生活资料和生产资料的双重属性。一方面，房地产业开发的住宅，是满足人们居住需要的最基本的生活资料，安居才能乐业，它所提供的是基础性的物质生活条件。另一方面，房地产业开发的厂房、商铺、办公用房等，又是满足生产经营需要的重要生产资料，属于社会生产基础性的物质要素。房地产作为社会经济生活的基本要素贯穿社会生产和再生产的各个环节，从而具有基础产业的特征。

2. 房地产业是先导性产业

房地产是社会生产和再生产，以及文化、教育、科学、卫生等各种社会经济活动的物质载体和空间条件，房地产经济运行与国民经济中的所有产业和部门都密切相关。各行各业的经济活动都必须率先从房地产开发开始，以此为先导。例如，城市开发必先进行基础设施建设和各类房屋的建造；建设工厂必先修筑厂房；筹建学校必先建造校舍；等等。由此，房地产业也就成了先导性产业。

3. 房地产业具有支柱性产业的特征

房地产业的产业链长、产业关联度大，它的发展可以带动一系列相关产业的发展，对于促进国民经济增长有着举足轻重的作用，因而具有支柱产业的显著特征。

（二）发展房地产业的好处

房地产业的发展，改善了人民的居住水平。房地产市场发展的几十年，使我国人民的居住环境发生了翻天覆地的变化，如人均居住面积扩大、居住舒适性大幅度提升等。

房地产业拉动了经济。首先，从地产本身来说，需要建筑材料、建筑机械、建筑工人；其次，建筑装修装饰随着房地产的发展而发展；再次，拉动了家居行业、家用电器行业，以及生活相关的其他行业；最后，房地产加快了城市配套的建设，也加快了房地产配套产业的发展，如道路、绿化、小区物业管理、小区配套服务等。

房地产业发展还提高了政府的财政收入，如土地拍卖的出让金收入、房地产交易的税费收入。随着配套的社会服务设施日益完善，也进一步提高了国家的收入。

（三）房地产业蓬勃发展可能带来的问题

"房子是用来住的，不是用来炒的"，房价过高，和居民收入不成比例，会影响其他行业，也让房地产行业发展充满危机。

房地产具有金融属性，在信息不对称和供需不匹配的市场条件下，社会中出现了一些只追求眼前利益的企业。如果房地产不是用来住的和使用的，那么也就背离了房地产行业发展的正常轨道。不正当的资产管理，暗藏着金融风险。

房地产的虚假繁荣或者说泡沫，可理解为房地产价格在一个连续的过程中的持续上涨，从而使人们产生价格会进一步上涨的预期，不断吸引新的买者。随着价格的不断上涨与投机资本的持续增加，房地产的价格会远远高于与之对应的实体价格，由此导致房地产泡沫。泡沫过度膨胀的后果是预期的逆转、高空置率和价格的暴跌，即泡沫破裂，它本质上是不可持续的。

五、购房流程与购房贷款

普及购房流程与购房贷款的常识，有利于帮助购房者合理评估自身购房条件。希望读者能够选择合适的购房贷款，做出理性的购买决策。

思考题

基于你对房屋的观察，对房屋业主和房产中介的采访，以及其他相关资料，你认为在购房前需要评估哪些内部或外部的因素？

（一）购房的基本流程

1. 查看是否有购房资格

购房者应该在购房前先了解当地的购房政策，确定自己是否具备购房资格。目前一些城市，尤其是一线城市实行限购政策，在这些城市购房需要满足一定的条件，比如：户口、社保、个税等。

想一想

应该从哪里了解该城市的购房政策呢？如果对政策有不清楚的地方，应该怎么办呢？

2. 确定自有住房需求

（1）是暂时过渡，还是长久居住

如果将来不会换房，建议将舒适性放在第一位，多关注周边配套和出行成本等因素，优先选择靠近市区的住宅，并充分考虑日后家庭人员的数量。

（2）买新房还是买二手房

对生活便利度要求高的人，适合购买市区二手房；对生活品质要求高的人，不妨选择郊区新房。新房和二手房优缺点对比，见表4.1。

表 4.1　新房和二手房优缺点对比

	优点	缺点
新房	首付额低；外观崭新；户型合理；居住舒适	位置较偏；配套不全；存在交房风险
二手房	离市区近；配套完善；现房入住；交通方便	户型老旧；设计缺乏人性化；税费高

3. 评估自己的负债能力

首先，了解贷款政策，一些城市限购限贷，首套房、二套房、三套房贷款首付比例存在差异。购房前，要明确自己是否还可以再贷款、能贷多少。

其次，做好资金规划，首付和月供的金额将直接关系到自己未来二三十年的生活品质。购房时要量力而行，根据家庭的收入情况来确定房价总额和还款年限。

4. 选择楼盘

通常情况下，有实力、口碑好的大开发商的楼盘，品质相对更有保证。在同一区域连续成功开发的楼盘，通常资源整合度较高，配套较完善，可以优先考虑。

5. 观察物业

物业服务水平的高低是决定房产品质的一个重要因素。购房者所居住的小区环境干净整洁，物业管理负责，会为生活增加明亮的色彩。

6. 考察配套

配套设施完善程度直接影响小区居民的生活品质。一个配套完善的小区，在 3 公里内应该有满足业主衣、食、住、行等日常生活所需的基础设施。如果有自建的幼儿园、会所等，生活将更为舒适。

7. 划定面积

确定楼盘后，可以根据楼盘均价和家庭可承受的房屋总价来估算该买多大面积的房子。房屋面积应结合家庭经济情况和实际需求，不宜过大，但也不能过小，适中为好。在划定房屋面积时，税费也是一项重要的参考标准。以契税为例，按国家规定，首次购房面积在 90 平方米内的，需缴纳总房款的 1%；首次购房面积在 90~144 平方米的，需缴纳总房款的 1.5%；非首次购房或首次购房面积在 144 平方米以上的，按总房款 3% 缴纳。

8. 选择楼层

高楼层并不一定是好楼层，楼层的挑选要结合家庭成员情况来定。一般情况下，家中有老人的，宜选低楼层；家中有小孩的，宜选中低楼层；年轻人居住的话，可根据个人喜好而定。

9. 抉择户型

格局方正、南北通透、明厨明卫、动静分明的户型，是通常意义上的好户型。户型不规则、采光通风差、动静功能区混杂的户型，则是通常意义上的差户型。

10. 查看开发商资质等级及证书

开发商的资金实力、开发项目的能力与开发商的资质等级有直接的关系。特别要看开发商的"五证""二书"是否已经齐全，齐全了才可购买。很多购房者忽视了这一点，直到开发商跑路了才后悔不已。

注："五证"包括《国有土地使用证》《建设用地规划许可证》《商品房销售（预售）许可证》《建设工程规划许可证》《建设工程施工许可证》（《建设工程开工证》）。"二书"包括《住宅质量保证书》《住宅使用说明书》。

11. 查看产权是否明确

有的房子价格特别便宜，销售时说是内部房源所以价格优惠，但仔细询问后才知道是小产权房，没有房产证，甚至有的还存在产权纠纷。所以，购房者切忌贪图便宜。

12. 签订合同

由于买卖双方在购房信息方面的不对称，购房者在签订购房合同时常常处于被动地位。签订合同时，应仔细阅读、理解合同的各项条款和补充协议，必要时可向律师和主管部门咨询。

（二）购买二手房的基本流程

二手房交易流程相较于新房来说要复杂一些，但是可以总结出十大主要的流程。二手房买卖流程如图4.1所示。

思维延伸

你家所在的城市二手房价格走势如何？相较于新房而言，二手房的成交量更高还是更低？

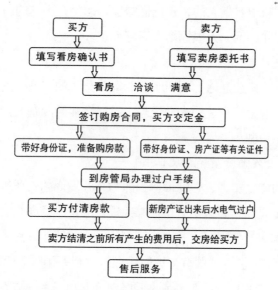

图 4.1 二手房买卖流程

1. 购房咨询

买卖双方一般通过房产中介建立信息沟通渠道。买方为了解房屋整体现状及产权状况，应该要求卖方提供合法的证件，包括房屋所有权证书、身份证件及其他证件。

风险提示

①要仔细查看业主的房产证，尤其注意房产证上有几个人的署名。如果有两个人，在签订后边的合同时就需要有两个人的签

字。②查看购房时的相关凭据，比如购房发票、契税发票等，以此作为辅助证据初步确认房屋产权归属。如果房屋属于共有产权，则还要查看所有房屋共有产权人同意出售房屋的书面证明。③在签订房屋买卖合同时，共有产权人如不能到场，需出具经过公证的委托书及代理人身份证件，由代理人代为签合同。④把好夫妻共有财产关，对于《民法典·婚姻家庭编》认定为双方共同财产的房屋，买方应要求卖方出具夫妻双方同意出售房屋的证明。

2. 交付定金

看好房子，确定房屋产权后，交定金这个小环节千万不能忽视。房子总价动辄上百万，以 4% 计算，定金额度至少也能达到 4 万元。所以当交易进行到这个环节时，请多留意。

如果你看中的房子还在按揭中，定金最好不要直接交到业主手中，而应该交由第三方或银行监管。

如果买卖双方都有可以信赖的第三方，则可以签一个简单协议，约定先将定金交给第三方，赎楼完毕之后再由第三方交给卖方定金，并需注明"交给监管第三方则视为卖家收讫，卖家以未收到定金为由拒绝履行合同的，视为违约"。

如果没有可信赖的第三方，定金最好交由银行监管。买卖双方到银行去签一份监管协议即可，约定在交易中心完成递件手续后，划拨到卖家账户上。

一般而言，在交定金的时候会签一份预约买卖合同，合同至少需要约定物业地址、成交金额、交楼时间、违约金和违约责任等。

风险提示

①在楼价上涨较快的时候，如果买家想要防止卖家毁约，可交足额定金或约定高额违约金，提高违约成本。但定金或违约金

不得高于成交金额的 20%。②预约买卖合同中应注明"交由第三方监管即视为卖方收讫"，因为卖家有可能以定金在监管未拿到手为由毁约。③购房需要签一份交房保证金协议，约定从定金中扣除 1 万元左右的保证金，以避免交楼前卖方拖欠费用等。退还保证金应该在查验家具、电器完好，水电、物业等费用缴清，钥匙交接完毕之后。

3. 赎楼

一般来说，赎楼是卖方的责任，针对卖方房贷没有还完的情况。赎楼有两种操作方式：

其一，卖方通过担保公司，向银行借款赎楼，产生的是 0.8% 的担保费用，以及 0.4% 的短期赎楼利息，等买方房产证办下来，再到银行做按揭。

其二，买方通过担保公司向银行做按揭，银行再将赎楼款打给卖方，其中只产生担保费，但买方需要提前供楼。

风险提示

赎楼产生的风险是购买二手房中最大的风险。买方一定不能以现金的方式赎楼。如果发生交易因意外原因终止、房屋被查封等问题，买方会承担巨大风险。赎楼流程如图 4.2 所示。

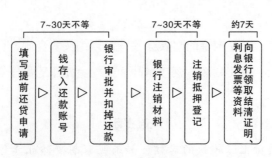

图 4.2　赎楼流程

4. 付首期款及资金监管

除了产权之外，自主交易需要担心的第二大问题就是资金监管。事实上，资金监管目前已成体系，买卖双方按照既成规定来做，风险不会很大。无论是通过何种方式交易，首期款必须放银行监管。买卖双方在银行签一份资金监管协议，然后各自在银行开一个账户，约定在买方过户完毕、拿到新的房产证之后，方可将首期款打给卖方。

出于公平考虑，在签署监管协议时，银行会要求买卖双方在放款书上先签字，这样放款时买卖双方不需要亲自到银行，届时也能避免买方不配合放款给卖方带来困扰。

5. 签订买卖合同

在交付定金环节，前面已经提到，自主交易可以先签订一个"书面协议"，该协议与普通的中介的居间合同相比只是缺少了中介那部分内容。

卖方提供房屋的合法证件，买卖双方签订房屋买卖合同（或称房屋买卖契约）。买卖双方通过协商，对房屋坐落位置、产权状况及成交价格、房屋交付时间、房屋交付、产权办理等达成一致意见后，双方签订至少一式三份的房屋买卖合同。

这其中应当注意的是：书面协议中需明确双方如何分担交易税费，另外日期也非常重要，例如交定金时间、过户时间、交楼时间，只有明确具体日期才能够保证交易顺利进行。格式化合同文本可以在房管部门相关网站上下载，也可以向中介公司索要。

风险提示

①如果房产有共有权人，要让共有权人一同签字，避免出现共有权人不同意出售导致的交易失败。②有租约的，应该让租客签订放弃优先购买权的证明，避免出现侵犯租客优先购买权导致的交易失败。③如果房产中有较为贵重的家具家电，最好在附表中对家具家电的情况加以详细描述，如家具家电的品牌、新旧程

度等，必要的话还可以附上家具家电的照片，以防交房时出现货不对板的情况。④如果该房产附有户口，要在签订合同时写明户口迁出的日期及违约条件。⑤要明确违约责任，特别是在房价上涨的情况下，卖方违约的概率较大，只有明确违约责任才能保障自己的权益。

6. 注销他项权证

他项权证指在他项权利登记后，由房管部门核发、由抵押权人持有的权利证书。《房屋他项权证》是房屋产权登记机关颁发给抵押权人或者典权人等他项权利人的法定凭证。房屋他项权证书由他项权利人收执。他项权利人依法凭证行使他项权利，受国家法律保护。他项权证也就是房子的抵押权证明，借款人用房屋做抵押贷款的时候，需要将他项权证抵押给放款人，待贷款还清后才可以归还。

主要办理步骤：①房贷全部还清后，银行把他项权证还给借款人。②借款人到房产交易中心注销他项权证。③房产证上盖章之后，表示拥有此房产的完全产权。④具体可以咨询房产交易中心。

7. 过户及缴税

过户时，需要到房产所在地的产权登记中心办理过户手续。这时，买卖双方需要带上身份证原件、房产证原件、二手房买卖合同。一般在递件后，拿到回执，卖方就可以让银行放出之前监管的定金。

交税时，如果合同约定是各付税费，那么两人必须同时到场；如果是卖方实收，就只需要买方到场。

关于拿新证，一次性付款便可直接拿新的房产证；如果是按揭贷款则拿的是房产证复印件，银行也会自动去国土资源和房屋管理局办理抵押手续，在5个工作日后放尾款给业主。

风险提示

①买方需要在过户前仔细确认房子是否有质量问题，因为卖方承担产权转移前的房地产的风险责任，产权转移后便由买方承担，即过户后房屋出现损害等风险，是由买方承担的。②买方可以在合同中增加一项条款，约定如果在过户中因卖方原因房产遭到查封，那么视为卖方违约，必须承担违约责任。

8. 收房

交房一般涉及物业、水电、燃气、有线电视等交接，因此，如果房产内部还有家具家电，则要核实清楚其是否有被更换或搬走，然后卖方才交钥匙，正式完成交易。

上述的水电等交接，需要分别去供电局、水务局等部门办理，双方应提前准备好房产证复印件、身份证等。

其中最主要的是之前签订的《交房保证金协议》，如果房产内部家具家电完整，就将保证金交回给卖方；如果家具家电确实存在缺失，那么在双方协商后可用保证金进行抵扣。

风险提示

①在当初约定交房保证金时，尽量把保证金的数额做大，因为如果交房时家具家电出现损坏甚至被搬走，而交房保证金无法弥补时，买方再找到卖方索赔就比较被动。②交房时也容易忽视户口问题，所以在交房前，最好前往房屋所在地的户籍管理部门查阅业主的户口是否已经迁出。

9. 支付尾款

如果没有签交房保证金协议，在二手房交易过程中，往往要留有部分尾款，用来保证结清水电、燃气等公用事业费，以及物业管理费，同时还能对赠送的装修部分以及家具、家电的完好等起到相应的保障作用。

为防止在交易过程中发生意想不到的损失，购房款应该分批支付。一般签约当日首付30%，取得收件收据时支付60%，产证办理完毕支付最后10%。买方和卖方在签合同时一定要事先商定好并书面确定付款方式和额度。

10. 过户流程

（1）第一天

领表、填表：《房地产转让申请审批书》《房地产买卖合同》《买方确认单》。

交易：买卖双方签字。

查档：查询房屋产权是否清晰，有无抵押、查封（一般上午查下午出结果，下午查次日出结果）。

鉴定：做《房屋安全鉴定报告》。

核价：财政部门根据《房屋买卖（置换）合同》的成交金额评估房价。

交税：交纳卖方房产营业税（免税的地税部门开具免税确认单）和印花税，印花税买卖双方各付万分之五。

（2）第二天或第三天

交件。

（3）七天后

交纳契税，领取契证，交手续费，交纳交易手续费封卷，领取契证回执。

（4）此后十个有效工作日后

领证：买方拿身份证原件取房产证。

> **过户资料**
>
> **卖方提供资料：**
>
> 　　房屋所有权证（复印件1份、产籍图4份）。
>
> 　　契税证。
>
> 　　身份证（夫妻双方）（复印件2份）。
>
> 　　夫妻双方户口簿（复印件1份）。
>
> 　　结婚证（如丢失到原婚姻登记的民政部门补办，其他证明方式不被承认）。
>
> 　　离婚者提供离婚证、离婚协议书或民事调解书或法院判决书，离婚未再婚证明；丧偶者提供丧偶未再婚证明；未婚者提供未婚证明（复印件1份）。
>
> **买方提供资料：**
>
> 　　身份证（复印件2份）。
>
> 　　被拆迁户购房登记提供《拆迁协议书》。
>
> 　　五年内买卖提供相应房地产转让审批书原件及抵税专用表原件。
>
> 　　验人签字时卖方夫妻及买方必须本人到场。
>
> 　　办理贷款请先预留资料，原房产证（包括产籍图）、契税证、买卖双方身份证复印件。
>
> 　　假如该房屋为产权人和其配偶一起购买的，之后产权人配偶去世，则需要其所有子女及合法继承人到场，产权人先办理继承公证后才可以办理转让。

（三）个人住房贷款类型

　　个人类住房贷款可分为：个人住房公积金贷款和个人住房商业贷款、住房委托贷款、住房自营贷款、住房储蓄贷款和住房组合贷款。

1. **个人住房公积金贷款**

个人住房公积金贷款是指按时向资金管理中心正常缴存住房公积金单位的在职职工，在本市购买、建造自住住房（包括二手住房）时，以其拥有的产权住房为抵押物，并由有担保能力的法人提供保证而向资金管理中心申请的贷款。该贷款可由资金管理中心委托银行发放。

2. **个人住房商业贷款**

大致可分为以下六个品种。

（1）个人购置住房贷款

指借款人以所购住房为抵押物，由银行发放的贷款，包括期房按揭贷款和现房按揭贷款。其中，期房是指在建住房或已竣工验收正在办理房屋产权证的房屋；现房是指工程竣工、验收合格并取得房屋产权证的房屋。银行发放的个人住房贷款最高金额为购房金额的80%。

（2）个人二手住房贷款

指银行向借款人发放的用于购买二手房的贷款。其中，二手房是指已取得全部产权、可以进入房地产二级市场流通交易的住房。申请贷款的二手房房龄一般不超过15年；贷款期限与房龄之和一般不超过25年。

（3）个人商用房贷款

指银行向借款人发放的用于购买个人自营商业用房和自用办公用房的贷款。所购商用房应是现房，最高成数不得超过六成，贷款期限最长不得超过10年。

（4）个人住房装修贷款

指银行向借款人发放的用于自有住房装修的贷款。最高成数不超过五成，贷款期限最长不得超过5年。

（5）个人家居消费贷款

指银行向借款人发放的用于家居支出的贷款。最高成数不超过抵押物评估值的50%，贷款期限最长不得超过10年。

（6）个人住房组合贷款

指由住房公积金贷款和住房担保贷款组成的贷款，即当个人申请住房公积金贷款不足以支付购房所需，其不足部分向银行申请商业性住房贷款时两种贷款之合称。两笔贷款按照公积金贷款利率和商业贷款利率分别计息，贷款期限一致。借款人可向受理公积金贷款的银行申请办理组合贷款。

3. 住房委托贷款

指银行根据住房公积金管理部门的委托，以住房公积金存款为资金来源，按规定的要求向购买普通住房的个人发放的贷款。

4. 住房自营贷款

指以银行信贷资金来源向购房者个人发放的贷款。

5. 住房储蓄贷款

指购房者以预先向银行储蓄为前提获得银行贷款的一种贷款品种。它是银行为那些没有参加公积金制度，或虽获得公积金贷款但尚留有资金缺口的购房者解决资金困难问题而开办的契约性住房储蓄。

6. 住房组合贷款

指以住房公积金存款和信贷资金为来源向同一借款人的同一自用普通住房发放的贷款，是个人住房委托贷款和自营贷款的组合。

（四）按揭贷款的计算

1. 按揭贷款等额本息还款

（1）计算公式

$$每月还本付息金额=\frac{[本金×月利率×(1+月利率)还款月数]}{[(1+月利率)还款月数-1]}$$

其中：

每月利息=剩余本金×贷款月利率

每月本金=每月月供额-每月利息

计算原则：银行从每月月供款中，先收剩余本金利息，后收本金；

利息在月供款中的比例随剩余本金的减少而降低，本金在月供款中的比例不断升高，但月供总额保持不变。

（2）商业性房贷案例

贷款本金为 300 000 元人民币，还款期为 10 年（即 120 个月），根据 5.51% 的年利率计算，月利率为 4.592‰，代入等额本金还款计算公式：

$$每月还本付息金额=\frac{[300\,000×4.592‰×(1+月利率)×120]}{[(1+月利率)×120-1]}$$

由此，可计算出每月的还款额为 3 257.28 元人民币。

2. 按揭贷款等额本金还款

（1）计算公式

$$每月还本付息金额=(\frac{本金}{还款月数})+(本金-累计已还本金)×月利率$$

其中：

$$每月本金=总本金/还款月数$$

$$每月利息=（本金-累计已还本金）×月利率$$

计算原则：每月归还的本金额始终不变，利息随剩余本金的减少而减少。

（2）商业性房贷案例

贷款本金为 300 000 元人民币，还款期为 10 年（即 120 个月），根据 5.51% 的年利率计算，月利率为 4.592‰，代入按月递减还款计算公式：

$$第一个月还本付息金额=(\frac{300\,000}{120})+(300\,000-0)×4.592‰$$

由此，可计算第一个月的还款额为 3 877.5 元人民币。

$$第二个月还本付息金额=(\frac{300\,000}{120})+(300\,000-2\,500)×4.592‰$$

由此，可计算第二个月的还款额为 3 866.02 元人民币。

第三个月还本付息金额=$(\dfrac{300\ 000}{120})+(300\ 000-5\ 000)\times 4.592‰$

由此，可计算第三个月的还款额为 3 854.54 元人民币。

再依次类推，我们就可以计算出任何一个月的还本付息金额了。

3. 两种还款方式的比较

（1）计算方法不同

等额本息还款法——借款人每月以相等的金额偿还贷款本息。

等额本金还款法——借款人每月等额偿还本金，贷款利息随本金逐月递减。

（2）两种方法支付的利息总额不一样

在相同的贷款金额、利率和贷款年限的条件下，等额本金还款法的利息总额少于等额本息还款法。

（3）还款前几年的利息、本金比例不一样

等额本息还款法前几年还款总额中利息占的比例较大（有时高达90%左右），等额本金还款法的本金平摊到每一次，利息借一天算一天，所以二者的比例最高时也就各占50%左右。

（4）还款前后期的压力不一样

因为等额本息还款法每月的还款金额是一样的，所以在收支和物价基本不变的情况下，每次的还款压力相当；等额本金还款法每次还款的本金一样，但利息是由多到少、依次递减，同等情况下，后期的压力相对较轻。

（5）要考虑资金的时间价值

货币资金在不同的时间点上具有不同的价值。一般来说，年初的一元钱价值要小于年底的一元钱，这是由于资金在周转使用后会产生增值。时间越长，资金实现的增值越大。不同时期的资金不能简单地比较大小，更不能相加。在比较不同时期的资金大小时，应根据资金的时间价值折算到同一时期才能进行比较。在比较两种还款法偿还本息多少时，如果直接将各期应偿还的绝对值相加进行比较是不客观的。通过考虑资金时间价值，不同支付之间产生不同利息的因素，两种还款法在数量上是一致的。

（6）两种还款方式适合不同人群

两种还款方式在本质上是一致的。人民银行之所以规定两种住房贷款的还款方式主要是为了指导商业银行为按揭购房者提供不同程度的信贷支持。比较来年按揭的还款金额，可以看出等额本金还款法的年还款额是逐年递减的，但前期的年支付金额要大于等额本息还款法，负担较重，适用于有一定积蓄或前期收入较丰厚，但后期收入逐渐减少的借款人，如中老年人等。等额本息还款法每年的还款额相等，适用于预期收入稳定或递增的借款人，如青年人。计划贷款购房的人可以根据自身的经济状况和特点，包括各项收入、保险证券等其他借钱渠道的综合情况，与银行协商确定还款方式，并订立合同。

（五）提前还贷的计算

1. 提前还贷的类型

在我国，不同的银行有不同的提前还贷方式，综合来说，可分为全部提前还贷和部分提前还贷两大类。

2. 提前还贷的方式选择

全部提前还贷从理论上说，利息支出是最少的，但是它也是最考验还款人的经济实力的——即还款人要有合理的计划，要有安全的资金流。在个人量入为出的前提下，这种方式是最优的。

部分提前还贷方式相对比较复杂，不同的银行有不同的还款方式可供参考选择。大致有三种部分提前还款方式：第一种，部分提前还款，剩余的贷款保持每月还款额不变，还款期限缩短；第二种，部分提前还款，剩余的贷款每月还款额减少，还款期限不变；第三种，部分提前还款，剩余的贷款每月还款额减少，同时还款期限缩短。

选择怎样的提前还贷方式，消费者要仔细计算，综合考虑自己的经济实力来制订计划。

3. 提前还贷方式的比较

假设你 2018 年向银行借贷 10 年期商业性贷款 35 万元。第一次还款时间为 2018 年 11 月，提前还款时间为 2020 年 11 月，如果部分提前还贷，则提前还贷 15 万元（不含当月还款额）。

方式 1　一次性提前还贷

经计算，你原月供 3 719 元，在这种还贷方式下，2018 年 11 月，当月一次还款 294 563 元，则可以节省利息支出 62 474 元。

方式 2　部分提前还贷，缩短还款期限

经计算，你原月供 3 719 元，在这种还贷方式下，2020 年 11 月，当月一次还款 153 719 元，下月起月供 3 714 元，则新的最后还款期为 2024 年 3 月，可节省利息支出 51 048 元。

方式 3　部分提前还贷，减少月供

经计算，你原月供 3 719 元，在这种还贷方式下，2020 年 11 月，当月一次还款 153 719 元，下月起月供 1 770 元，则最后还款期为 2028 年 10 月，可节省利息支出 33 385 元。

通过上述分析，选择不同的提前还贷方式节省的利息支出是不同的，一次性提前还贷节省的利息支出是最大的。在部分还贷中，还有将每月还款额减少，同时将还款期限缩短，改变还贷方式——例如将等额本息换成等额本金等。在选择之前，计算出不同方式下的还贷结果后，要结合经济实力，综合考虑时间、机会成本来确定自己的最佳方式。

4. 哪两类人不适宜提前还贷

（1）第一种类型：月供一样且货款快要到期的客户

对于选择了等额本息还款法的消费者来说，如果现在贷款已经偿还了一大部分，那么提前还贷就不一定划算了。等额本息法的每月还款额是固定的，但一开始还的大多是利息，到后面主要是还本金。比如贷款 10 年已经还到八九年了，那还的基本上是本金，提前还贷没有意义。而等额本金还款法是利随本清，客户什么时候还都可以为自己节省出相应的利息。

（2）第二种类型：近期有投资计划的客户

不少消费者已经习惯了一旦手上有钱就拿来提前还贷，而碰上好的投资项目又贷款去投资经营，但经营性贷款利率要比房贷高得多。因此，在提前还贷前，消费者需要考虑清楚近期有没有投资计划，如果考虑投资就先不要提前还贷。

（六）挑选抵押贷款

申请房贷时可以利用表 4.2 比较至少两种房贷来源。

表 4.2　房贷来源比较

房贷类型（传统型，可调整利率型）
期限：
贷款总额：
金融机构：（地址、电话号码）
联系人：
网址：
申请费：
信用报告：
房屋评估费：
贷款手续费：
利率：
月供：
点数：
其他费用（预付利息）：
其他信息：

案例讨论

接下来以一份租赁合同为例，呈现租房过程中尤其需要注意的问题。请阅读如下租赁合同，根据合同约定的内容进行相关的思考和讨论。

租赁合同

缔约方/双方当事人：

本合同由王刚（此处称"出租人"）和沈波（此处称"承租人"）于 2018 年 8 月 27 日签署。出租人现租赁给承租人一处位于四川省成都市武侯区科华路的住房（下文统称"房产"）。

租期：

本租约期限自 2018 年 9 月 1 日开始，截至 2019 年 9 月 1 日。

房租：

承租人需在每月第一天向出租人支付 1 500 元的房产租金。承租人应按照出租人以书面形式向承租人指定的银行账号支付租金，无需出租人另行通知或索要。

水电煤气等费用：

承租人应做好安排并支付房屋获得供应的所有煤气、暖气、照明、电力、电话和其他公用设施服务费用，以及所有的接线费用。

免受损害协定：

承租人应确保，出租人不因承租人对房产的使用或居住承担任何索赔。除非出租人故意或有严重过失行为，否则承租人承担房产周围或房产内人员的财产损失或人身伤害的风险。

违约：

如果承租人不履行合同义务并违反任何合同条款，那么出租人在给予法律规定的适当通知后，可以重新进入房产，令房产内任何财产和人员移出。签名的承租人，不论是否实际占有该处房产，对本租赁合同规定的所有义务承担连带责任。

租赁期满后继续租住：

承租人在租赁期满后如果想继续租住本房产，须经出租人同意。租赁期满后继续租住，则租赁转为逐月租赁，承租人须按照此前一个月的房租金额支付租金。承租人在搬离房产前必须至少提前 30 天向出租人发出书面通知。其他规定保持不变。

放弃权利：

出租人对本协议任何条款的放弃不得视为放弃其他任何条款。

出租人签字：   承租人签字：

案例思考：
看完这份租赁合同后，你会签订这份合同吗？为什么？

小结

　　对于青年人来说，租房、买房是实际生活中必须面对的问题。本讲对租赁合同、房屋产权、房地产中的经济学常识，以及租房、购房和购房贷款的有关知识进行了介绍，希望能够帮助读者在今后的生活中做出更为理性的租房、买房决策。

第二篇

借贷与信用

第 **05** 讲

有借必有还：如何规避信贷陷阱？

学习目标

◆ 了解信贷的常见形式和偿还方式

◆ 了解信用卡的申领、使用和注意事项

◆ 确定你目前可负担的债务范围

◆ 确定你目前花呗的待还金额、信用额度、还款
　 日期并做出合理调整

◆ 掌握常见的互联网信贷骗局及防范方法

"这个月的花呗还了吗?"是许多年轻人日常生活的真实写照,大学生深陷校园贷风波的新闻也屡见不鲜。随着国家对校园贷、网贷的大力整治,如今与校园贷相关的媒体报道已经十分少见,但是我们仍然不得不提高警惕,养成合理的消费习惯,正确地进行自己的消费活动。本讲将引导读者深入了解信用卡、蚂蚁花呗等重要信贷产品的使用、偿还和注意事项等。读者将在学习中对怎样在自己可承受的负债范围内合理使用信贷产品有更加清晰的认识。我们还将专门介绍常见的互联网信贷骗局及防范方法,帮助读者提高辨识和规避信贷陷阱的能力,保障自身生命财产安全。

测试

1. 信贷是指以偿还和付息为条件的价值运动形式。狭义上仅指银行贷款，广义上与"信用"通用。下列选项中不是广义的信贷业务的是_____。

   A. 存款

   B. 贷款

   C. 结算

   D. 配置

2. 如今，信用卡的用途包括_____。

   A. 购物消费

   B. 分期付款

   C. 透支取现

   D. 支取银行资金

3. 关于信用卡的使用，不正确的是_____。

   A. 条件允许，多刷卡消费

   B. 尽量多分期

   C. 不逾期

   D. 做到少透支

4. 蚂蚁花呗是一款_____。

   A. 消费信贷产品

   B. 贷款服务

   C. 信用卡账单分期业务

   D. 交易平台

一、信贷的内涵和种类

信贷是从属于商品货币关系的一种行为，具体是指债权人贷出货币，债务人按照约定期限偿还，并支付给贷出者一定利息的信用活动。信贷有广义和狭义之分，广义的信贷是指以银行为中介、以存贷为主体的信用活动的总称，包括存款、贷款和结算业务；狭义的信贷通常是指银行等信贷机构发放贷款的行为。有偿性是信贷的基本特征，信贷是以偿还本金及利息为前提条件的。

信贷是银行业务的重要内容，按照不同的标准可划分为以下各类别。

1. 按照贷款期限划分

短期贷款。指贷款期限在一年以内（含一年）的贷款。

中期贷款。指贷款期限在一年以上（不含一年）五年以下（含五年）的贷款。

长期贷款。指贷款期限在五年以上（不含五年）的贷款。

2. 按照货币种类划分

人民币贷款。人民币是我国的法定货币，以人民币为借款货币的贷款称为人民币贷款。

外汇贷款。以外汇作为贷款货币的贷款统称为外汇贷款，现有外汇贷款币种主要有港元、美元、日元、英镑和欧元。

3. 按照贷款用途划分

流动资金贷款。按照银监会《流动资金贷款管理暂行办法》的规定，流动资金贷款，是指贷款人向企（事）业法人或国家规定可以作为借款人的其他组织发放的用于借款人日常生产经营周转的本外币贷款。

固定资产贷款。根据银监会《固定资产贷款管理暂行办法》的规定，固定资产贷款，是指贷款人向企（事）业法人或国家规定可以作为借款人的其他组织发放的，用于借款人固定资产投资的本外币贷款。

其他类别贷款。其他类别贷款还包括并购贷款、房地产贷款、项目融资贷款、贸易融资贷款、消费贷款等。

4. 按照有无担保及担保种类划分

信用贷款。是指以借款人信誉发放的一种无担保贷款。

担保贷款。是指借款人提供担保的贷款，担保贷款可以分为保证担保贷款、抵押担保贷款和质押担保贷款。

在实践中，几种担保方式可以组合使用。

5. 按照贷款利率划分

固定利率贷款。固定利率贷款是指在贷款合同签订时即设定好固定的利率，在贷款合同期限内，借款人都按照固定的利率支付利息，不需要"随行就市"。短期流动资金贷款均为固定利率贷款，即执行合同约定的利率。

浮动利率贷款。浮动利率贷款是指贷款利率在贷款期限内随市场利率或官方利率波动，按照约定时间和方法自动进行调整的贷款。

6. 按照信贷偿还方式划分

（1）一次性偿还信贷

指借款人在贷款到期时需一次性还清贷款的本息。一般适用于借款金额较小、借款期限较短的贷款。银行在发放这种贷款时，是以借款者在未来时间内确定的现金账收入作为预期还款来源的。所以，一次性偿还信贷的贷款质量取决于借款者预期收入中现金流量的时间和数额的准确性，其利率水平也要视借款者预期收入的确定程度而定。

一次性偿还信贷中，最典型的例子是过渡性贷款，即消费者在支付新住房的预购定金时，由于旧住房尚未出售，缺乏现金，便向银行申请一笔过渡性贷款以支付定金，待旧住房出售后偿还贷款，因此这种贷款是过渡性的。

（2）分期偿还信贷

指银行同意借款人在一定时期分期偿还的贷款。银行发放这种贷款，必须对借款人的财务状况和还款能力进行调查，同时，在贷款合同中必须确定分期偿还的时间、每期偿还的金额及利息的计算等内容。

例如某银行发放分期偿还贷款 120 万元，年初发放，年末收回，每月底收回 10 万元贷款，利息年末一次性结清。这种方式对借款者来说，既满足了一次性大额资金的需要，又从分期偿还中减少了贷款的负担；对银行来说，既提供了贷款，增加了收益，又从分期偿还中加速了贷款的周转，减少了风险。目前随着信贷制度的改革，这种贷款方式将会逐渐成为主流。

（3）循环信贷

又称周转信贷、周转信贷协议。循环信贷协定是银行具有法律义务地承诺提供不超过某一最高限额的贷款协定。在协定的有效期内，只要企业的借款总额未超过最高限额，银行必须满足企业任何时候提出的借款要求。企业享用循环信贷协定，通常要对贷款限额的未使用部分付给银行一笔承诺费。

协议期限，即此循环货款规定的期限。

贷款限额，指规定期限内，企业可贷款的最高额度。在此额度内，可随意支取贷款。此额度在协议签署时确定。

此贷款与其他贷款的不同之处在于，贷款银行有义务及时足额保证企业限额内的贷款供应，否则应承担规定的法律责任。

二、个人消费信贷

个人消费信贷是指银行或其他金融机构采取信用、抵押、质押担保或保证方式，以商品型货币形式向个人消费者提供的信用。个人消费信贷的开办，是国有商业银行适应我国社会主义市场经济体制的建立与完善、适应金融体制改革、适应金融国际化发展趋势的一系列全方位变革的重要措施之一，它打破了传统的个人与银行单向融资的局限，开创了个人与银行相互融资的全新的债权债务关系。

目前我国商业银行个人消费信贷处于起步阶段，种类还不是很多，主要有以下六类。

1. 个人短期信用贷款

指贷款人为解决由本行办理代发工资业务的借款人临时性需要而发放的，期限在一年以内、额度在2 000元至2万元且不超过借款人月均工资性收入6倍的，无须提供担保的人民币信用贷款。

思维延伸

你使用过哪些个人消费信贷？它们的借款金额、期限和利率分别是多少，你了解吗？

2. 个人综合消费贷款

指贷款人向借款人发放的不限定具体消费用途、以贷款人认可的有效权利质押担保或能以合法有效房产作抵押担保，借款金额在2 000元至50万元、期限在六个月至三年的人民币贷款。

3. 个人旅游贷款

指贷款人向借款人发放的用于支付旅游费用、以贷款人认可的有效权利作质押担保或者由具有代偿能力的单位或个人作为偿还贷款本息并承担连带责任的保证人提供保证，借款金额在2 000元至5万元、期限在六个月至两年且提供不少于旅游项目实际报价30%首期付款的人民币贷款。

4. 国家助学贷款

分为一般助学贷款和特困生贷款，是贷款人向全日制高等学校中经济困难的本、专科在校学生发放的用于支付学费和生活费并由教育部门设立"助学贷款专户资金"给予贴息的人民币专项贷款。

5. 个人汽车贷款

指贷款人向在特约经销商处购买汽车的借款人发放的用于购买汽车、以贷款人认可的权利质押或者由具有代偿能力的单位或个人作为还贷本息并承担连带责任的保证人提供保证，在贷款银行存入首期车款，借款金额最高为车款的 70%、期限最长不超过 5 年的专项人民币贷款。

6. 个人住房贷款

贷款人向借款人发放的用于购买自用普通住房或者城镇居民修房、自建住房，以贷款人认可的抵押、质押或者保证，在银行存入首期房款，借款金额最高为房款的 70%、期限最高为 30 年的人民币专项贷款。个人住房贷款又分为自营性个人住房贷款、委托性个人住房贷款和个人住房组合贷款三种。

除此之外，还有个人小额贷款、个人耐用消费品贷款、个人住房装修贷款、结婚贷款、劳务费信用贷款以及以上贷款派生出的各种专项贷款。

三、学会合理负债

在快节奏的城市里，大部分人不可避免地面临负债的状况，房贷、车贷都是十分常见的事情。面对负债我们不用恐慌，但因负债过多无力偿还使自己陷入财务危机乃至走投无路的真实案例也屡见不鲜，对此，我们要合理评估，学会合理负债。

（一）你能负担多少债务？——四个原则

聪明的人不仅会理财，更懂得理债。"债"是种可贵的人生资源，善用债务工具，可以"债中生钱"，为理财大业加分。那么你知道个人负债多少才是合理的吗？

借款金额不应高于年度净收入的 20%：

如果你每月的税后收入为 4 000 元，你的年度净收入为：12×4 000 ＝48 000 元；

用你的年度净收入乘以 20%，就是你的安全债务负担：48 000× 20% ＝9 600 元；

你的待偿付债务不应高于 9 600 元。

备注：房贷（即抵押贷款）不应计入 20% 范围内，但其他债务应当计入，比如车贷和信用卡还款。

月还款不应高于每月净收入的 10%：

如果你的每月实得工资为 4 000 元：4 000× 10% = 400 元；

你每月偿还的债务总计不应高于 400 元。

备注：房贷（即抵押贷款）不应计入 10% 范围内，但其他债务应当计入，比如车贷和信用卡还款。

毫无疑问，负债是有风险的，所以需要我们坚守以下四个原则。

1. 只为必要的事负债

确认好为什么负债是相当重要的。如果是投资在学习上，或是购买增值性商品，又或者有必不可少的重要支出，借贷是有必要的。但若是用于吃喝玩乐或日常生活的消耗品，例如吃一顿大餐、买件名牌衣服，则一定要量入为出。宁可克制消费欲望，也不要借钱来花。

2. 负债金额要在还款能力范围内

相比父母辈轻易不敢借钱的保守谨慎，今天年轻人的债务观念要大胆激进很多。特别是年轻夫妻，买房、买车，钱不够怎么办？往往是先借再说。这时候许多人就只顾着凑足首付，完全没有考虑到自己的还款能力。无论哪种形式的借款，如果不能按约定准时归还，都是会有大问题的。首先会产生滞纳金，其次还会在个人信用记录上留下不良记录，影响其他方面的贷款申请。

3. 牢记没有免费的借款

买车时，4S 店说 "0 利率车贷"；想出国旅游时，商业银行的个人小额贷也是 "0 利息"……有各种各样的商品，打着 "免费借款" 的幌子吸引你去消费。但实际上，在 "0 利息" 的背后，还藏着众多的 "手续费" "服务费" "审核费" "管理费" ……即使不用支付利息，你还是要为这些费用买单。所以在决定借款的时候，除了确认好实际利率，还要确认为了借款要付出的总费用是多少。

4. 认清是债早晚都要还

如果有债务在身，那么花钱做事时都需要把债务考虑进去，以便做好还债准备。制订合理的理债计划，明确什么时候还，用什么钱还；正视债务，定出明确的时间进度表，严格执行，才能管理好债务，不出娄子。

（二）合理使用传统信贷产品——信用卡

信用卡又叫贷记卡，是由商业银行或信用卡公司对信用合格的消费者发行的信用证明。其形式是一张正面印有发卡银行名称、有效期、号码、持卡人姓名等内容，有磁条或芯片、

> **思维延伸**
> 选取两张不同品牌的信用卡，比较它们各方面的信息，判断哪张信用卡更适合你。

签名条的卡片。持有信用卡的消费者可以到特约商业服务部门购物或消费，再由银行同商户和持卡人进行结算，持卡人可以在规定额度内透支。

常见的信用卡申请方式有线上申请和线下申请两种。线下申请全程有工作人员指导，申请人只需要提供相应资料，线上申请则需进入对应的银行网站，选择想要申请的信用卡，按照步骤正确填写信用卡申请表并提交。银行收到申请资料后，一般需要 5~10 个工作日审核资料，申请人可以通过对应的银行 App 或者官方微信公众号查看审核进度。通过审核后，领取信用卡的时候，银行一般有三种方式可供选择：快递、工作人员上门、电话通知去银行领取。收到信用卡后，按照银行官方途径激活就可以了，具体方式可咨询银行的工作人员。信用卡激活后就可以正式使用了。

信用卡的使用有诸多注意事项，主要分为以下四方面。

1. 多刷卡

巧用信用卡，就要多刷卡消费。因为信用卡本身就是用来消费的，消费得越多，你得到的优惠就越多，而且还可以提升信用卡额度。

2. 慎分期

现在很多银行的信用卡都有分期业务，消费者刷卡消费后，可采用分期付款，这种分期消费一般会收取高额的利息。假如个人经济状况不是十分窘迫，建议谨慎使用。

3. 不逾期

使用信用卡刷卡消费后，一定要在规定的时间内还款，不要逾期，这样不但会影响个人信用，产生逾期记录，还需要承担高额利息。

如果遇到不可抗因素，无法按时还款，应及时与银行信用卡中心沟通，说明情况，表明并非恶意欠款。之后，可以尝试申请延迟还款或者利息减免优惠。若银行同意延期还款，就不会产生不良记录，但需要注意的是，以后要保证按约定还款。此外，还有一些相关注意事项：

晚还款 1 天，算逾期吗？——银行给予持卡人很大的包容，"容时容差"就是最好的证明。除了正常的免息期外，不少银行还有 3 天的"容时"服务，只要在还款日后 3 天内还款，就不算逾期。关于这一点，建议与发卡行仔细确认，为了避免还款到账时间有延迟，尽量不要等到最后时刻才去还款。

思维延伸

在了解信用卡的一些常见问题后，结合自身经验，说说你对于使用信用卡还有哪些疑问？

不良信用记录会自动消除吗？——会的，如果你坚持用卡并保持良好的信用记录，那么好的记录会覆盖掉不良记录。因此，在这样的规定下，只要你坚持连续使用 5 年以上，按时还款，良好的个人征信指日可待。

被冒名办卡，发生逾期怎么算？——如果你的个人信息被冒用，办理了信用卡或贷款，还产生了逾期，那可以直接向银行提出异议申请。

逾期之后，银行会找到家人吗？——不排除这种可能。若逾期时间较短，银行会通过短信、电话进行通知；超过 90 天，银行会上门催收；超过半年以上，银行则会向法院申请，对持卡人进行起诉。还有一种就是外包催收，对于 1 年以上的逾期，银行也有可能会交给外包催收公司处理。

逾期怎么补救？——继续使用该卡。能立即全额还款是最好的；若不能及时全额还款，要向银行进行说明，看是否可以使用分期或最低还款的方式；如果未出账单将要面临逾期，可以尝试修改账单日，变相延长免息期。

（三）合理使用互联网信贷产品——蚂蚁花呗

蚂蚁花呗是蚂蚁金服推出的一款消费信贷产品，申请开通后，将获500~50 000元不等的消费额度。用户在消费时，可以预支蚂蚁花呗的额度，享受"先消费、后付款"的购物体验。

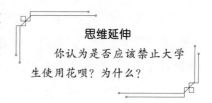

思维延伸

你认为是否应该禁止大学生使用花呗？为什么？

花呗开通需要满足一定的条件：芝麻信用积分要满600，必须是大陆实名认证用户，年龄要达到18周岁，支付宝要绑定手机号，开通支付功能，且为能正常使用的账户。满足这些条件后，支付宝会根据用户账户的综合情况进行评估，最终来确定用户有没有开通蚂蚁花呗的权限以及额度多少。这套评估机制完全基于系统，人工是不能强制介入的。

1. 使用范围

用户在开通了花呗之后，线上线下都可以消费使用。只要在付款时登录支付宝，扫描商家二维码或出示个人付款码，并选择"花呗"作为优先付款方式即可，届时就会直接从花呗里扣取相应的额度来支付交易款项。不过大家需要注意，花呗额度若是不够，可能会导致付款失败。商家若是没有开通花呗收款功能，用户也无法使用。对于没有开通花呗收款功能的商家，用户可以选择使用花呗当面花。只要单笔订单金额在150元（含）以内，用户就可以通过当面花进行付款。

2. 授信额度

根据蚂蚁花呗综合考虑消费者的网购情况、支付习惯、信用风险等，通过大数据运算，结合风控模型，授予用户 500~50 000 元不等的消费额度。蚂蚁花呗的额度依据用户在平台上所积累的消费、还款等行为授予，用户在平台上的各种行为是动态变化的，相应的额度也是动态变化的。当用户在一段周期内行为良好，且符合提额政策，其相应额度就可能提升。蚂蚁花呗无法通过他人代开通或提额，请不要轻信他人，泄露个人信息。2018 年 10 月 18 日，花呗正式上线了"额度管理"功能，用户可以根据自身实际需求自主调整自己的花呗额度。

3. 还款方式

用户在消费时，可以预支蚂蚁花呗的额度，在确认收货后的下个月的 9 日进行还款，免息期最长可达 41 天。除了"这月买，下月还，超长免息"的消费体验，蚂蚁花呗还推出了

> **思考题**
> 如果你出现了暂时的资金短缺，你更愿意选择传统信贷产品还是互联网信贷产品？为什么？

花呗分期的功能，消费者可以分 3、6、9、12 个月进行还款。

用户需要将已经产生的花呗账单在还款日之前（包括还款日）还清。到期还款日当天系统依次自动扣除支付宝账户余额、余额宝（需开通余额宝代扣功能）、借记卡快捷支付（含一卡通）用于偿还已出账单未还部分。用户也可以主动还款。如果逾期不还，每天将收取万分之五的逾期费。

四、网络信贷骗局与防范

随着经济的快速发展和网络技术的不断进步，互联网技术快速融入金融行业，发展出一种与传统金融相结合的新兴产物——互联网金融。互联网金融在一定程度上为我们的生活带来了便利，但时有发生的网络信贷骗局往往会给受害者造成严重的财产损失，需要我们仔细识别、严加防范。

骗局一：未放款却先收费

放款之前先收费是无抵押贷款最常见的伎俩，贷款被骗者中，十有八九就是掉进了这个坑里。骗子往往抓住借款人急于求成的心理设计骗局。

第一步：取得信任，号称只需要提供"身份证"之类的信息就可以拿到借款。

第二步：编织各种理由，提前收取借款人的费用，通常以材料费、保证金等为由头忽悠借款人上钩。

第三步：借款人将钱打入对方账户后，一轮骗局完成，骗子消失。

如何防范：

所有正规的金融平台都不会在放贷之前收取任何费用，无论是在哪一个金融平台上进行贷款申请，牢记这一点，可以避开90%的骗局。

骗局二：承诺低息实为高利贷

很多无抵押贷款骗局打着"日息低至×"的幌子，将借款人骗过来，最后却以高息放款。比如媒体曾报道过一起借款人被骗的案例，市民王先生贷款3万元，结果日息高达3 000元；再比如之前闹得沸沸扬扬的"裸条贷款"，女大学生借钱，周息高达30%，这无疑也是高利贷，而且这种高利贷通常还伴随暴力催收，一旦上钩，便很难走出这个恶性循环。

如何防范：

当你碰到声称利息比银行还要低的金融平台时，一定要谨记"天上不会掉馅饼"。在签订贷款合同时，一定要对高利贷有一个基本概念。

骗局三：包装资质承诺贷款成功

"凭一张身份证，不管你是黑户还是白户，当天就能下款20万元到50万元。"大家经常会收到这样的诈骗短信。通常情况下，借款人一旦交纳手续费，按照对方的要求办理了贷款，最终结果就是贷款没到手，高额的手续费先被骗走。

如何防范：

在正常办理无抵押贷款的过程中，银行和金融机构一般要求贷款人提供信用担保。所以，无抵押贷款并不意味着可以在没有任何条件的情况下凭空获得贷款，它要求贷款人具备相当多的条件，对于贷款人的资质也有很高的要求。按照刑法规定，采用这种虚假的包装贷到款可能触犯刑法，涉嫌骗取贷款罪或者贷款诈骗罪。

骗局四：花钱消除信用污点

不少借款人因个人信用污点导致申贷被拒，于是一些骗子做起了"花钱消除信用污点"的买卖。通常情况下，骗子号称银行里有熟人，可以花钱消除征信污点，引诱受害人上钩。而事实上，受害人花的钱对消除其征信污点毫无帮助，反而进了骗子的腰包。

如何防范：

个人征信系统又称消费者信用信息系统，主要为消费信贷机构提供个人信用分析产品。具体来说，个人征信信息分为三个组成部分：第一部分是个人基本信息，第二部分是信贷信息，第三部分是非银行信息。这些信息确实潜在影响着个人在银行的借贷行为。个人征信由中国人民银行征信中心统一管理，任何人或者机构都无权删除或者修改。所以那些告诉你有办法"洗白"征信的，都是骗子。

案例讨论

上文我们介绍了几种常见的网络信贷骗局，下面这个案例将更加直观地呈现非法网贷对在校大学生造成的巨大危害。

大学生陷非法校园贷溺亡

2017 年，北京某高校大三学生范某被发现留下遗书溺亡。在他离世后，家人在他的手机上不断收到威胁恐吓还款的信息。范某父亲的手机也开始陆续收到数十条信息，信息内容都是追讨债务。范某父亲还接到多个追债电话，电话里的人在谩骂之后均声称范某借了高利贷，现在联系不到他，所以向家人追债。恢复后的范某手机里有多个网络借贷平台的微信公众号。原来范某自 2016 年 7 月开始，从一个名为"速×借"的网络借款平台借了第一笔 1 500 元，随后从另外一家网络借款平台借了 3 000 元钱用于归还"速×借"的欠款，接着又从另外的借款平台再借出更多的钱用来归还上一笔欠款。除了"速×借"外，他还在"今×客""哈×米"等网络借款平台上借款，最终无力还款。面对催债的威胁恐吓，他走投无路，最终做出了自杀的举动，酿成了一个家庭的悲剧。

案例思考：

校园贷引发的悲剧屡见不鲜。学习完本讲，你认为校园贷的产生和发展可能存在哪几方面的原因？我们应该怎样正确认识和对待类似的信贷产品，才能避免落入信贷骗局？

小结

　　本讲我们主要学习了传统信贷产品信用卡和互联网信贷产品蚂蚁花呗的相关知识，了解了它们的使用方法和注意事项，对个人使用信贷产品和参与信用市场有了进一步的认识。需要注意的是，我们必须在客观评价自身经济状况的基础上合理负债，才能避免陷入债务危机。此外，虽然近年来互联网金融的发展给我们的生活带来了诸多便利，但仍有不法分子通过"套路贷"等骗局谋取利益，这些网络信贷骗局还需我们严加辨认和防范。

第 **06** 讲

信义值千金：如何提高信用价值？

学习目标

◆ 比较信用的道德伦理内涵和经济学内涵

◆ 掌握征信的相关概念

◆ 掌握个人信用报告的正确查询途径和方法

◆ 区分消费信用、商业信用、银行信用等信用
  形式

◆ 了解我国社会信用体系的结构组成

我们常说，在当今社会，没有信用的人将寸步难行。这个信用既包括个人诚信的品质，也包括经济社会中的信用记录。目前，我国已经进入推进社会信用体系建设高质量发展的阶段，个人、企业和社会信用体系环环相扣，做好信用管理对个人和企业都至关重要。本讲将着重讲解经济学中的信用概念，引导读者知晓其内涵、功能、形式等；明确个人信用的价值，掌握维护个人信用的途径和方法，为建立良好的个人信用记录打好基础；介绍我国社会信用体系的结构组成和区块链技术在建设社会信用体系中的应用。

测试

1. 信用是_____。

    A. 买卖行为

    B. 赠予行为

    C. 救济行为

    D. 借贷行为

2. 征信的内容包括_____。

    A. 收集和整理信用信息

    B. 提供信用报告

    C. 信用评估和信息咨询

    D. 以上都是

3. 车贷、房贷、信用卡中属于消费信用的是_____。

    A. 车贷

    B. 房贷

    C. 信用卡

    D. 以上都是

4. 以下不属于社会信用体系构成的是_____。

    A. 个人信用体系

    B. 企业信用体系

    C. 国际信用体系

    D. 公众信用体系

一、信用

（一）信用的内涵和功能

在日常生活中，信用是个十分常见的词语，通常指的是值得信任、说话算数。从道德伦理角度理解"信用"，实际上是指遵守诺言，能够履行跟人约定的事情从而取得信任。

那么在经济学中，信用又指什么呢？它指的是一种体现特定经济关系的借贷行为，这种借贷行为以偿还和付息为条件，是价值运动的特殊形式。

信用由三个要素组成：①债权债务关系。任何信用得以成立，必须有至少两个当事人：一方是借入的债务人；一方是贷出的债权人。债务是将来偿还价值的义务，债权则是将来收回价值的权利。②时间的间隔。与买卖关系一手交钱、一手交货、钱货两清不同，信用关系中的债务人先获得借入的资金，再在约定的时期内归还。与高校学生密切相关的助学贷款就是在校时发放、需要在毕业后的一定时期内还清的。③信用工具。口头确定的信用关系尽管有简便、灵活的特点，但容易引起争执，难以维护债权人应有的权利。因此，通过书面签约，借助信用工具来建立和转移信用关系，是当代经济社会中的普遍现象。

信用在经济社会中发挥着重要的功能：①信用促进资金优化配置，提高资金使用效率。通过借贷，资金可以流向投资收益更高的项目，可以使

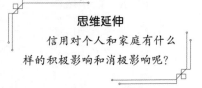

思维延伸
信用对个人和家庭有什么样的积极影响和消极影响呢？

投资项目得到必要的资金，资金盈余单位又可以获得一定的收益；通过信用调剂，让资源及时转移到需要这些资源的地方，可以使资源得到最大限度的运用。②信用加速资金周转，节约流通费用。信用能使各种闲

置资金集中起来并投放出去，使大量原本处于相对静止状态的资金运动起来，这对于加速整个社会的资金周转无疑是有巨大作用的，并且利用各种信用形式，还能节约大量的流通费用，增加资金生产投资。③信用加速资本积聚和集中。信用是集中资金的有力杠杆。信用制度使社会闲散资金集中到了少数企业中，有助于企业规模扩大。④信用有效地调节着国民经济。信用调节经济的职能主要表现在国家利用货币和信用制度来制定各项金融政策和金融法规，利用各种信用杠杆来改变信用规模及其运动趋势。

信用在经济社会的众多方面发挥了重要的积极作用，那么信用是不是完全没有消极影响呢？实则不然。在资本主义社会中，资本主义信用的发展使资本主义的生产规模可以不受资本家自有资本的限制而不断扩大，使生产资料和产品日益集中到少数大资本家手里，这就使资本主义社会的内在矛盾进一步尖锐化；信用造成了对商品的虚假需求，加剧了各生产部门之间发展的不平衡性，从而加深了资本主义经济危机。

（二）信用的形式

1. 消费信用

在现代社会，通过住房贷款来购置房产是我们绝大多数家庭买房的不二选择。同时，我们还常接触汽车贷款和信用卡。而这三种贷款都属于消费信用，那么什么是消费信用呢？

思维延伸

你使用过哪些消费信用？它们分别属于哪种使用形式？

消费信用就是工商企业和银行等金融机构向消费者个人提供的信用，是直接满足消费者生活消费需求的信贷活动。此外，消费信用也属于银行信用，是银行的零售服务业务，即商业银行对消费者个人发放的、用于购买耐用消费品或支付其他费用的贷款方式，它以刺激消费、扩大商品销售和加速资金周转为目的。也就是俗称的"用明天的钱，圆今天的梦"。

首先让我们一起了解消费信用存在的原因。

①对高档耐用消费品需求的增加。随着消费水平的提高，消费结构中满足生存需要的比重降低，满足发展和享受需要的比重日益提升，对耐用消费品的需求也随之提高。高档耐用消费品通常价值较高，使用年限较长，完全依靠家庭和个人的资金来满足对这类消费品的需求，一般需要较长时间的积累，所以有时需要通过消费信贷来提前满足。②解决家庭收支在时间上的不匹配。家庭的生命周期可分为若干阶段，在不同的阶段有不同的收入和消费特征。经济学家认为消费者会通过年轻时的提前消费和中年时的推迟消费（储蓄）来实现一生中消费的大体平衡。年老后的消费通过提取储蓄来实现，年轻时的消费则是通过消费信贷将未来收入提前使用来实现。③消费观念的转变。传统文化提倡节俭，鼓励储蓄，而年轻的一代接受"花明天的钱享受今天的快乐"。同时，国家政策的鼓励，福利分房制度的取消，也对改变居民消费观念产生了一定的影响。

那么消费信用对我国社会有什么作用呢？

①刺激生产，引导企业加快技术改造，促进产品升级换代。消费信用是以刺激人们消费为目的的，如果人们的消费因之增加，必然带动厂商生产扩容。并且，由于人们是否愿意消费还要看是否有合适的商品，消费信用可以透过消费市场的导向作用，引导企业的生产方向。②提高消费效用。借助于消费信用，可以满足人们现在迫切需要消费而货币不足的消费需求。同时，可以指导人们对消费时间先后进行最适当的安排，引导消费趋向，实现更为合理的消费结构。③促进商业银行调整信贷结构，分散风险，寻求新的盈利增长点。就我国来讲，个人信用环境一直较好，商业银行以抵押为担保或面向有稳定收入人群发放消费贷款，是风险较小的资产业务。增加"个贷"在贷款结构中的比重，必将帮助商业银行抑制不良债权的滋生，增强贷款的盈利性。④发挥刺激内需，拉动经济增长的作用。在社会总供求平衡中，供给和需求都是可以作用的变量。消费信用可以通过刺激消费需求引导投资需求，从而扩

张总需求，使产业结构调整中供大于求的状况得到改善，确保经济持续增长。

2. 商业信用

如果说把消费信用简单理解成银行和消费者个人之间的信用，那么商业信用就是指非金融企业之间的信用。商业信用的具体形式很多，包括赊销、分期付款、委托代理、预付、按工程进度付款等。商业信用的产生与产业资本的循环周转密切相关。若社会再生产的一方在销售商品的时候遇到需求商品的一方缺乏现款，这时需求方就会向供给方提出赊销的要求。

商业信用有如下几个主要特点：①商业信用的债权人都是企业从事生产和流通活动的经营者，其债权关系是商品交易采用信用形式而产生的，而所交易的商品用于企业的生产或流通。如果企业的经营者是向消费者赊销商品，那不是商业信用，而是属于消费信用的范畴。②商业信用的规模与产业资本的动态是一致的。经济繁荣时期，社会商品生产与流通的规模扩大，商业信用的规模一般也随之扩张；反之，经济萧条时期，商业信用的规模则随社会生产与流通规模的缩小而缩小。③商业信用是解决买方或卖方企业流通手段不足最便利的方式。作为买方企业，在能够取信于卖方企业的条件下，可采用赊销等商业信用形式解决资金不足的问题；同样，作为卖方企业，在能够取信于买方企业的条件下，可采用预付等商业信用形式解决资金困难问题。

3. 银行信用

上文提到了消费信用是银行信用的一部分，那么银行信用具体是什么呢？

银行信用是商业银行等金融机构以货币形式与企业和个人之间发生的借贷活动。银行信用是在商业信用基础上产生和发展起来的。一方面，银行将在社会再生产过程中游离出来的暂时闲置的货币收集起来，形成巨额资金；另一方面，银行又通过贷款、贴现等方式将筹集的资金投放出去，满足社会对资金的需求。

银行信用与商业信用相辅相成，与商业信用相比银行信用有以下特点：①银行信用是以货币形态提供的。银行贷款放出去的已不是在产业资本循环过程中的商品资本，而是从产业资本循环过程中分离出来的暂时闲置的货币资本，它克服了商业信用在数量规模上的局限。②银行信用的借贷双方是货币资本家和职能资本家。由于提供信用的形式是货币，这就克服了商业信用在使用方向上的局限。③在产业周期的各个阶段，银行信用的动态与产业资本的动态往往不相一致。④银行信用的实质是银行作为中介使货币资本所有者通过银行和职能资本之间发生的信用关系。

4. 国家信用

国家信用是指以国家为主体进行的一种信用活动。国家按照信用原则以发行债券等方式，从国内外货币持有者手中借入货币资金，因此，国家信用是一种国家负债，指以国家为一方所取得或提供的信用。国家信用包括国内信用和国际信用。

（1）国内信用

国内信用，是指国家以债务人身份取得或以债权人身份提供的信用。通常指前者。国家信用的基本形式是发行政府债券，包括发行国内公债、国外公债、国库券等。国家信用的产生是由于通过正常的税收等形式不足以满足国家财政的需要。

总结

根据使用方式的不同，消费信用可主要分为：

1. 赊销
2. 分期付款
3. 消费贷款

在实践中，根据用途的不同，消费信用又可分为住房消费信贷、汽车消费信贷等形式。

国家信用是一种特殊资源，政府享有支配此种资源的特权，负责任的好政府绝不能滥用国家信用资源。政府利用国家信用负债获得的资金应该主要用于加快公共基础设施的建设，以及为保障经济社会顺利发展并促进社会公平的重要事项，以向社会公众提供更多的公共物品服务，并实现社会的和谐与安宁。国家信用应当由国家的法律予以保障。

（2）国际信用

国际信用，是指各国相互之间提供的信用。包括国际银行信用、国际商业信用、国际间政府信用、国际金融机构信用和国际租赁信用等。

国际信用是国际货币资金的借贷行为。最早的票据结算就是国际上货币资金借贷行为的开始，经过几个世纪的发展，现代国际金融领域内的各种活动几乎都同国际信用有着紧密联系。没有国际借贷资金不息的周转运动，国际经济、贸易往来就无法顺利进行。

二、征信

怎样衡量和判断一个人的信用到底好不好？这就涉及征信的范畴。征信是遏制不良信用行为的发生、使守信者利益得到保障的重要手段。

（一）征信的概念和功能

征信是依法收集、整理、保存、加工自然人、法人及其他组织的信用信息，并对外提供信用报告、信用评估、信用信息咨询等服务，帮助客户判断、控制信用风险，进行信用管理的活动。

征信在促进信用经济发展和社会信用体系建设中发挥着重要的基础作用。一是防范信用风险。征信减少了交易中参与各方的信息不对称，避免了因信息不对称而带来的交易风险，从而起到风险判断和揭示的作用。二是扩大信用交易。征信解决了制约信用交易的瓶颈问题，促成了信用交易的达成，从而推进金融信用产品和商业信用产品的创新，有效扩大信用交易的范围和方式，带动信用经济规模的扩张。三是提高经济运行效率。通过专业化的信用信息服务，降低了交易中的信息收集成本，缩短了交易时间，拓宽了交易空间，提高了经济主体的运行效率，从而促进经济社会发展。四是推动社会信用体系建设。征信业是社会信用体系建设的重要组成部分，发展征信业，有利于维护良好的经济和社会秩序，促进社会信用体系建设的不断发展完善。

（二）我国征信发展历程

我国征信业的发展，自 1932 年第一家征信机构——"中华征信所"诞生算起，已经有了 80 多年的历史。但其真正得到发展，还是从改革开放开始。改革开放以来，随着国内信用交易的发展和扩大、金融体制改革的深化、对外经济交往的增加、社会信用体系建设的深入推进，我国征信业得到迅速发展。

20 世纪 80 年代后期，为适应企业债券发行和管理，中国人民银行批准成立了第一家信用评级公司——上海远东资信评级有限公司。同时，为满足涉外商贸往来中的企业征信信息需求，对外经济贸易部计算中心和国际企业征信机构邓白氏公司合作，相互提供中国和外国企业的信用报告。1993 年，专门从事企业征信的新华信国际信息咨询有限公司开始正式对外提供服务。此后，一批专业信用调查中介机构相继出现，征信业的雏形初步显现。

2003 年，国务院赋予中国人民银行"管理信贷征信业，推动建立社会信用体系"职责，批准设立征信管理局。同年，上海、北京、广东等地率先启动区域社会征信业发展试点工作，一批地方性征信机构设立并得到迅速发展，部分信用评级机构开始开拓银行间债券市场信用评级等新的信用服务领域，国际知名信用评级机构先后进入中国市场。2004 年，中国人民银行建成全国集中统一的个人信用信息基础数据库。2005 年，银行信贷登记咨询系统升级为全国集中统一的企业信用信息基础数据库。2008 年，国务院将中国人民银行征信管理职责调整为"管理征信业"，并牵头社会信用体系建设部际联席会议。2011 年，牵头单位中增加了国家发展和改革委员会。2013 年 3 月，《征信业管理条例》正式实施，明确中国人民银行为征信业监督管理部门，征信业步入了有法可依的轨道。

（三）征信机构与征信数据

征信机构是指依法设立的、独立于信用交易双方的第三方机构，专门从事收集、整理、加工和分析企业和个人信用信息资料，出具信用报告，提供多样化征信服务，帮助客户判断和控制信用风险等工作。征信机构是征信市场的支柱，在现代市场经济条件下扮演着重要角色，是信息不对称情况下扩大市场交易规模的必要前提。没有征信机构承担的社会功能，社会信用作用很难充分发挥。征信机构通常分为三大类，分别是企业征信机构、个人征信机构、财产征信机构。

征信机构依据采集的信用信息资料形成征信数据，那么征信数据包括哪些内容呢？在实践中，征信数据的内容涵盖所有判断借款人信用风险的信息。一般来说，征信机构采集的借款人信息主要包括以下四个方面：一是身份识别信息，如单位名称或个人姓名、身份证号码、出生日期、地址、就业单位等；二是负债状况和信贷行为特征信息，即借款人当前负债状况、担保状况和还款的历史信息；三是判断企业和个人还款能力的信息，如企业的各项财务指标、个人的收入状况、资产与负债状况等；四是特殊信息，如法院民事判决信息、税务部门已公告的欠税信息、缴纳电信等公共事业费用信息、缴纳各类社会保障费用和住房公积金信息、个人学历信息、个人职业信息等。

从世界各国征信系统的发展状况看，各国由于国情和立法传统等方面的差异，建立的征信机构各具特色。征信机构按所有权性质的不同，可分为公共征信机构、私营征信机构和混合征信机构；按信息主体的不同，可分为个人征信机构、企业征信机构、信用评级机构以及其他信用信息服务机构。公共征信机构以德国、法国为代表，美国是典型的私营征信机构模式，日本是典型的混合征信机构模式。

在技术创新的激励下，征信机构不断发展，其趋势主要体现在以下四个方面：一是行业集中度迅速提高；二是产品经营日益多元化；三是商业化、互惠合作模式的适应性更强；四是对征信立法的重视程度不断提高。

三、个人信用报告

知晓了征信是什么，那我们又怎样了解自己的信用状况呢？这就要依赖个人信用报告。

（一）个人信用报告含义及查询途径

个人信用报告是全面记录个人信用活动、反映个人信用状况的文件，是个人信用信息基础数据库的基础产品。个人信用报告对于我们每个人都十分重要。实际上，个人信用报告除了应用于找银行办理房贷、信用卡等有借款性质的业务以外，还在多个领域有重要作用。信用记录几乎涉及个人每一项重大经济活动，如果没有良好的个人信用记录，包括找工作、申请开户、租房等在内的很多事情可能都办不成。

小资料——如何借助微信公众号查询个人信用报告？

1. 关注"天府信用"微信公众号（四川地区）。

2. 进入公众号，点击"查询服务"。

3. "查询点及导航"可以搜索附近征信查询网点；"查询预约"支持线下网点预约排号；"线上查询"提供查询途径的详细步骤和引导。

既然个人信用报告具有如此重要的作用，我们可以从哪些渠道查询呢？2006年3月，经中编办批准，中国人民银行设立征信中心，作为直属事业单位专门负责企业和个人征信系统（即金融信用信息基础数据库，又称企业和个人信用信息基础数据库）的建设、运行和维护。2013

年 10 月 28 日起，继江苏、四川、重庆 3 省市试点之后，2015 年央行个人信用报告服务试点扩展至全国，各省均可网上查询。2018 年 6 月，中国人民银行征信中心开通了个人信用信息服务平台，公布了个人信用报告查询网址和公众号征信小助手。此外，全国各地的中国人民银行支行、征信分中心均提供个人信用报告查询业务。

（二）个人信用报告的内容

个人信用报告主要包含基本信息、信用交易信息和信用卡明细信息三大内容。

1. 基本信息

（1）个人身份信息

姓名、证件类型、证件号码，三者结合形成标识项，能够唯一地标识被征信人；性别、出生日期，能够辅助识别被征信人；最高学历和最高学位，说明被征信人的受教育程度，作为衡量该人还款能力的参考指标；通讯地址、邮政编码、住宅电话、单位电话、手机号码、电子邮箱，提供了被征信人的多种联系方式；户籍地址，是在公安部门登记的被征信人户口所在地的地址，提供了联系被征信人的一种途径；婚姻状况，能够在一定程度上反映被征信人生活的稳定程度；配偶姓名、配偶证件类型、配偶证件号码、配偶工作单位、配偶联系电话，是为了找到被征信人的配偶，进而了解被征信人家庭的经济状况，同时也提供了联系被征信人的另外一种途径。

（2）居住信息

居住地址、邮政编码和居住状况，反映被征信人的居住信息，由此可以判断被征信人的生活稳定程度，同时可以展示被征信人的房产信息。

（3）职业信息

工作单位名称、单位地址、邮政编码、单位所属行业、职业、职务、职称、本单位工作起始年份，反映被征信人的工作稳定程度及职业的分类，同时提供了了解被征信人信息的渠道，在一定程度上反映了被征信人的还款能力；年收入是指被征信人向商业银行提供的本人年收入的金额。

2. 信用交易信息

（1）信用汇总信息

银行信贷信用信息汇总账户数和法人机构数可以反映被征信人的忠实程度和信贷业务活跃程度；授信额度反映了授信机构对被征信人的信用评估状况；余额反映了被征信人当前的负债情况；为他人贷款合同担保金额在一定程度上反映了被征信人的或有债务情况。

（2）信用卡汇总信息（准贷记卡汇总信息和贷记卡汇总信息）

准贷记卡汇总信息反映了被征信人使用准贷记卡的整体情况，贷记卡汇总信息反映了被征信人使用贷记卡的整体情况，而信用卡汇总信息反映了被征信人使用信用卡（包括准贷记卡和贷记卡）的整体情况。

（3）贷款汇总信息

贷款汇总信息反映了被征信人使用贷款的整体情况。其中，贷款法人机构数和笔数可以反映被征信人的忠实程度和贷款业务的活跃程度；贷款合同金额反映了贷款发放机构对被征信人的信用评估状况；贷款余额反映了被征信人的当前负债情况，结合其他指标可以反映被征信人的还款意愿或能力；当前逾期总额反映了被征信人的还款意愿或能力。

（4）为他人贷款担保汇总信息

为他人贷款担保汇总信息，是从金融机构获取的详细记录被征信人为他人贷款担保的汇总信息，包括为他人贷款合同担保金额和被担保人实际贷款余额。

3. 信用卡明细信息

信用卡明细信息反映了被征信人每张信用卡的活动情况。包括卡类型、业务号、发卡法人机构名称、担保方式、币种、开户日期、信用额度、最大负债额、账户状态、实际还款金额、一次实际还款日期、当前逾期期数、当前逾期总额、准贷记卡透支 180 天以上未付余额、贷记卡

12 个月内未还最低还款额次、信用卡 24 个月每个月的还款状态记录等信息。

（三）个人信用污点

部分商业银行人士透露，从他们日常审批个人信贷的情况来看，市民的个人信用报告中的个人信用污点主要集中在五个方面：①按揭贷款没有按期还款而产生逾期记录。②信用卡透支消费没有按时还款而产生逾期记录。③按揭贷款、消费贷款等贷款利率上调以后，仍按原金额支付月供，从而导致还款金额不足，产生欠息逾期。④在为第三方提供担保时，第三方没有按时偿还贷款，造成担保人有逾期记录。⑤法院部分经济类判决中有欠账等经济纠纷。

思考题

如果出现了个人信用污点，应该怎么做？

思维延伸

你平时会使用京东白条、蚂蚁花呗吗？你知道它们是否接入个人征信？逾期不还的话会对个人的征信产生怎样的影响？

那么，出现个人信用污点后，是不是就没有办法进行信用维护了呢？答案是否定的。如果是因逾期还款导致的个人信用污点，那么首先应该避免出现新的逾期。银行在判断一个人的信用状况时，通常考察的是这个人最近的信贷交易情况。如果一个人偶尔出现了逾期还款，但此后都按时、足额还款，这足以证明其信用状况正在向好的方向发展。其次，若手头的信用卡出现了逾期，应该采取正常使用、正常还款的方式解决。

四、社会信用体系

国务院《社会信用体系建设规划纲要（2014—2020 年）》提出，

到 2020 年，要基本建成覆盖全社会的征信系统，守信激励和失信惩戒机制全面发挥作用。我国社会信用体系建设在经历了起步阶段、初步发展阶段之后，现在已经进入全面推进社会信用体系建设的加速发展阶段。

（一）社会信用体系的概念和功能

社会信用体系也称国家信用管理体系或国家信用体系。是以相对完善的法律、法规体系为基础，以建立和完善信用信息共享机制为核心，以信用服务市场的培育和形成为动力，以信用服务行业主体竞争力的不断提高为支撑，以政府强有力的监管体系作保障的国家社会治理机制。

它的核心作用在于记录社会主体信用状况，揭示社会主体信用优劣，警示社会主体信用风险，并整合全社会力量褒扬诚信，惩戒失信。它可以充分调动市场自身的力量净化环境，降低发展成本，降低发展风险，弘扬诚信文化。

完善的社会信用体系是信用发挥作用的前提，它保证授信人和受信人之间遵循一定的规则达成交易，保证经济运行的公平和效率。它的功能有三种：①记忆功能，能够保存失信者的记录。②揭示功能，能够扬善惩恶，提高经济效率。③预警功能，能够对失信行为进行防范。

（二）社会信用体系的结构组成

一个完整的信用体系是由一系列必不可少的部分或要素构成的。这些部分或要素明确分工，相互协作，共同守护市场经济的信用圣地，促进社会信用体系的完善和发展，制约和惩罚失信行为，从而保障社会秩序和市场经济的正常运行。

完整的社会信用体系由公共信用体系、企业信用体系和个人信用体系共同构成。

1. 公共信用体系

公共信用体系就是政府信用体系。从社会信用体系的全局来看，公共信用体系是影响社会全局的信用体系。建立公众对政府的信任是建立企业和个人信用的前提条件。公共信用体系的作用在于规范政府的行政行为和经济行为，避免失信行为，提高政府行政和司法的公信力。

2. 企业信用体系

企业是市场经济活动的主体，所以企业信用体系是社会信用体系的重要组成部分。企业信用体系的作用在于约束企业的失信行为，督促企业在市场上进行公平竞争。企业信用体系的关键环节是企业信用数据库，它动态地记录了企业在经济交往中的信用信息。

3. 个人信用体系

人是社会的基本单位，也是信用的提供者和接受者，因此个人信用体系也是社会信用体系必不可少的组成部分。从某种意义上说，个人信用体系也是社会信用体系的基础。它至少从两个方面对社会信用体系发挥作用：首先，它为授信者的个人授信提供信用信息；其次，它弥补了公共信用体系和企业信用体系的疏漏。

（三）区块链技术与社会信用体系建设

信用是现代经济顺利运行的保障。国家正在不断推动信用体系建设，提升信用交易量，降低交易成本，使市场经济朝着更健康的方向发展。但同时，也存在一些较难解决的问题，阻

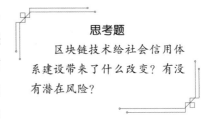

思考题
区块链技术给社会信用体系建设带来了什么改变？有没有潜在风险？

碍了信用体系建设。例如信用信息共享问题、互联网交易信任问题、信用平台信息安全问题等。随着区块链技术的不断创新发展，以上问题将得到解决，应用区块链技术将提升社会信用体系建设步伐。

那么，区块链技术和社会信用体系建设有什么关系呢？

小资料——什么是区块链？

　　狭义来讲，区块链是按照时间顺序将数据区块以顺序相连的方式组合成的一种链式数据结构，并以密码学方式保证不可篡改和不可伪造的分布式账本。

　　广义来讲，区块链技术是利用块链式数据结构来验证与存储数据、利用分布式节点共识算法来生成和更新数据、利用密码学的方式保证数据传输和访问的安全、利用由自动化脚本代码组成的智能合约来编程和操作数据的一种全新的分布式基础架构与计算方式。

　　一般说来，区块链系统由数据层、网络层、共识层、激励层、合约层和应用层组成。该模型中，基于时间戳的链式区块结构、分布式节点的共识机制、基于共识算力的经济激励和灵活可编程的智能合约是区块链技术最具代表性的创新点。

　　（来源：张军. 应用区块链技术提升社会信用体系建设［J］. 市场周刊，2020（5）：3-4.）

1. 区块链链状结构对信用有积极影响

　　区块链数据结构实现了真实的交易数据被存储，并形成一个不可变造、不可伪造的链状记录信息。一个按照时间顺序排列的区块链就是一个交易的全过程记录。网络上每一个用户都可以对交易过程进行追溯，也就是追溯到每个区块的形成，这个追溯过程就实现了证明交易事项是否真实发生，极大地提高了互联网交易双方的信任度。在互联网交易中，交易一方在与不熟悉的另一方进行价值交换时，信用信息成为双方都非常重视的问题，严格的身份认证、准确的信用信息才能为交易双方提供决策参考，规避交易风险。因此，应用区块链技术可以解决互联网交易中的问题，推进社会信用体系建设。

2. 区块链对等网络技术对信用有积极影响

　　区块链不设置中间服务器，网络中的每个用户都是服务节点，都可以实现服务器功能，对信息进行记录、检验、传递。每个用户节点通过其他节点的身份验证后才可以记录信息，将交易信息写入区块中。记录成功后，系统将区块信息传递给每个用户节点，每个用户节点验证区块信息的真实性，通过验证区块信息被记入区块链中。因此可见，区块链对等网络技术实现了每个用户收到的信息都是一样的，有效解决了交易双方信息不对称的问题，每个用户都是监督主体。这种技术思路与社会信用体系建设的全员监督信用理念不谋而合，能够有效推动社会信用体系的建设进程。

社会信用体系主要由政府信用、企业信用、个人信用所构成，随着区块链技术在以上领域的应用，部门及个人的办事效率获得极大提高，促进了社会信用的整体提高，提升了我国社会信用体系建设水平。

案 例 讨 论

在个人信用报告的介绍中我们提到，不良信用记录将对贷款申请等事项带来不利影响，这让许多人为修复自己的信用记录绞尽脑汁，也让一些不法分子看到了"商机"，请看以下案例。

逾期还款影响征信，切莫轻信虚假修复[①]

近日，青海省西宁市城西法院受理了一起委托办理"征信修复"引发的纠纷。刚参加工作的马某因办理购房贷款，在向银行提供个人征信报告时，发现自己在大学期间办理的助学贷款存在多笔逾期还款的记录，无法申请购房贷款。马某想起微信朋友圈中"征信修复"广告，在朋友介绍下来到某征信服务公司，与其签订了《征信异议申请委托代理合同》，该公司承诺在 45 个工作日内对代理的全部征信异议申请成功，马某当日支付了 5 万元"征信修复费"，并提供了个人身份证、银行卡信息和一张电话卡。

但几个月过去了，马某再次查询个人征信报告时，发现贷款逾期记

[①] 徐鹏，李成玲：《逾期还款影响征信　切莫轻信虚假修复》，法制日报-法制网，2020。

录并没有被消除。马某再次找到这家征信服务公司要求退款时，发现该公司已经搬离，马某便起诉到法院，要求该公司退还已经支付的委托费用。

城西法院一审判决，解除双方签订的《征信异议申请委托代理合同》，判令该公司向马某退还委托费用5万元。

案例思考：

请从你的理解出发，阐述个人信用记录为什么如此重要以至于马某愿意冒风险支付5万元进行"征信修复"？这种支付费用即可进行"征信修复"的说法是可信的吗？你认为怎样才能维护好个人信用记录呢？

小结

通过对本讲内容的学习，我们明确了信用不仅是在道德伦理层面遵守诺言，也是经济学中以偿还和付息为条件的借贷行为，它包含了消费信用、商业信用、银行信用等多种形式，在经济社会中发挥着重要作用。而要对企业或个人的信用状况进行判断和评估，则需要发挥征信的作用，我国征信业已步入有法可依的轨道。除此之外，个人信用报告也是了解我们个人的信用状况、开展贷款等经济活动的重要依据，还款逾期等行为可能造成难以修复的信用污点。

第三篇

理财与风险

第 **07** 讲

聚少可成多：如何安排储蓄计划？

假如你有 100 万，你会怎么花呢？

是买房还是买股票？是创业还是做点别的什么？

当然，我们首先要明确一点，那就是我们提出这个问题，是希望通过分析不同人对这笔钱的处理方式，了解一个人的理财观念。

在此，我们可以从几个具有代表性的答案中看出一些门道来：

1. 生活型：先买房，再买车

王女士今年 28 岁，是一位房地产公司的经纪人，年收入 6 万元左右。由于平时喜欢购物以及工作应酬较多，王女士是一个入不敷出的"月光族"，工作两年几乎没有存下什么钱。

王女士的百万计划如下：45 万用于房子的首付，10 万左右购车，10 万给父母，她还给自己留了 5 万，准备出国旅游一次。剩下的 30 万用于投资，购买股票或者基金。

2. 享受型：有 100 万，当"包租婆"

刘女士今年 24 岁，刚刚毕业，参加工作一年，在一家知名广告公司做编辑工作，年收入 8 万元左右。她每月固定的支出主要用于还房贷，每月 2 000 元左右；另外，她每月拿出 2 000 元用于基金定投，除此之外，平时花销很小。

刘女士的百万计划如下：用 100 万在中心商圈买一个店面。店面的房租将会是一笔稳定而不低的收入。她认为股票和基金都有较大风险，所以不作考虑。

3. 创业型：拿 80 万做生意

张先生今年 31 岁，是一家公司的企划部经理，每月工资 4 000 元左右。每月固定支出是 1 500 多元的房贷。

他的百万计划是这样的：他会把大部分钱拿来做生意，目前已经有一个成熟项目，需要投资 50 万元，即用 50 万元做生意，30 万元作为该项目的后继跟进的风险资金，5

万元作为家庭基本生活费，10 万元存银行，5 万元买基金。

理财专家认为，张先生选择自己熟悉的项目投资，这无疑是正确的选择。不过，从保持家庭财务状况稳健的角度来说，张先生在选择将 100 万元中的绝大部分用于项目投资的同时，也不应该忘记为自己和家人购买足够的保险，以规避突发风险。

4. 教育投资型：给孩子存钱留学

肖先生今年 35 岁，在一家律师事务所担任会计，年收入 8 万元左右。他每月的主要开支是家庭生活费用和女儿上学的费用。

他的百万计划是这样的：首先拿出 30 万作为女儿的教育基金，对于这笔钱，他倾向于买基金或存款等比较稳健的投资方式；剩下的 70 万考虑拿出 5 万作为家庭备用金，另外 65 万购置一套小户型用于出租，获取租金收入。

5. 不储蓄、不买保险

李先生在一家大型出版社工作，年收入 8 万元左右。李先生刚刚结婚一年，并且有了一个孩子。目前李先生家里最大的支出除了房子月供 1 600 元外，就是与孩子有关的开支。

李先生的百万计划如下：30 万元作为首付，再买一套房。50 万元投资股市。10 万元买车，方便上下班。最后 10 万元用于家庭生活等其他消费。

本讲将为读者提供储蓄的基本知识。储蓄的第一步应当是设立财务目标。此后，本讲将讨论储蓄行为。消费者可以接触各种储蓄计划，包括储蓄账户以及大额存单（CD）。我们还将对在挑选储蓄账户的过程中需要考虑的因素——包括利率、收费、余额限制，以及存款保险——加以分析。

测试

1. 假设小明存入 1 000 元，存期为 3 年，存入日 3 年期的定期存款利率为 14%，那么到期所得利息是_____。

    A. 400 元

    B. 420 元

    C. 1400 元

    D. 1420 元

2. 假设小明存入 1 000 元，存期为 3 年，存入日 3 年期的定期存款利率亦是 14%，但小明在存入两年后想提前支取，提取当时银行挂牌公示的活期利率为 8%，那么支取日利率应为_____。

    A. 14%

    B. 8%

    C. 11%

    D. 12%

3. 小明有 20 000 元积蓄，要使这些积蓄在 12 年内增长一倍，他需要选择的储蓄产品的利率最低应为_____。

    A. 12%

    B. 10%

    C. 8%

    D. 6%

4. 小明月收入 8 000 元，每月有结余 3 000 元，他计划每个月往自己的储蓄账户中存入一定的钱。这些钱将在 3 年后用于买车。您认为最适合小明的储蓄方式是_____。

    A. 零存整取

    B. 整存整取

    C. 定活两便

    D. 活期储蓄

一、储蓄的本质

储蓄是个人把自己的人民币或外币存入储蓄机构，该机构为其开具凭证，个人凭借凭证支取存款本金和利息时，对方依照规定还本付息的活动。储蓄的本质是个人利用货币的时间价值，将当前所持有的资金按照一定的比例兑换成未来某一时间点的资金，其目的主要是取得利息收入。

（一）货币的时间价值

货币的时间价值是指将货币用于投资或再投资，让其在资本市场进行流通进而增加的价值。按照其增长的表现形式，可以将货币的时间价值分为货币的相对价值和货币的绝对价值。前者表示不考虑风险，也不考虑通货膨胀率，在这种条件下货币的平均利润率；后者则是将风险和通货膨胀率考虑在内，将资本用于生产经营，所带来的真实的增长率。通常，货币时间价值的概念认为，当下的货币比未来同等金额的货币更具有价值。因为人们可以利用当下的货币进行投资或者生产经营活动，进而产生复利；甚至在存在一定通货膨胀的情况下，只要有合适的投资机会，货币现在的价值就一定大于其未来的价值。

货币能够产生时间价值的原因主要如下：①货币的时间价值是信用货币的固有特征。目前流通中的货币，本质上由央行所发行的基础货币和商业银行存款构成。由于流通中的信用货币随着时间积累会不断增加，信用货币贬值也就成为一种普遍现象，这就会导致现在的货币比未来的货币更具价值。②货币的时间价值是一种资源稀缺性的体现。经济社会的发展需要依靠现有的社会资源创造物质和文化产品，构成将来更多的社会财富；也就是说，可以利用现有的社会资源创造更多的未来的社会财富，所以当前物品的效用是高于未来物品的效用的。即使在信用货币制度下，货币也是一种稀缺的社会资源，自然而然，当前货币的价值也就高于未来货币的价值。③货币时间价值是未来不确定性的体现。由于不确定性的存在，人们对当下的感知远比对未来的认识更清晰，导致人们普遍重视当下而忽视未来，故现在单位货币价值要高于未来单位货币的价值。

（二）储蓄账户类型

储蓄账户的类型很多，我们可以根据储蓄产品存入方式和支取方式的不同，将其分为活期储蓄、零存整取、存本取息、定活两便、整存整取、整存零取、个人通知存款、教育储蓄和大额存单等方式。

活期储蓄，指个人将人民币资金存入银行储蓄机构，不规定存期，个人可随时凭储蓄机构开具的凭证续存或支取，存取金额不限。

思维延伸

大家平时常用的储蓄账户属于哪几种类型呢？

零存整取，是开户时约定存期，本金分次存入，到期一次支取本息的存款方式。其特点是逐月存储，每月存入金额固定，适合那些每月有固定收入但节余不多的人群。零存整取中途如有漏存，应在次月补齐；未补存者，视同违约，对违约后存入的部分，支取时按活期利率计息。零存整取利率一般为同期定期存款利率的60%。

存本取息，是一种一次存入本金，分数次支取利息的定期储蓄。这种储蓄最适合那些一下子有比较大的款项收入，而在短时间之内又没有比较大的开支计划，将本金存入银行，按时支取利息安排日常生活即可的人士。储户开户时可一次性存入本金，并选择确定存款期限以及支取利息的时间和次数。这种储蓄起存金额为5 000元，存期可分为一年、三年、五年三个档次，利息可以由储户确定一个月取一次或者几个月取一次。

定活两便，指个人一次性存入人民币本金，不约定存期，支取时一次性支付全部本息的存款方式。

整存整取，是个人与银行约定存期，整笔存入，到期一次支取本息的一种储蓄。50元起存，多存不限。存期分为三个月、半年、一年、两年、三年、五年。

整存零取，指个人一次性存入较大金额的人民币资金，分期陆续平均支取本金，到期支取利息的一种定期储蓄。

个人通知存款，指存款人在存入款项时不约定存期，支取时须提前通知银行，约定支取存款金额和日期方能支取的存款方式。按存款人提前通知的期限长短划分为一天通知存款和七天通知存款两个品种，最低起存金额为 5 万元，最低支取金额为 5 万元。存款利息高于活期储蓄利息，存期灵活、支取方便，能获得较高收益，适用于大额、存取较频繁的存款。

教育储蓄，指仅对小学四年级以上（含四年级）在校学生提供的优惠储蓄品种。开户时，存款人应与银行约定每月固定存入的金额，分次存入，途中如有漏存，应在次月补存；未补存者视同违约，对违约后存入部分视同活期存款利率计息，并征收储蓄存款利息所得税。支取时，只有凭存折及学校提供的正在接受非义务教育的学生身份证明（必须是当年有效证明，且一份证明只能享受一次利率优惠）一次支取本金和利息，才能享受国家规定的利率和免征利息税优惠。

大额存单，是由银行业存款类金融机构面向个人、非金融企业、机关团体等发行的一种大额存款凭证。与一般存单不同的是，大额存单在到期之前可以转让，期限不低于 7 天，投资门槛高，金额为整数。其运作原理是银行在固定期限内对固定数额的资金支付固定金额的利息。从其优势上看，大额存单没有风险、简易、不收取费用，而且利率高于储蓄账户。但是其存取受限，如在到期之前取款，尽管不会损失本金，还是会损失利息收入。

二、储蓄存款利息计算方式

个人在储蓄机构储存一定时间和一定金额的存款后，储蓄机构按照约定的利率给个人还本付息。利息计算的基本公式为：

利息＝本金×存期×利率

关于储蓄存款利息有如下基本规定：①储蓄利息不计复息；②利息计算以元为单位，角和分不计利息；③利息金额算至厘位，分位以下四舍五入；④存款的计算：算头不算尾。从存款当日起息，算至取款的前1天为止。即存入日应计息，取款日不计息。

例：存入日：2016-06-20，支取日：2019-03-11，请计算实际存款天数。实际存款天数：360×3+30×3+9＝1 179（天）

简便算法：

采用以存入日的年、月、日分别减去支取日的年、月、日，其差数为实存天数。

存入日：2016-06-20

支取日：2019-03-11

换算天数：3×360+3×30+9

思维延伸

算一算如果存入日为2016-07-10，支取日不变，实际存款日期是多少呢？你会用简便算法计算了吗？

（一）零存整取定期储蓄存款利息的计算

月积数计息法：这种方法是按"零整"储蓄分户账每月的存款余额算出累计月积数，用累计计息积数乘以利率，便可算出应付利息。如果每月存入金额是固定的、相等的，在排列上是一个等差数列，可用等差数列求和公式求计息积数和。

计息公式：利息＝月存金额×累计月积数×月利率

其中：累计月积数＝（存入次数+1）×存入次数÷2

使用对象：零存整取储蓄方式可集零成整，具有计划性、约束性、累积性；虽然该储种低于整存整取定期存款，但却高于活期储蓄，可使储户获得比活期稍高的存款利息收入；零存整取适用于各类储户参加储蓄，尤其适用于低收入者生活结余累计成整的需要。

（二）整存整取利息的计算

1. 到期支取的计算

计息公式：

$$利息 = 本金 \times 利息率 \times 存期$$

例：某人存入 1 000 元，存期为 3 年整，存入日 3 年期的定期存款利率为 14%，那么利息应为：1 000×3×14% = 420（元）

2. 过期支取的计算

到期日支付规定利息，到期日以后部分按活期利率付息。

例：某人存入 1 000 元，存期为 3 年整，存入日 3 年期的定期存款的利率为 14%，过期后 60 天支取，活期储蓄月利率 1.8‰，那么支取日利息应为：1 000×3×14%+1 000×60×1.8‰÷30=423.6（元）

3. 提前支取的计算

按活期利率付息。

例：某人存入 1 000 元，存期是 3 年整，存入日 3 年期的定期存款利率亦是 14%，而该人在存入两年后想提取，提取时银行挂牌公式的活期利率为 8%，那么支取日利息应为：1 000×2×8% = 160（元）

（三）存本取息利息的计算

存本取息利息的计算公式与整存整取的相同，只是为了弥补提前分期取息给银行造成的贴息损失，该种储蓄所定的利率要低于整存整取的储蓄利率。计息公式：

$$每期支取利息 = 本金 \times 取息期 \times 利息率$$

例：某储户存入 10 000 元整，存期为 3 年整，存入当日的月利率为 9.45‰，每 3 个月支取一次利息，则此储户每次支取利息的全额为：

$$10\ 000 \times 3 \times 9.45‰ = 283.5（元）$$

如果存本取息的储蓄要提前支取，那么银行将对已经分期支付的本息如数回扣，再按活期利率的标准计算利息来交付本利。

例：上例中，假设已经付了 4 次利息时，储户欲提前支取，而活期利率为月息 1.8‰，实际的存期为 12 月，则储户可支取：

10 000＋10 000×12×1.8‰×4−283.5×4＝9082（元）

另一方面，储户如果逾期支取，那么逾期的时间内应按活期利率计算利息一并支付给储户。

（四）定活两便储蓄存款利息的计算

定活两便储蓄存款存期在 3 个月以内的按活期计算；存期在 3 个月以上的，按同档次整存整取定期存款利率的六折计算；存期在 1 年以上（含 1 年），无论存期多长，整个存期一律按支取日定期整存整取 1 年期存款利率打六折计息。计息公式：

利息＝本金×存期×利率×60%

（五）个人通知存款利息的计算

个人通知存款是一次存入、一次或分次支取。1 天通知存款需提前 1 天通知，按支取日 1 天通知存款的利率计息；7 天通知存款需提前 7 天通知，按支取日 7 天通知存款的利率计息。不按规定提前通知而要求支取存款的，则按活期利率计息，利随本清。计息公式：

应付利息＝本金×存期×相应利率

三、挑选储蓄账户

对于普通储户而言，在进行存款理财时要考虑以下五个因素：存款银行、门槛条件、利率高低、流动性和安全性。

（一）存款时要考虑因素

1. 存款银行

一般来说规模越大的银行，管理越规范，服务越好。我们国家的国有大型商业银行有 6 家：中国银行、农业银行、工商银行、建设银行、交通银行和邮政储蓄银行。邮政储蓄银行是从 2018 年开始才被列入国有大型商

思维延伸

大家的储蓄账户属于哪个银行？在进行存款银行的选择时，你会优先考虑哪些因素呢？

业银行的。另外，我们国家还有 12 家股份制商业银行，134 家城市商业银行，17 家民营银行以及数千家农商银行、农村信用社和村镇银行。

银行的规模越小，品牌效应就越小，它们吸引存款的压力就越大，为此也会开出更优厚的存款利率。像 17 家民营银行，微众银行、浙江网商银行都属于纯粹的网上银行，没有实体网点。节省了办公成本的同时，人们对它们的认可度也有所降低。

2. 门槛条件

其实不同的存款产品，要求的存款门槛也是不一样的。比如最著名的是大额存单，它的起步是 20 万元。实际上，这仅是针对个人的认购限额，对于企业或者机构投资人，最低限额不低于 1 000 万。实际上，对于面向个人的 20 万元以上大额存单，仍然是按照不同档次划分的。起购限额越高，给出的优惠利率越高。普通的银行理财产品也有不同的门槛，有的是 5 万元，有的是 1 万元，有的甚至高达 100 万元。像一些信托产品，起步就得 100 万。

国债的起步门槛很低，比如很多老年人去银行抢购的电子式储蓄国债，最低可以买 100 元。银行定期存款的门槛更低，1 元钱都可以选择定期存款。当然我们有零存整取、整存零取、

思考题

要使你存入年利率 6% 的账户中的钱实现双倍增长，需要多长时间？

整存整取、存本取息、定活两便、通知存款等多种多样的存款方式。另外，还有靠档计息的智能存款。银行存款是最受欢迎的。

3. 利率高低

利率高低是大多数人首先考虑的因素。关于利率，一般来说是定期存款利率大于活期存款利率，大额存单利率大于定期存款利率。定期存款一

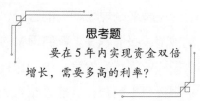

思考题
要在 5 年内实现资金双倍增长，需要多高的利率？

般比国家基准利率上浮 20%~30%，大额存单利率能够上浮 40%~55%。

一般来讲，民营银行能够开出的优惠利率比大型商业银行更高一些。一些地方性民营银行和中小型银行能够给出 5% 以上的优惠利率。银行理财产品的平均收益率一般在 4%~4.5%。

4. 流动性

流动性，指的是我们对投资产品急需变现的时候，需要多长时间，以及收益率会不会受到损失。

银行的定期存款需要注意，如果是 3 年期定期存款，我们存了 2 年，想要提前取现的话是可以立即拿到现金，但是相应的利息要按照活期存款利率计算了。

如果是储蓄国债还好说，一般会根据靠档计息的方式计算，但是办理提前兑付的银行会收取不超过 1‰ 的手续费。至于大额存单，在发售时就会明确告知客户是否可以转让、提前赎回或者支取。大额存单的提前兑付方式是不一样的，有的银行可以通过第三方平台进行转让，银行不收取手续费，但相对而言不方便。

如果是银行理财或者信托等理财产品，想要提前支取，限制条件很多。有的理财产品甚至规定封闭期内不可以提前支取。一般来讲，流动性越好，资金的收益率越低。毕竟相应机构要准备一定的风险准备金，应对客户提前提现。

5. 安全性

安全性对于客户来讲很重要，但是对于银行来讲差别不大。安全性

分为本金的安全性和收益的安全性两种，也就是保本还是保本保收益。一般来说收益率越高，风险越高。像一些股票基金，年化收益率高的时候能达到 100%~200%，但是也会动辄亏本，有的股票基金甚至因为亏损过大直接清盘。

存款我们是有存款保险制度的。按照《存款保险条例》的规定，存款金融机构应当为客户在银行存放的存款缴纳存款保险。银行一旦倒闭，存款人在这一家存款机构内的所有被保险存款账户中的存款本金和利息，可以获得最高限额偿付 50 万元。也就是说在一家银行存款 50 万元以内可以安枕无忧。但是存款保险制度保的仅仅是存款，银行理财产品则不在保障范围内。所以，银行理财产品一般都很难保本保收益。一定要根据我们自身的需求综合考虑，千万不要轻易购买理财产品。

（二）七二法则

一种简单的预估财富增长情况的方法，即一笔投资不拿回利息，利滚利，本金增值一倍所需的时间为 72 除以该投资年均回报率的商数。72 除以利率，即为你实现财富翻倍所需的年数。

思考题

根据七二法则，要使利率为 6% 的资金实现双倍增长，需要多少年？

72 除以不同年数，即为你在这段期限内实现财富翻倍所需达到的利率。

那么，使财富增长一倍需要多少年呢？72÷利率＝财富增长一倍所需年数。多少利率可以使财富在一定年数内增长一倍呢？72÷财富增长一倍所需年数＝利率。

（三）储蓄理财技巧

1. 合理选择存款期限

定存期限既不要太长也不要太短，以不超过一年为宜。最好采用连月储蓄法，即储户每月存入一定的钱款，所有存单额年限都相同，于是到期日分别相差 1 个月。这种方法能够最大限度地发挥储蓄的灵活性，需要用钱的时候可以支取到期或近期的存单，而且能够减少利息的损失。

2. 通过阶梯存储应对利率调整

所谓的阶梯存储就是将资金分散，存入不同时间段的定期。储蓄到期额保持等量平衡将起到很大的作用，既能够应对突发的利率调整，又可以获取比较高的利息。

3. 定期存款转存要注意"临界点"

根据储蓄的相关条例，如果要支取未到期的定期存款，银行只按照活期利率支付利息。所以如果定期存款存储进去的时间天数已经大于转存临界点，就不要进行转存了。临界点的公式为：

存款临界点 = 360 天 × 存期年限 × （新利率 − 原利率）

4. 储蓄与其他理财产品的合理配置

为了获得更多收益，除了储蓄，可以合理配置一些其他理财产品和金融投资工具。理财知识丰富、风险抵御能力强的个人或家庭可以投资股票、基金、金融衍生品等；普通投资人、风险抵御能力弱的个人或家庭可以选择债券、银行或互联网理财产品等。为了规避疾病、人身意外和其他各类风险，还可以适当配置养老保险、医疗保险、意外险等保险工具或者兼具保险和投资双重功能的保险类理财工具。关于这些投资方式和理财工具，我们会在其他章节专门介绍。

四、对财富的理解

（一）什么是财富

在金融学中，有这样一句话：历史证明，后工业化社会的经济增长是靠负债滋养的，拿未来作抵押而不是靠过去积攒的储蓄。

这句话体现了金融时代的精神和投资与理财中的关键点。后工业化社会，即消费社会，其经济的增长是要靠负债滋养的，所以小到个人、家庭，大到国家，都可以适当负债。适当负债类似于投资理财中的财务杠杆，不仅能让我们拿到投资理财的收益，还能尽可能让我们的财富保值和增值。

在当下的后工业社会中，如何理性认识今天的钱和明天的债是我们投资理财思维中非常重要的认识起点。

首先，现实告诉我们，借贷过程都有利于债务人而不是债权人。

其次，财富是拿未来做抵押的。在金融工具和金融理财工具中，按揭是相对比较简单的一种，它是指购房者先向银行借钱（称为按揭贷款）把住房买下来，然后用未来每一个月的收入逐月归还银行贷款的本金和利息，而不是等到攒足了房款再去买房。但按揭不仅仅是分期付款，它还体现了财务杠杆所实现的技术路径。

另外，财富不仅是依靠历史的累计，更重要的是未来的贴现。一般人认为财富是一分分积攒下来的，但一分分积攒的加法过程是十分缓慢的，不能契合当下投资理财的情景。所以理财不应该仅看到历史收入的福利，更重要的是未来预期收入的折现。

陈志武在《金融的逻辑》一书中表达了类似的观点：谁能够把未来更多的收入贴现化为今天的钱，谁就能在现在拥有更多的发展机会。投资理财并不是简单把未来的收入提现，而是能获取更多的竞争优势。

对我国的发展来说，从国家到个人的层面，投资和理财的意识和思维知识的累积是非常重要的国民素养和能力的提升。

（二）关于财富的小故事

我们接下来介绍一则关于 19 世纪德国政治家俾斯麦的小故事，向大家展示他的财富观、投资观、理财观。

人称"铁血宰相"的俾斯麦是 19 世纪最卓越的政治家之一，他任普鲁士首相期间通过一系列成功的战争统一了德国，并成为德意志帝国第一任总理。但俾斯麦留给我们的不仅仅是光辉的政治风景，他在投资和理财当中也有独特的见解和行动。

在这攀上人生顶峰的 30 年间，俾斯麦运用自己的眼光、地位和能力积累了巨大的财富。俾斯麦的投资策略中最令人瞩目的是他只买土地和森林，尤其是可以采伐的森林。他虽然坚信投资纸质证券是赚快钱的好办法，但真正的财富却要靠能够生长树木的土地来保存。

俾斯麦认为，土地的价格会随着人口增长而逐步升高，差不多每年 2 个百分点，德国的木材价格每年上涨 2.75%，而那一阶段的通货膨胀几乎为 0，因此，他从林场获得的实际收益约为每年 4.75%。即使出现通货膨胀，他也确信土地和木材会随之升值，他认为，这是一种无需冒什么风险的财富投资。

事实已经证明，在接下来的 50 年间，通货膨胀、经济萧条接踵而来，林场比其他任何东西都更能保值。俾斯麦投资土地和可采伐的森林，就类似于投资不动产。足球明星罗纳尔多的豪宅面朝大海，高档舒适，贬值可能性极小。可能你会说它面临着海啸的风险，但保险可以解决这个问题——财富是可以固化在能够固化的东西当中的。

小结

　　本讲介绍了储蓄的本质，引入了货币时间价值的概念，并介绍了储蓄账户的类型以及不同种类储蓄存款利息的计算方式，同时，介绍了挑选储蓄账户的原则和技巧，并结合小故事对财富的内涵进行了进一步解读。了解财富、认识财富、合理安排自身储蓄计划，对于青年人的职业生活、家庭生活等都有重大的意义。

第 **08** 讲

安坐享其成：如何用好理财产品的"生财"之道？

学习目标

◆了解银行理财产品的基本概念和种类

◆理解银行理财产品的价值本质和潜在风险

◆了解不同银行理财产品的优缺点

◆清楚购买银行理财产品时需要考虑的因素

◆掌握如何挑选银行理财产品

随着我国经济发展水平不断提升，人民收入逐步提高，越来越多的人开始思考如何合理管理自己手中所积累的财富，以实现资产的保值和增值。尽管居民个人的理财意识开始觉醒，但对于理财知识的了解还远远不够。面对纷繁复杂的各类理财产品，大多数人都不明白理财产品收益和风险的产生机制，因而在做投资决策时无所适从或是只能随机做出选择，没有认真考虑理财产品是否与自己的风险偏好相匹配。本讲将为读者介绍不同种类理财产品的收益特征及其风险，指导大家理解理财产品选择的理性本质，并针对自己的风险偏好做出恰当的理财产品投资决策，更好地管理自己的财富。

测试

1. 假设一年期银行存款名义利率为 1.5%，通货膨胀率为 2%，请问一年期存款的实际利率是_____。

   A. 1.5%

   B. -0.5%

   C. -0.49%

   D. 0.5%

2. 假设一年期银行存款名义利率为 1.5%，CPI（居民消费价格指数）增长率为 2%，小明将 10 000 元现金存入银行，一年后取出，请问小明这笔存款的购买力相比一年前_____。

   A. 上升

   B. 不变

   C. 下降

3. 张三月收入 3 000 元，有积蓄 20 000 元，他想在保持流动性的同时将 20 000 元的积蓄进行投资以获取尽可能多的收益，您认为最适合张三的投资方式是_____。

   A. 银行活期储蓄

   B. 银行定期存款

   C. 股票

   D. 银行短期理财产品

4. 以下几种债券中，风险最小的是_____。

   A. 金融债券

   B. 国债

   C. 地方政府债券

   D. 公司债券

一、银行理财产品的基本概念

　　银行理财产品是由商业银行自行设计并发行的产品，是将募集到的资金根据产品合同约定投入相关金融市场并购买相关金融产品，获取投资收益后，根据合同约定分配给投资人的一类理财产品。在理财产品这种投资方式中，银行只是接受客户的授权管理资金，投资收益与风险由客户或客户与银行按照约定方式双方承担。银监会出台的《商业银行个人理财业务管理暂行办法》对于"个人理财业务"进行了界定，即"商业银行为个人客户提供的财务分析、财务规划、投资顾问、资产管理等专业化服务活动"。商业银行个人理财业务按照管理运作方式的不同，分为理财顾问服务和综合理财服务。我们一般所说的"银行理财产品"，其实是指其中的综合理财服务。

　　我国银行理财产品的发行机构是商业银行及其理财子公司，商业银行主要包括国有商业银行、股份制商业银行、城市商业银行、农村商业银行、外资银行等。理财子公司为商业银行下设的从事理财业务的非银行金融机构。设立理财子公司可实现理财业务专业化经营，有利于强化理财业务风险隔离，推动银行理财回归资管业务本源。根据《商业银行理财业务管理办法》和《商业银行理财子公司管理办法》，2020年底过渡期结束，商业银行将不再开展理财业务，之后将由理财子公司完全接管。截至2023年6月，获批成立的商业银行理财子公司超过30家。

二、银行理财产品的种类

　　银行理财产品琳琅满目，不同银行理财产品的收益、期限和风险特征都各不相同。我们可以根据理财产品的收益类型、产品存续形态、收益计算方式和投资方向等特点将银行理财产品分为不同的种类。

（一）按收益类型分类

按收益特征，银行理财产品大致可以分为保本理财产品和非保本理财产品。保本理财产品包括保证收益类产品和保本浮动收益类产品。保证收益类产品是指商业银行按照约定条件向客户承诺支付固定收益，做到到期

偿还全额本金；保本浮动收益型产品是指银行按照约定向客户保证支付本金，本金以外的投资风险由客户承担，并依据投资收益实际情况确定客户实际收益。非保本理财产品就是不能保证本金，也不能保证收益。

简单来说，这三类产品的特征可归纳为：保证收益类产品能保障本金与收益安全，到期收获本金与预期收益；保本浮动收益类产品能够保障本金安全，收益不固定，有可能达不到预期收益率；非保本浮动收益类产品不保障本金安全，且收益也是不固定的，有可能达不到预期收益率并且出现本金亏损。由于非保本类理财产品要比保本类理财产品的风险大很多，前者的收益也要明显高于后者。

截至 2023 年 2 月，市场上发行的理财产品以非保本型理财产品为主，其数量占所有理财产品的比例超过 94%。2018 年 9 月 28 日中国银保监会发布的《商业银行理财业务监督管理办法》（简称"理财新规"）明确非保本理财产品为真正意义上的资管产品，而保本理财产品应按照结构性存款或者其他存款进行规范管理。

（二）按产品存续形态分类

按照产品存续形态，可把银行理财产品分为开放式理财产品和封闭式理财产品。开放式理财产品，是指在产品存续期里可以随时进行赎回操作的理财产品；封闭式理财产品，是指在存续期内不再接受新的投

资，同时投资者也不能赎回已投资的部分，且在产品终止时按照约定收益率兑付的理财产品。

根据理财产品高风险高收益的原则，一般封闭式理财产品收益较高，但流动性较差，不可提前赎回或者有提前赎回的限制。相比同类型封闭式理财产品，开放式理财产品收益稍低，但最大的优势是资金流动性好，可提前赎回，方便有临时资金需求的投资者。在购买银行理财产品时，一定要结合自己对资金流动性的要求，做出正确的理财决策。

（三）按收益计算方式分类

按收益计算方式，可将银行理财产品分为净值型产品和非净值型产品。净值型产品为非保本浮动收益型理财产品，没有预期收益，理财产品的收益率根据产品净值的变化而变化。非净值型产品则相反，产品发行时会规

> **思考题**
> A 款理财产品期限为 10 天，预期年化收益率为 5%，某人购买了 10 万元 A 产品，持有到期，那么他所获得的收益为多少？

定一个预期或固定收益率。净值型产品定期披露产品运作公告，投资者在投资期内可准确掌握净值型产品的投资情况及产品净值等信息，产品运作透明度高，可以真实反映投资资产的市场价值。

净值型理财产品与非净值型理财产品主要有三个区别：①流动性不同。非净值型理财产品都会有投资期限，在产品没有到期时，无法赎回资金；而净值型理财产品在封闭式理财的基础上加入了流动性，每周或每月都有开放日，申购赎回相对更灵活。②信息披露透明度不同。与开放型基金相

> **思考题**
> 有家银行的理财产品最高预期年化收益是 5.4%，投资期限是 91 天，起始购买资金为 5 万元。那么在不发生风险揭示的前提下，本理财产品到期时投资人可获得的收益是多少？

同，净值型产品会定期披露收益，比非净值型理财产品信息更加透明。③净值型理财产品挂钩不同的市场，特别是一些高风险的市场。市场行

情比较好时，收益会比普通的理财产品要高，但市场行情不好时，也可能会亏损。

思考题

假设小张购买了 1 万元的银行理财产品，理财时间为 10 天，年利率为 5%，则该理财产品的日利率是多少？小张的最终收益是多少？

（四）按投资方向分类

按照投资方向，可将银行理财产品分为固定收益类理财产品、现金管理类理财产品、国内资本市场类理财产品、代客境外理财类产品（QDII 产品）和结构性理财产品五类。

1. 固定收益类理财产品

固定收益类理财产品是主要投资于银行间市场、交易所以及其他金融市场的固定收益投资品种，主要包括央行票据、金融债、企业债、短期融资券、贷款类信托、商业票据等。具体包括债券型理财产品、信托贷款型理财产品和票据型理财产品。债券型理财产品以国债、金融债和央行票据、高信用等级企业债、公司债、短期融资券等为主要投资对象，产品结构期限固定，投资风险较低。债券型理财产品具有收益稳定、期限固定、风险较低的特点。信托贷款型理财产品以信托贷款为投资对象，由银行发行理财产品，将募集的资金投资于其指定的信托公司设立的信托贷款计划，产品到期后银行按照约定向客户支付本金收益。信托贷款型理财产品期限固定，能够准确测算出客户预期年化收益率（信托贷款利率减相关固定费率），投资者有望获得较高收益但需承担一定的投资风险。票据型理财产品以已贴现的商业汇票为投资对象，由银行发行理财产品，将募集的资金投资于商业银行已贴现的商业汇票。产品到期后，银行按照约定向客户支付本金和收益。票据型理财产品具有收益固定、风险较低的特点。

2. 现金管理类理财产品

现金管理类理财产品是主要投资于国债、央行票据、债券回购以及高信用级别的企业债、公司债、短期融资券等安全性高、可随时变现的投资工具。现金管理类理财产品大多可以随时变现，流动性近似于储蓄，申购和赎回交易都非常方便。现金管理类产品具有投资期短、交易灵活、收益较活期存款高等特点，通常作为活期存款的替代品，用来管理短期闲置资金。

3. 国内资本市场类理财产品

国内资本市场类理财产品是主要投资于上海证券交易所、深圳证券交易所上市交易的投资品种，包括交易所股票、开放式基金以及交易所债券等。具体包括新股申购类理财产品、证券投资类理财产品和股权投资类理财产品。

4. 代客境外理财类产品（QDII 产品）

代客境外理财业务，是指具有代客境外理财资格的商业银行，受境内机构和居民个人的委托，以其资金在境外进行规定的金融产品投资的经营活动。代客境外理财产品的特点主要有：代客境外理财产品的资金投资市场在境外；代客境外理财产品可投资的境外金融产品和金融市场是有限的；投资者可以直接用人民币投资。

5. 结构性理财产品

结构性理财产品是运用金融工程技术，将存款零息债券等固定收益产品与金融衍生产品（如远期、期权、掉期等）组合在一起而形成的一种金融产品，简而言之，就是将产品分为"固定收益+期权"的复合结构。结构性理财产品的固定收益部分对投资本金的保障程度非常灵活，可以根据客户的需求具体设定，包括不保障本金安全、部分保本、完全保本以及承诺一个大于零的最低收益四种情况。结构性理财产品通过期权部分挂钩于不同标的，如外汇挂钩、指数挂钩和商品挂钩。

三、银行理财产品的优缺点

近些年，银行理财产品规模持续增长，并于 2014 年首次超越信托产品的规模，成为广受国内投资者青睐的金融产品之一。那么，银行理财产品到底具备哪些优势，又存在哪些不足呢？

（一）银行理财产品的优点

1. 收益率比银行存款利率高

近几年来，市场上理财产品的平均收益率基本都要高于同期的银行活期存款和定期存款利率。将近80%的银行理财产品预期年化收益率在3%~5%。将钱存到银行很难跑赢通货膨胀，但如果将资金用来购买理财产品，其收益率大概率可以高过通货膨胀率。

2. 风险比股票投资小

尽管我国现在的理财产品绝大部分是非保本型产品，但其风险比起投资股票或基金来要小得多。现在新发行的非保本型银行理财产品超过80%都是投资于中低风险产品的，如债券类产品。且根据已披露实际收益率与预期收益率资料的理财产品来看，实际收益率等于预期收益率的产品占已公开收益资料产品的98%以上。由此看来，银行理财产品目前的投资风险要小于股票市场投资。

3. 产品种类丰富，期限灵活

银行理财产品除了风险低的优点，期限灵活、种类丰富、可多币种购买，也是它吸引投资者的原因。目前市场上银行理财产品的种类繁多，期限从7天以内到1年以上不等，可以满足客户的不同流动性需求。还有银行T+0理财产品，又称开放式净值型产品，它的交易机制采用的是T+0，即工作日购买，当日就能起息。而货币基金一般是T+1交易机制，工作日15:00之前购买，第二个工作日才会计息。如果周五买入，银行T+0产品当日就可以计息，而货币基金就得等到下周一才会有收益。相比起来，银行T+0产品比货币基金多了3天收益，如果碰到国庆、春节，还要再多几天的收益。且这种产品可以当天赎回，没有申购赎回的费用，在获取高于存款的理财收益的同时，还可以保持流动性。此外，在市场利率下跌的趋势下，银行理财产品收益率的跌幅要小于利率敏感的货币基金收益率。

4. 银行网点众多，快捷便利

银行的网点数量众多，购买银行理财产品，只需要到银行柜台去选择合适的产品，甚至现在在手机银行上就可以随时买卖，十分方便。

（二）银行理财产品缺点

1. 风险比银行存款高

尽管银行理财产品比股票、基金投资的风险低，也较少出现亏损的情况，但理论上来说，非保本银行理财产品还是有风险的，并不能完全保证本金及收益。对于追求绝对资金安全的投资者而言，理财产品并不是最好的选择。此外，封闭型理财产品的流动性也比活期存款要低。

2. 部分产品存在投资门槛

大部分银行理财产品规定了起购金额，起购金额通常为 5 万、10 万甚至上百万。对于资金较少的投资者来说，其投资选择就大大受限。

四、购买银行理财产品时需注意的问题

种类繁多的银行理财产品让很多人在挑选时眼花缭乱，不知如何下手。"知己知彼"才能"百战不殆"，我们在挑选理财产品时同样需要做足功课，不仅要充分了解理财产品的具体情况，同时也要明确了解自己的投资需求，从而达到理财产品和需求的最佳匹配。

（一）了解理财产品的具体情况

各大银行层出不穷的理财产品让原本较为简单的个人理财产品市场竞争变得更加激烈，同时也让人们在选择理财产品的时候陷入纠结之中。此外，大量不法分子通过理财产品进行金融犯罪，让消费者对于理财产品产生了一种畏惧的心理。人们购买理财产品时，应综合考察以下四方面的问题：

问题一：银行自发还是代销？

大部分银行理财产品都是银行自己发行的，但银行也可以代理销售其他资产管理机构的理财产品。有的理财产品的说明书中，明确写着"银行作为投资者的代理人……"，意味着银行只承认是代理、委托关系，并不为该理财产品负责，投资者要对这类型理财产品更加谨慎，自行判断风险。

问题二：这是一个什么产品？

目前商业银行发行的理财产品一部分投资于央票、同业拆借、债券回购等，这类产品风险较小，收益率也相对较低；另一部分是银行利用自身资源代为发行的信托类理财产品，这类产品往往起点较高，投资于高风险行业，当然收益也较高。投资者一定要多了解产品的投资范围。

问题三：我能获得多少回报？

对普通投资者来说，无论是否能够读懂复杂的产品说明书，高收益率都是很大的诱惑。部分理财产品有预期收益的演示，但是演示与最终结果有时会有较大的出入，预期收益率并不等于最后的实际收益率。还需要注意的是，理财产品一般有产品募集期，产品募集期结束后才开始正式起息。募集期将拉长产品的实际投资期限，减少理财产品的实际收益。

2018 年《关于规范金融机构资产管理业务的指导意见》正式出台，明确要求银行理财产品不得再向投资者承诺保本保收益，真正意义上的银行理财产品是非保本的。传统的银行保本理财往往通过"刚性兑付"将风险资产的真实价值隐藏起来，也埋下了系统性风险发生的隐患。过去几年，银行理财违约的案例时有发生，招商银行、交通银行、华夏银行等都曾卷入其中。

延伸阅读

招商银行私人理财产品违约事件

2018年初，《21世纪经济报道》记者报道了招商银行代销的弘毅投资夹层基金"弘毅一期"违约事件。该产品于2013年9月正式发行，2017年9月到期后产品兑付还未完成。一位购买该产品的客户对记者表示，客户经理向他推荐产品时称，资金将投向3个联想集团提供担保的项目，预计年化收益率为11%~13%。而2017年9月正式违约后，该客户从招行客户经理处获悉，由于"弘毅一期"的部分投资项目出现亏损，在延期一年后依旧无法退出，该投资者被告知2 000万元投资款或仅能收回本金，"收益甚微"。

2018年1月9日，招商银行私人银行部表示，产品合同并未对收益进行承诺，且并无联想公司担保函，招行方面还表示"这个不是银行发行的理财产品，而是招行代销的一个由弘毅投资作为管理人的私募股权投资基金（PE），这类产品受证监会私募的相关规定监管，是没有刚性兑付的"。由于彼时（2013年）银行在销售产品时并未要求双录（录音、录像），投资人与招行、弘毅投资的分歧，或难有答案。

问题四：是否最优资产配置的要求？

很多投资者在选择理财产品时会比较盲目，常常是哪款产品收益高就投哪款，或者是偏好某一类产品而忽视其他。其实，这样的产品选择方式有较大弊端，使投资者无法对目前的投资产品组合进行有效的配置，面临产品集中度过高的风险。若未来市场或政策出现调整，将导致整体投资收益受到影响。比如，有些投资者就偏爱短期的债券型银行理财产品，但由于债券型产品会在较大程度上受到市场利率的影响，若利率出现下调，则手中的产品收益都会受到影响。所以，在选择理财产品时，不但要关注产品本身的特征和收益，还要看看是否符合自己的资产配置要求。

小提示

购买银行理财产品时应了解的五个"不等于"：

1. 银行理财不等于储蓄存款。收益具有不确定性。

2. 预期收益不等于实际收益。银行理财产品在宣传时推算出来的过往收益等一般是通过历史数据或模拟得出，而最终的收益很可能与过往收益有较大偏差。

3. 口头宣传不等于合同约定。不能只听销售人员的口头宣传，要仔细阅读产品合同、条款和说明书。

4. 别人说"好"不等于适合自己。

5. 投资理财不等于投机发财。

（二）了解自身的投资需要

投资者选择理财产品的时候，一定要认真审视自己和家庭的财务状况，考虑到未来投资期间内可能会发生的生活支出，这些因素直接决定了选择理财产品时对其风险性、灵活性、资金门槛等的考量。

1. 风险性

理财产品的高收益常常伴随着高风险，要酌情选择。实际操作的时候要看投资人自身的风险承受能力，当投资人追求高回报时，要考虑万一亏损自己是否承担得起。另外，选择产品的风险等级也与投资者本人的风险偏好有关。一般情况下，投资者应该持有一部分足够应付生活开支的低风险投资，富余的资金才考虑投入高风险的理财产品中。

银行理财产品可能面临以下风险：

市场风险。理财产品募集资金将由商业银行投入相关金融市场中去，金融市场波动将会影响理财产品本金及收益。造成金融市场价格波动的因素很复杂，价格波动大，投资者所购买的理财产品面临的市场风险也大。比如，2008 年金融危机时，全球资本市场均大幅下挫，当时大多数与资本市场相关的理财产品均遭受不同程度的损失。

信用风险。理财产品的投资如果与某个企业或机构的信用相关，比如购买企业发行的债券、投资企业信托贷款等，理财产品就需要承担企业相应的信用风险。如果企业发生违约、破产等情况，理财产品投资会蒙受损失。

流动性风险。某些理财产品期限较长或投资于难以及时变现的金融产品，在理财产品存续期间，投资者在急用资金时可能面临无法提前赎回理财资金的风险或面临按照不利的市场价格变现所致的亏损风险。此外，需要关注的是，现金管理类产品有巨额赎回的条款限制，一旦客户集中赎回达到一定比例，银行有权利拒绝或延期处理。

通货膨胀风险。由于理财产品收益是以货币的形式来支付的，在通货膨胀时期，货币的购买力下降，理财产品到期后的实际收益下降，这将给理财产品投资者带来损失的可能，损失的大小与投资期内通货膨胀的程度有关。比如李女士 2017 年初购买了一款一年期的银行理财产品，到期后的收益率为 3.5%，2017 年的通货膨胀率为 2%，李女士购买该理财产品的实际收益率只有 1.47%。

政策风险。受金融监管政策以及理财市场相关法规政策影响，理财产品的投资、偿还等可能难以正常进行，这将导致理财产品收益降低甚至本金损失。

操作管理风险。银行是理财产品的受托人，其管理、处分理财产品资金的水平，以及其是否勤勉尽职，直接影响理财产品投资的理财收益的实现。

信息传递风险。商业银行将根据理财产品说明书的约定，向投资者发布理财产品的信息公告，如估值、产品到期收益率等。若因通信故障、系统故障以及其他不可抗力等因素的影响使得投资者无法及时了解理财产品信息，这可能影响理财产品投资者的投资决策，从而影响理财产品收益的实现。

不可抗力风险。自然灾害、战争等不可抗力因素的出现，将严重影响金融市场的正常运行，从而可能影响理财产品的受理、投资、偿还等的正常进行，这将导致理财产品收益降低甚至本金损失。

2. 灵活性

灵活性也就是所谓的投资周期，周期越短代表灵活性越高。生活中更多的人愿意接受灵活性高的产品，因为考虑到生活中可能存在各种变故，投资者希望急用资金的时候，自己的钱是可以回到手上的。但也并不是说投资周期长的产品就不好，投资周期长的产品往往收益率也高。

因此，要根据自己的实际情况和未来规划在灵活性与收益性之间做出权衡。一般情况下，如果资金不多的话，优先投资于灵活性高的产品；在保证流动性的情况下，再进行长线投资。

3. 资金门槛

一些理财产品的门槛很高，甚至上百万，显然不是所有人都能投资得起的；但是也有一百元、一元就能投资的产品，就是说几乎没有门槛。当然是投入越多，回报就越多。没有那么多闲置资金的话，可以先投资一些门槛低的产品，积累了一定的财富之后，可以尝试大额投资。

思考题

根据本讲了解的银行理财相关知识，结合实际情况谈谈你如何进行个人理财？如果购买银行理财产品的话，你最适合哪种类型的产品？为什么？

案 例 讨 论

在介绍了理财产品的分类和优缺点后，我们将通过一个现实生活中的案例，向你讲述秉持不同理财理念的人是如何进行理财产品的选择的。

婚宴收到的红包还房贷还是先理财？①

1. 实用型

新郎：范先生

新娘：郭小姐

6月7日，范先生和郭小姐在长寿区举行了婚礼。范先生和郭小姐的人缘很好，仅学生时代的同学就有一大票人，所以婚宴办了80桌。夫妻俩粗粗算了算，办婚宴花费了13万元。当天，亲朋随礼有20万元，剩余7万元。这笔钱如何支配？范先生说，结婚前，郭小姐家出了30万元首付，在长寿区购买了一套60万元的新房。如今两人结婚了，

――――――――――

① 摘引自《婚宴收到的红包还房贷还是先理财?》，《重庆晨报》。

他们计划将这 7 万元直接还贷。

2. 被动型

新郎：冯先生

新娘：文小姐

10 月 6 日，28 岁的冯先生正式迎娶了他的新娘——文小姐。冯先生称，酒席 2 000 元一桌，总共请了 50 桌，再加上请婚庆公司等费用，总共加起来花了 13 万元。"我自己有五六万元的存款，再加上找父母、亲戚朋友借了点儿，最后还有一部分缺口，只能又找小贷公司贷了 3 万元，这样才算凑齐了置办酒席的费用。"冯先生说，他的存款其实是准备买房子用的，但文小姐的父母买了房子和汽车当作嫁妆送给了两人，所以他存的钱便用在了置办酒席上。

办完酒席之后，小两口总共收到了 22 万元礼金，但因为大部分是文小姐父母的朋友送的，小两口就将大部分钱都给了文小姐的父母，自己只剩下了 1 万多元。

冯先生称，他现在每月的收入大约为 7 000~8 000 元，自己还在网上开了一家小店，卖些衣服、小饰品之类的东西，大约有几千元的收入。但是文小姐把之前银行的工作辞掉了，暂时还没有收入，两个人目前只能靠冯先生的工资生活。养车每个月就要花掉 1 000 多元，因为两人都是新手，经常发生刮擦事故，又要额外地支出近千元。冯先生从小贷公司贷的 3 万元，总共贷了 6 个月，每个月需要还款 5 400 元，再加上两人衣食住行等方面的开销，冯先生每月实际上所剩无几。而收到的礼钱仅剩 1 万多元，冯先生打算先将它们存起来以备不时之需，暂时没有其他的理财计划。对于未来，冯先生和文小姐也没有什么规划，只是希望能先存一部分钱，理财的事情以后再说。

案例思考：

你对上述两个案例中主人公的想法和行为有何评价？如果你是案例里的主人公，你又会怎么做呢？

小结

　　本讲针对理财产品尤其是银行理财产品的概念、种类、优缺点和注意事项等进行了详细的讲述。面对种类众多、风险和收益各异的各类理财产品，我们应该清楚了解理财产品的价值本质与潜在的风险，结合自身实际情况，做出合理的选择。

第 **09** 讲

有钱不任性：如何权衡投资的风险和收益？

学习目标

◆了解货币时间价值的基本概念

◆认识现金流量时间线

◆了解利率水平的基本概念

◆了解复利终值和复利现值

◆了解年金终值和现值

◆了解风险与收益的权衡

现在越来越多的人开始将闲置资金进行投资，如何科学地在可接受的风险水平下获取收益成为大家迫切需要解决的问题。所有有意义的投资决策都既蕴含收益又存在风险，一切决策都是收益与风险的二维问题。我们权衡投资机会的时候需要考虑的不应是"有多少收益"而应是"收益与风险是否适当"。因此，学习和了解财富管理的价值观念，充分认识投资的风险和收益，有助于我们树立正确的投资理念和风险意识，提高自身的财富管理能力。本讲将重点为大家介绍投资的风险和收益的相关内容，主要包括投资的基本概念、时间价值、风险与收益的概念等。

测试

1. 你获取政策和财经信息的渠道有_____。

    A. 电视新闻　　　　　　　B. 报纸

    C. 微博、微信等　　　　　D. 炒股软件　　　　E. 其他

2. 你有 6 000 元用于投资，有以下 4 种选择，对未来利率的预期在你的决策中起到什么作用？_____。

    A. 货币市场基金，平均期限 30 天，年收益率为 4%

    B. 1 年期储蓄存单，利率为 5%

    C. 10 年期国库券，到期收益率为 8%

    D. 银行活期存款，年收益率约为 2%

3. 小明打算投资一款债券产品，收益的可能性分布如下：

发生的概率	0.1	0.2	0.3	0.3	0.1
可能的收益	-0.1	0.00	0.1	0.2	0.3

    这款债券产品的预期收益率为？_____。

    A. 0.11　　　　B. 0.2　　　　　C. 0.24　　　　D. 0.18

    这款债券产品的标准差为？_____。

    A. 0.331　　　　B. 0.114　　　　C. 0.214　　　　D. 0.186

4. 你有两个两年期投资可以选择：投资有正风险溢价的风险资产，这两年的收益分布不变且不相关；投资该风险资产一年，第二年投资无风险资产。以下陈述哪些是正确的？_____。

    A. 两种投资两年收益的标准差相同

    B. 第一种投资年化标准差更低

    C. 对风险偏好的投资者而言第一种投资更有吸引力

    D. 第一种投资两年的风险溢价和第二种投资相同

一、投资的基本概念

投资是特定经济主体为了在未来可预见的时期内获得收益或是资金增值，在一定时期内向一定领域投放足够数额的资金或实物的货币等价物的经济行为。其本质在于获得未来预期收益。投资的意义是什么？物价一直在上涨，钱越来越不值钱，把钱存在银行获得的利息还跟不上物价上涨的幅度，所以我们可以选择投资，用钱去挣钱，实现财富增值。投资的具体形式有定期存款、国债、货币基金、银行理财、股票基金、黄金等。

二、时间价值

货币的时间价值原理能够揭示不同时点上资金间的换算关系，是投资决策的基础。即使在没有风险和没有通货膨胀的条件下，今天 1 元钱的价值也大于 1 年以后 1 元钱的价值。股东投资 1 元钱，就失去了当时使用或消费这 1 元钱的机会或权利，按时间计算的这种付出的代价或投资收益，就叫作时间价值。

当然如果存在通货膨胀或者存在风险，那么 1 年以后的 1 元钱折算到现在就更不值钱了。我们一般用利率来衡量今天的 1 元钱和 1 年以后的 1 元钱的比价关系。利率也可以用来解释货币的时间价值。假设年利率为 10%，这代表今天的 1 元钱相当于 1 年以后的 1.1 元，即 1×(1+10%)= 1.1（元）。反过来说，1 年以后的 1.1 元，只相当于今天的 1 元钱，即 1.1/(1+10%)= 1（元）。

（一）现金流量时间线

现金流量时间线是重要的计算货币资金时间价值的工具，可以直观、便捷地反映资金运动发生的时间和方向。举个例子，一个项目的现金流量时间线如图 9.1 所示。

$$-1\,000 \qquad\qquad 600 \qquad\qquad 600$$
$$t=0 \qquad\qquad\quad t=1 \qquad\qquad\quad t=2$$

图 9.1　一个项目的现金流量时间线

算一算

如果项目初期投资为 1 000 元，第 1 期盈利 600 元，第 2 期盈利 600 元，利率为 10%，那么这个项目值得投资吗？

这个项目初期投资了 1 000 元，然后分别在第 1 期和第 2 期盈利 600 元，那么从货币的时间价值的角度看，这个项目是否盈利呢？事实上这并没有确定的答案，需要看时间价值，也就是利率的高低。

假设利率等于 15%，那么第 1 年产生的 600 元折算到现在只有 600/（1+15%）= 521.7（元），而 2 年后的 600 元折算到现在只相当于 453.7 元。两者加起来总共只有 975.4 元，小于初始投入 1 000 元。因而这个投资项目并不划算。

假设利率只有 5%，那么 1 年后产生的 600 元和 2 年后产生的 600 元折算到现在的价值就会超过 1 000 元，因而投资项目是划算的。

由此可见，我们在做投资项目时必须考虑到货币的时间价值，要清晰地画出现金流量时间线，并做好未来现金流和当前现金流之间的换算才能得出正确的答案。

（二）利率水平的决定因素

利率水平及对未来利率的预测是投资决策的重要环节。比如，假设你有 10 000 元存款，银行将短期利率作为参照向你支付利息，而你也可以选择将这部分钱转为以固定利率支付利息的长期存款。

你的决策显然根据你对利率的未来预期而定。如果你认为利率未来会下降，你会希望通过期限较长的定期存款把利率固定在当前较高的水平上；而如果预期利率上升，你会选择推迟购买长期存单。

利率水平由以下基本要素决定：存款人的资金供给；企业的融资需求；政府的净资金供给或资金需求。

利率指的是在一定期限内因持有一定量某种计量单位（人民币、美元、购买力等）而承诺的回报率。因此，当我们说到利率水平为 3% 时，必须说明它的记账单位和期限。

假设不存在违约风险，我们便可以把以上承诺的利率看作该计价单位在此特定期限的无风险利率。无风险利率必须对应一种计价单位和一个时间期限。举例来说，用人民币计价时的无风险利率在使用购买力计量时就会因为通货膨胀的不确定性而存在风险。

考虑期限为 1 年的无风险利率，假设 1 年前你在银行存了 10 000 元，期限为 1 年，利率为 7%，那么现在你可以得到 10 700 元现金。但这笔投资的实际收益取决于现在的 10 700 元和 1 年前的 10 000 元分别可以买多少东西，而居民消费价格指数（CPI）衡量了城镇家庭一篮子商品服务消费的平均价格水平。

假定上一年的通货膨胀率（CPI 的变化百分率）为 5%，换言之，你手中货币的购买力在这一年中下降了 5%，即每一元能购买的商品下降了 5%。利息收益的一部分将用于弥补由于 5% 的通货膨胀率导致的购买力下降。以 7% 的利率计算，除掉 5% 的购买力损失，最终你只能得到 2% 的购买力增加，所以，需要区分名义利率（资金量增长率）与实际利率（购买力增长率）。

需要注意的是，储蓄存单上所给出的是名义利率，因而投资者应当从中除去预期通货膨胀率才能得到投资项目的实际收益率。

思考题

你愿意将 10 000 元投资于 1 年期定期存单，还是投资于 1 年期与通货膨胀率挂钩的大额存单？定期存单的利率为 4%，大额存单的年收益率为 1.2% 加上通货膨胀率。哪种投资更安全？哪种投资期望收益率更高？如果投资者预期来年通货膨胀率为 2.7%，哪种投资更好？如果了解到无风险名义利率为 4%，实际利率为 1.2%，能推出市场预期通货膨胀率是 2.8% 吗？

未来的实际利率往往无从得知，人们不得不依赖预期。换言之，由于未来有通货膨胀的风险，即使名义利率是无风险利率，实际收益率仍然是不确定的。

实际利率由三个基本因素所决定：供给、需求和政府行为。名义利率是实际利率加上通货膨胀因素的结果。预期通货膨胀率就是影响实际利率的第四个因素。

正如世界上有很多种证券一样，经济界有很多利率，但经济学家通常采用一个利率来代表这些利率。考虑到资金的供给与需求曲线，我们采用一个抽象的利率可以对实际利率的确定这一问题有更深入的认识。

实际利率最为基本的决定因素是居民的储蓄倾向和投资项目的预期利润率（或生产率），但政府货币政策或财政政策也会对其产生影响。

前面谈到资产的名义利率近似等于实际利率加通货膨胀率，因为投资者最为关心的是他们的实际收益率（即购买力增长率），所以当通货膨胀率增加时，投资者会对其投资提出更高的名义利率要求，这样才能保证一项投资的实际收益率水平。

长期利率和长期通货膨胀率的预测并不一致。由此，不同到期期限的债券利率也有所不同。此外，长期债券价格的波动远比短期债券价格剧烈，这意味着长期债券的期望收益应当包括风险溢价，从而不同期限债券的预期实际收益率也是不同的。

（三）复利终值和复利现值

思考题

利率是时间之价，在利率这个价格的指引下，人们才能正确处理今天和未来、短期和长远之间的关系，既不会为了今天过分地牺牲未来，也不会为了未来过分地牺牲今天。人类的可持续发展，正来自对这种"度"的准确把握。那我们如何利用所学习的复利终值和复利现值原理来规划自己的学习和生活呢？

利息的计算分为单利和复利。单利是指一定期间内只根据本金计算利息，当期产生的利息在下一期不作为本金，不重复计算利息。而复利不仅要计算本金的利息，利息也要计算利息，也就是通常讲到的"利滚利"。

资金时间价值的含义被复利的概念充分体现。在讨论资金的时间价值时，一般都按复利计算。

复利终值的计算公式为：

$$FV_n = (1 + i)^n PV$$

其中，FV 代表复利终值，PV 代表复利现值，i 代表利息率，n 代表计息期数。这个公式中的 $(1 + i)^n$ 被称为复利终值系数。

复利现值的计算公式为：

$$PV = \frac{FV_n}{(1 + i)^n}$$

由终值求现值，称为贴现，贴现时使用的利息率称为折现率。其中，$\frac{1}{(1 + i)^n}$ 被称为复利现值系数或贴现系数。

年化收益率是把当前收益率（如日收益率、周收益率、月收益率等）换算成年收益率来计算的。它不是真正的已取得的收益率，而是一种理论收益率。

七日年化收益率是货币基金过去七天每万份基金份额净收益折合成的年收益率。货币市场基金的收益结转方式分为两种：①"日日分红，按月结转"，即日日单利，月月复利；②"日日分红，按日结转"，即日日复利。

年收益率，就是一笔投资一年实际收益的比率。而年化收益率，是投资（货币基金常用）在一段时间内（比如 7 天）的收益，假定一年都是这个水平所折算的年收益率。因为年化收益率是变动的，所以年收益率不一定和年化收益率相同。

举例来说，一家银行卖的某款理财产品，号称 91 天的年化收益率为 3.1%，那么假设你购买了 100 000 元，实际上你能收到的利息是 100 000×3.1%×$\frac{91}{365}$=772.88（元），而绝对不是 3 100 元。需要注意的是，理财产品通常不像银行定期那样当日存款即当日计息，到期即返还本金和利息。理财产品一般有认购期、清算期等。这些期间的本金是不计算利息或者只计算活期利息的。例如一款理财产品的认购期为 5 天，还本清算期又有 5 天，实际上你的资金占用时间就有 10 天。实际资金年化收益率只有 772.88×365/（101×100 000）= 2.79%，也就是假设实际的资金年化收益率是 y，那么可列出方程式 100 000×（91+10）×y/365 = 772.88，得出 y = 2.79%。绝对收益率为$\frac{772.88}{100\,000}=0.7728\%$。

对于期限较长的理财产品来说，认购期、清算期等或许能忽略不计。但对于短期（7 天、一个月以内等）理财产品来说，认购期、清算期等有着非常大的影响。比如银行的 7 天理财产品，号称有 1.7% 的年化收益率，但至少要占用资金 8 天，$1.7\%×\frac{7}{8}=1.48\%$，这和银行的 7 天存款利率差不多，但银行存款的方便程度和稳定可靠程度都远高于大多数有风险的理财产品。对于年化收益率，绝不只是看它声称的数字，而是看实际的收入数字。

七日年化收益率是按 7 天收益计算的，三十日年化收益率就是按最近一个月收益计算的。

这个指标的设立主要是为投资者提供比较直观的数据，供投资者在比较货币基金与其他投资产品的收益时参考。在这个指标中，近七日收益率由七个变量决定。因此近七日收益率一样，并不意味着用来计算的七个每天的每万份基金份额净收益也完全一样。

（四）年金的终值和现值

年金是指一定时期内每期相等金额的收付款项，可分为普通年金、递延年金、永续年金等几种。下面主要介绍普通年金的终值和现值、递延年

思考题
思考日常生活中哪些投资是年金形式？

金的现值以及永续年金的现值。

1. 普通年金的终值和现值

普通年金（Ordinary Annuity）是指每期期末有等额收付款项的年金，又称为"后付年金"。这种年金形式在现实经济生活中最为常见。普通年金终值犹如零存整取的本利和，它是一定时期内每期期末等额收付款项的复利终值之和。

2. 递延年金的现值

递延年金（Deferred Annuity），又称为"延期年金"，是指第一次收付款项发生时间不在第一期期末，而是隔若干期后才开始发生的系列等额收付款项。它是普通年金的特殊形式。所谓递延年金，是一种"零存整付"的观念，而且区分为两个阶段：第一阶段为累积期，第二阶段为清偿期。计算递延年金现值时，如遇到期初问题可转化为期末问题处理，如从第四年年初开始支付，相当于从第三年年末开始支付。

3. 永续年金的现值

永续年金（Perpetual Annuity），又称为"永久年金"或"无限期年金"，是指无限期等额收付的年金，可视为普通年金的特殊形式。例如，存本取息的利息、无限期附息债券的利息。由于是一系列没有终止时间的现金流，因此没有终值，只有现值。现实中优先股的股息、英国政府发行的统一公债所产生的利息、某些可永久发挥作用的无形资产（如商誉）等均属于此。其现值为每期支付的现金流金额与投资者所要求的收益率的比值。

接下来的小案例中，介绍了永续年金的一种形式。这一案例能让我们更加清晰地认识到永续年金的特点。

2015 年 3 月 9 日，英国政府对外发表的一则声明引起了世界范围内的广泛关注。英国用了近 100 年的时间才将在第一次世界大战中所欠下的 19 亿英镑债务全部还清。什么样的债务过那么久才还清？让我们一起来看一下这件事的来龙去脉吧。

　　战争是烧钱的，英国也无法幸免。更麻烦的是，议会制下英国的国王还不能随便干预财政政策，无法通过增加苛捐杂税把战争的开销填上。那战争时期英国是如果筹措资金的呢？

　　这时候金融创新的力量就来了。1917 年英国为了获取资金，对全国发放国债。由于爱国宣传运动推广到位，再加上 5% 的利率也很诱人，有约 300 万英国人购买了国债。第一次发放国债的 10 年后，温斯顿·丘吉尔将这些国债以 4% 的利率打包成了合并贷款。由于当时英国面临大萧条，政府的财政十分紧张，所以张伯伦再次祭出爱国主义，将"4%年利的永久债务"（4pc Consols）中的一部分转化为永续债券，也就是说借款人只要还在偿还利息，就可以永远不偿还本金——不过张伯伦将永久债券的年利砍到了 3.5%。第一次世界大战到目前为止总共让英国付出了数十亿英镑的利息。

　　而这种永续债券就是本讲提到的永续年金的一种形式。

　　永续债券的起源可以追溯到 18 世纪的拿破仑战争时代。当时的英国财政部为筹备英法战争所需要的资金，减轻长期战争带来的财政压力，增强政府财政政策的灵活性，发行了一只没有到期期限的债券，开创了永续债券的先河。永续债券是一种没有明确的到期日，或者说期限非常长的债券，一般由主权国家、大型企业发行，被视为"债券中的股票"，是一种混合型债权工具。除了没有到期日，永续债还具有高票息、附加赎回条款以及利率调整条款等特点。

　　直到今天，英国政府仍在发行永续国债以满足日常的财政需要。永续债券是在流动性非常充裕而股票估值很低时，补充资本改善负债率的良好工具。

　　从发行市场来看，当前永续债券的发行主要集中在欧洲，英国是永续债券最主要的发行市场。我国永续债的发行从 2013 年起步，2015 年起发行量快速增多，截至 2018 年底已经累计发行永续债 1.75 万亿元，存量永续债 1.62 万亿元。发行人主要是高评级国有企业，其中城投占 $\frac{1}{3}$ 左右。商业银行发行永续债虽然历史不长，是 2019 年以来出现的新生渠道，

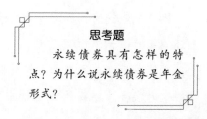

思考题
永续债券具有怎样的特点？为什么说永续债券是年金形式？

但其一问世就获得快速发展和全面推广，成为商业银行补充资本的主要途径之一。万得数据显示，2020 年，共有 54 只永续债成功发行，永续债全年合计发行规模达 6 484 亿。

三、风险与收益的概念

现实中大多数投资项目未来的现金流都是不确定的。公司的财务决策几乎都是在包含风险和不确定性的情况下做出的。不管是投资者的投资决策还是公司的财务决策，都要同时考虑收益和风险这两个方面。下面将以资本市场的投资产品为例讨论其风险与收益的测算与权衡。而这些方法对于理解其他资产的风险和收益也是同样有效的。

（一）收益如何衡量？

从历史上看，收益的概念最早出现在亚当·斯密的《国富论》中，亚当·斯密将收益定义为"那部分不侵蚀资本的可予消费的数额"，把收益看作财富的增加。后来，大多数经济学家都继承并发展了这一观点。1890 年，阿尔弗雷德·马歇尔在其《经济学原理》中，把亚当·斯密"财富的增加"这一收益观引入企业，提出区分实体资本和增值收益的经济学收益思想。

根据"财富的增加"这一经济学思想，我们将在一定时期内投资的收益定义为：在一定时期内投资某项资产获得的收入加上市场价格的变动。比如，你购买了价格为 1 000 元的债券，持有 1 年后，你将得到

70 元的票面利息且到期时债券价格为 1 060 元，那么对你而言，这项投资带来的收益由两部分构成：一是 70 元的票面利息；二是 60 元的价格变动额（1 060-1 000）。那么一年内你持有这项债券的收益率可以表示为：$70+\dfrac{60}{1\,000}=13\%$。

我们可以将一定时期收益率公式定义为：

$$R = \frac{D_t + (P_t + P_{t-1})}{P_{t-1}}$$

其中，R 为实际（预期）收益率，t 为时间周期；D_t 为到期末为止所获得的现金收入（比如股票分红、债券的票面利息等）；P_t 为第 t 期的资产价格；P_{t-1} 为第 t-1 期的资产价格。该收益率公式不仅可以衡量实际的收益（基于历史数据），也可以衡量预期收益（基于未来预期的现金收入与价格）。

（二）风险如何衡量？

收益的概念可能已经获得了大家的认同了，但是对于风险的衡量却没那么简单。为了帮助大家很好地权衡风险，我们先来举几个例子。

假如你选择购买一款一年期的国债产品，到期收益率为 8%，持有一年，你可以确定得到政府信用保障的 8% 的收益率，不多也不少。而假如你选择购买一只股票持有一年，首先，现金股利并不是每个公司都会发放的（不确定性）；其次，年末的股票价格有可能高于或者低于年初的股票价格（不确定性），因此你的预期收益率很可能会和实际收益率大相径庭。

我们将风险定义为实际收益率相对于预期的偏离程度，偏离程度越高，则风险越高。那么很显然，国债是无风险的投资，而股票则是风险很高的投资。

从上面的例子可以看出，除了无风险的国债产品，其他的债券都可能出现预期收益与实际收益相去甚远的情况。我们可以把有风险的债券的实际收益率看成是服从一定可能性分布的随机变量。这种可能性分布可以用两个统计学术语来描述：一是预期收益率，二是标准差。

思考题

以下为西京公司和东方公司可能的各类需求下的收益率相关内容：

市场需求类型 (1)	各类需求发生概率 (2)	西京公司		东方公司	
		各类需求下的收益率 (3)	乘积 (2)×(3) =(4)	各类需求下的收益率 (5)	乘积 (2)×(5) =(6)
旺盛	0.3	100%	30%	20%	6%
正常	0.4	15%	6%	15%	6%
低迷	0.3	−70%	−21%	10%	3%
合计	1.0	—	—	—	—

两家公司的预期收益率分别为多少？两家公司预期收益的标准差分别为多少？你会选择哪家公司进行投资？

预期收益率 $\overline{R}$ 可以表示为：

$$\overline{R} = \sum_{i=1}^{n} R_i \times P_i$$

公式中，R_i 表示第 i 种可能性的收益率，P_i 表示第 i 种收益率发生的概率，而 n 则表示各种概率的总数。因此，预期收益率可以定义为以发生的概率为权重的未来各种可能发生的收益率的加权平均值。

标准差用来测算实际收益率与预期收益率的离散程度，或者实际收益率围绕预期收益率波动的程度。标准差越大，表明投资收益的波动性越大，不确定性越大，风险则越大。标准差 σ 可以表示为：

$$\sigma = \sqrt{\sum_{i=1}^{n} (R_i - \overline{R})^2 P_i}$$

下面我们用一个例子来讲解风险与收益的测算，假定投资者甲认为投资某只股票未来一年的收益率服从一定的可能性分布（见表9.1），那么可以通过计算得出预期收益率为 5.2%，标准差则为 10%。

表 9.1　股票收益测算表

可能的收益率 R_i	发生的概率 P_i	计算预期收益率 $\overline{R}$ R_iP_i	计算方差 σ^2 $(R_i-\overline{R})^2(P_i)$
-0.10	0.1	-0.010	$(-0.10-0.052)^2\times0.1$
-0.02	0.1	-0.002	$(-0.02-0.052)^2\times0.1$
0.04	0.3	0.012	$(-0.04-0.052)^2\times0.3$
0.08	0.4	0.032	$(-0.08-0.052)^2\times0.4$
0.20	0.1	0.020	$(-0.20-0.052)^2\times0.1$
合计	$\sum=1$	$\sum=0.052=\overline{R}$	$\sum=0.010\ 04=\sigma^2$ 标准差 $\sigma=0.10$

学习了风险和收益的测算之后，我们在投资中就可以运用这些方法来辅助决策。比如，一个一年期的基金，其预期报酬率和标准差分别为15%和30%，那么这个基金的净值在一年内可能上涨45%，但也可能下跌15%。因此，如果有两只收益率相同的投资项目，投资人应该选择标准差较小的项目（承受较小的风险得到相同的收益）；如果有两只相同标准差的投资项目，则应该选择收益较高的项目（承受相同的风险，但是收益更高）。

（三）相对风险的衡量——离散系数

仅仅比较标准差或者仅仅比较预期收益率可能会误导我们决策。如果有两项投资，一项预期报酬率较高而另一项标准差较低，我们又该如何抉择呢？

离散系数是标准差与预期报酬率的比值，即离散系数＝标准差/期望值，用于判断单位报酬的风险。如果要选择几个企业进行投资，通过计算离散系数，离散系数小的相对来说投资风险更小，更值得投资。

例如，A 基金 2 年期的收益率为 36%，标准差为 18%；B 基金 2 年期的收益率为 24%，标准差为 8%，从数据上看，A 基金的收益高于 B 基金，但同时风险也大于 B 基金。A 基金的离散系数为 0.5（0.18/0.36），而 B 基金的离散系数为 0.33（0.08/0.24）。因此，原先仅仅以收益评价是 A 基金较优，但是经过标准差即风险因素调整后，B 基金反而更为优异。

（四）风险态度

投资者的风险态度是一个重要的财经概念。投资者持有风险规避态度的假设是财务管理中针对风险和收益关系理解的基石。我们可以通过做一个最简单的游戏来理解风险态度。

假如主持人和参与人同意以简单的主持人抛硬币的方式玩游戏。如果主持人抛到正面朝上，则主持人给参与人 10 000 元；如果主持人抛到正面朝下，则参与人一分钱都得不到。正当参与人准备选择正面朝上或朝下时，主持人提出参与人可以提议一笔金额来取消这个游戏，但这笔金额也必须使主持人同意。那么现在请读者把自己想象成这个参与人，写下你认为可以提议的金额来取消这个游戏。

读者作为参与人写下的这笔金额，我们称为资本回收保证量，它可以使参与人感到有风险的抛硬币游戏带来的可能的收益和无风险确定的这笔金额没有差别。

那么我们来看看玩抛硬币游戏带来的预期收益如何计算？这其实是计算 50% 概率得到 10 000 元和 50% 概率得到 0 元的加权平均值。如果玩抛硬币的最大收益是 10 000 元，那么根据朝面各为 50% 的概率，参与者获得的预期收益为 5 000 元。但这只是一种统计学理论上的计算，而在实际生活中，除非可以玩很多次，否则参与人要么得到 10 000 元，要么一无所获。这正是游戏的风险所在，也是决策的涵义。而你在纸上写下的那笔金额（资本回收保证量），则是你可以确定取消游戏能得到的钱。现在我们可以根据你写下的金额来简单分析你的风险态度。

如果资本回收保证量<预期收益，风险态度则为风险规避型；如果

资本回收保证量＝预期收益，风险态度则为风险中立型；如果资本回收保证量＞预期收益，风险态度则为风险偏好型。

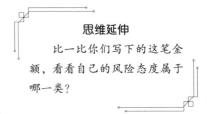

在本书中，我们假定所有的投资者都是风险规避型的，只有在这样的前提下，才可以很好地理解风险和收益的关系与权衡。也就是说，有风险的投资必须提供更高的收益来补偿风险带来的不确定性，只有这样才能使投资者有意愿购买并持有这样的投资。世上没有免费的午餐，任何宣称高收益低风险的投资都有可能是个圈套，必须审慎对待。

案例讨论

前文中我们已经介绍了投资的重要概念，包括时间价值、风险与收益等，接下来我们将介绍华尔街投资巨头的投资原则，相信这些投资和管理中的经验和教训能够给予读者以一定的启示。请看如下案例。

保守中冒险，华尔街巨头苏世民的投资原则

苏世民创立的黑石集团是全球私募股权资产管理公司和房地产管理公司的巨头。截至 2019 年第三季度，黑石管理的资金总额超过 5 500 亿美元。黑石集团人均利润是高盛的 9 倍，过去 30 余年平均回报率高达 30% 以上。美国排名前 50 的公司和养老基金中，70% 以上都有黑石的投资。

苏世民以严谨的投资流程、创新的交易方式、多样的业务领域、做好每一件事而闻名。他以独树一帜的投资原则和管理原则带领着黑石集团一步步成为全球私募股权和房地产投资公司巨头。

在黑石的发展历程中，苏世民亲历了 7 次大规模的市场下滑或衰退，分别为 1973 年、1975 年、1982 年、1987 年、1990—1992 年、

2001 年，以及 2008—2010 年。他是如何成功地判断经济周期的节点，为投资者实现利润最大化的呢？在 2020 年出版的新书《苏世民：我的经验与教训》中，他对自己在投资和管理中的经验和教训进行了总结。

1. 投资法则："不要赔钱"

作为一家公司，黑石集团不断寻找并将下行风险纳入我们的决策过程中。我们也有意从过去的经验中学习，并将这种智慧运用到每笔新交易中。

我的第一大投资法则就是"不要赔钱"。每当有人听到我的这一法则都会笑。为了保障这一法则的实现，在黑石，我们创立了一个可以让我们不赔钱的投资流程，我们的投资决策都是基于纪律严明、冷静而稳健的风险评估。这也是在吸取经验后不断完善的结果。

要确定触底的具体时间并非易事，投资者最好不要轻易尝试。原因在于，经济真正从衰退中走出来通常需要一到两年的时间。即使市场开始出现转机，资产价值仍需要一段时间才能恢复。这意味着如果在市场触底前后进行投资，那么投资者可能在一段时间内无法获得投资回报。举个例子：1983 年，油价暴跌，市场触底，一些投资者开始收购休斯敦的写字楼。10 年过去了，1993 年，这些投资者仍在等待价格的回升。避免这种情况的方法就是，当价值从低点回升至少 10% 时再开始进行投资。随着经济获得动力，资产价值往往会随之上扬。最好放弃市场刚开始复苏时 10%~15% 的涨幅，以确保在恰当的时间买入资产。

在如今的环境中，波动性和不确定性很高，"不要赔钱"这一法则就显得尤为重要。我们必须持续关注我们的投资流程，以及在我们代表投资者所做出的任何决定中的潜在弊端。

2. 决策法则：摒弃"单人决策"机制

1989 年，我们向投资人募资收购了埃德科姆（Edgcomb）公司，一家主营钢铁加工业务的企业。但在完成交易的几个月后，钢铁价格开始急转直下，埃德科姆的原材料库存价值已经跌破了采购价且持续走低。黑石因此负债。面对投资人的怒吼与责骂，我双颊通红，甚至努力控制自己不要哭出来。那一刻我感到自己的无能和不称职，觉得是我让公司和自己蒙羞。走在去停车场的路上，我对自己发誓，这样的事情，以后永远都不能再发生。我对"不要赔钱"的疯狂执念在这场交易的溃败中更加深了。

此后，我们审查了公司的决策机制。首先，我必须调整自己对潜在交易机会的评估和投资方式。决策系统不能再受制于一个人的能力、感受和弱点。企业要摒弃"单人决策"的做法，审查并收紧企业流程，制定规则来剔除投资流程中的个人化因素。所以我们要运用集体的智慧来评估投资的风险，提高交易审查的客观性。

于是，黑石颁布规定：任何提案都必须以书面备忘录的形式提交，备忘录必须完整翔实，并至少提前两天提供给参会人员，以便大家进行细致理性的评估。开会时，高级合伙人坐一侧，相关内部团队会在另一侧介绍交易的详情，还有初级成员观摩、学习和提供意见。而此类讨论有两个基本规则——第一，每个人都必须发言，以确保每个投资决策都是由集体制定的；第二，要把讨论重点放在潜在投资机会的缺点上。

这个解剖会一旦结束，无论谁在推进交易，都有一系列要解决和回答的问题：如果经济衰退，那他们建议黑石收购的公司的业绩会如何变化？大宗商品价格崩溃，会对我们的盈利水平造成什么影响？……而提案团队必须找到这些问题的答案。到第三轮会议的时候，这笔交易中不会再有任何令人不快的意外。

3. 行动法则：确定万无一失再出手，一旦出手就要快

投资应该像没有投球时限的篮球赛，只要手里有球，我们就要一直不停地传球，直到确定可以得分再出手。所以我们执着而认真地分析每个潜在交易的各个不利因素，直到确保万无一失。这样就不会迫于压力而不得不做交易——相反，一旦确定了对潜在投资的信念，我们就会利用我们的标准和专业知识迅速采取行动，以完成投资。

4. 信息法则：越多角度获取信息，越早发现异常

我们的投资流程也在不断完善，主要是为了民主化决策而服务，我们鼓励相关人士都进行思考和参与，无论资历深浅、职务高低都要提出

自己的意见，像公司的主人翁一样做事。打破等级制度让我能够了解公司的初级人员，获得对信息不同的解读。我可以从他们的语调中听出他们是喜欢这个交易，还是内心忐忑。

商业中最重要的资产就是信息。你知道得越多，你拥有的视角越多，可以建立的连接就越多，进行预测的能力就越强。我一生的兴趣都在从貌似无关的信息中寻找规律。了解得越多，你就越能比别人先发现异常。

案例思考：

从苏世民的投资法则中，你学到了哪些成功投资需具备的理念和做法呢？

小结

　　本讲对投资的风险和收益的相关概念进行了介绍。通过本讲的学习，读者可以了解投资的基本概念、时间价值，并掌握相关的计算方法，同时也可以学习衡量风险与收益的相关指标的定义与计算的方式。风险和收益是两个非常重要的概念，如何把握两者之间的平衡，是我们在投资时必须考虑清楚的问题。

第 **10** 讲

入市需谨慎：如何理解股票与基金的价值本质？

学习目标

- ◆了解股票的基本概念和种类
- ◆正确认识股票投资的收益和风险
- ◆了解价值投资的基本理念
- ◆了解基金的基本概念和种类
- ◆了解基金定投

随着我国资本市场的发展，股票和基金已成为人们财富管理的重要投资工具，然而在股票市场中，"十个散户九个亏"是一种普遍现象。这很大程度上是因为散户投资者缺乏正确的投资理念和风险意识。本讲的主要目的是带领读者了解股票和基金的基本概念和种类，熟悉股票和基金投资交易的基本原理，认识股票和基金投资中风险和收益的理性权衡，树立正确的价值投资理念，并了解股票和基金投资的常用方法，提高财富管理能力。

测试

1. 你在一个电视竞赛中有下列选择，你会选择＿＿＿＿＿＿。

   A. 2 000 元现钞

   B. 50%的机会获得 4 000 元

   C. 20%的机会获得 10 000 元

   D. 10%的机会获得 20 000 元

2. 你购买了一只股票，一个月后它跌去了 15%的总价值，假设该股票的其他基本面要素没有改变，你会＿＿＿＿＿＿。

   A. 坐等投资回到原有的价值

   B. 卖掉它，以免日后它不断跌价，让你寝食难安

   C. 买入更多，因为如果以当初价格购买时认为是个好决定，现在看上去机会应该更好

3. 你购买一只股票，一个月后暴涨了 40%，假设你找不到其他更好的基本面消息，你会＿＿＿＿＿＿。

   A. 卖掉它

   B. 继续持有，期待未来获得更多的收益

   C. 买入更多，也许它能涨得更高

4. 你为一家私营的呈上升趋势的小型电子企业工作，公司现在通过向员工出售股票招募资金，管理层计划将公司上市，但至少 4 年以后才能实现。如果你购买股票，你的股票只能在公司上市公开交易后才能卖出，同时股票不分红。公司一旦上市，股票会以购买价格的 10~20 倍交易，你愿意做多少投资？＿＿＿＿＿＿。

   A. 一股也不买　　　　　　B. 一个月的薪水

   C. 三个月的薪水　　　　　D. 最大化地购买

一、股票发展简史

股票距今已有 400 余年的历史。1602 年，荷兰阿姆斯特丹出现了一家载入史册的公司——东印度公司，这是第一家获得政府特许权的合资公司，可独享和东方世界的贸易。这家公司表面看是做航海贸易的，但实际从事着类似"海盗"的工作，掠夺各国香料和其他物资。这项工作风险很高，东印度公司的航海船队每次出征前都要消耗大量资金补充弹药和粮食，等到香料掠夺回来，扣去弹药、粮食等各项支出，事实上只剩一点薄利，运气不好时甚至还可能亏本。为了解决航海船队出征的高额开销问题，东印度公司绞尽脑汁想出了一个方案：让老百姓投钱进来帮助船队购买弹药、粮食等物资，等到满载而归再把钱还给老百姓，并把掠夺来的物资和黄金分一点给老百姓作为分红。但东印度公司知道并非每次都能掠夺到大量物资，假如出海带回的物资不足以支付老百姓的钱款怎么办？为了解决这个问题，他们搞出了一个交易市场。老百姓投钱给东印度公司，公司就给他们一个纸条作为凭证，上面写着投入的金额数。如老百姓中途把钱取回，不用找东印度公司，而是可以在交易市场把凭证卖给别的老百姓。当然老百姓也可以长期持有，等待船队归航后"分红"。如果船队每次都能满载而归，凭证就会升值。这个凭证就是现在的股票，交易市场就是证券交易市场。

东印度公司是世界上第一家股份公司。透过这段历史故事，大家应该能体会到买股票赚钱的基本逻辑。在上述案例中，老百姓是股东，东印度公司是发行股票的"圈钱"企业，他们的成本是弹药与粮食，收入是掠夺的香料和其他物资，利润就是掠夺物资的收入扣掉购买弹药与粮食的费用。如果希望通过购买股票并长期持有来赚钱，就要指望东印度公司掠夺到大量香料以及其他物资。当然还有一种赚钱的方法是在股票被市场低估时买入，在被市场高估时卖出，赚取其中的差价。股票交易需要有一个场所。据文献记载，早在 1611 年就曾有一些商人在荷兰的阿姆斯特丹进行东印度公司的股票买卖交易，形成了世界上第一个股票市场，即股票交易所。

　　1792 年，24 名纽约经纪人在纽约华尔街的一棵梧桐树下订立协定，约定以后每天都在此进行股票等证券的交易。随着这一交易市场的日渐活跃，1817 年，参加者组成了纽约证券交易管理处。1863 年，它正式更名为纽约证券交易所。这便是美国股市的起源。1882 年，道（Dow）与好友琼斯（Jones）在华尔街 15 号创办了道琼斯公司，紧靠纽约证券交易所。1884 年，道最早开始尝试计算股票价格变动指数，当时采用的样本均为铁路公司，这就是后来的道琼斯运输业平均数（DJIA）。1889 年，道创办了《华尔街日报》。1896 年 5 月 26 日，道第一次计算并对外公布了道琼斯工业平均数（DJIA），当日指数为 40.94。1929 年，道琼斯公用事业平均数（DJUA）诞生。1992 年，道琼斯综合平均数（DJCA）诞生。近年来，道琼斯公司又跨越全球创设了相对独立的 3 000 多个股价指数，这些股价指数被统称为道琼斯全球指数（DJGI）。然而，在上述所有道琼斯股价指数中，道琼斯工业平均数是最重要的，它不仅是当今美国最重要的股价指数，也是世界上最有影响力的股价指数。美国另一个重要的股票交易市场"纳斯达克"，即美国证券交易商协会自动报价系统成立于 1971 年，是世界上第一个电子股票市场。纳斯达克飞速发展，已成为世界资金容量第二大的股票交易市场。

　　股票和股票市场在 19 世纪 60 年代末期进入中国，它最先落脚的地方就是被世人誉为"东方华尔街"的上海。北京自来水厂是中国最早的股份制企业之一。1869 年，外国商人组织了"掮客公会"，专门交易外国公司的股票，这个组织在 1891 年演变成了上海众业公所。今天，在上海图书馆存放的大量历史文献中，人们可以清晰地看到中国早期股票市场的历史足迹。上海众业公所坐落在上海的外滩，作为中国土地上的第一家证券交易所，其交易的股票或企业债券却都来自国外的公司。1920 年 11 月，中国人自己的证券交易所先后在北京、上海、汉口正式开业。上海华商证券交易所就是其中的一家。1949 年 6 月，天津证券交易所的重新设立标志着中国当代证券市场的正式启动。新中国成立后，1949—1952 年，国家只利用证券市场来调节银根和产业结构，直到 1990 年和 1991 年沪、深两个证券交易所设立以后，中国股票市场的发展才正式进入市场化运营快车道。

二、股票与股票市场的基本概念

如果要给股票一个规范的定义，就是股份公司发行的所有权凭证，是股份公司为筹集资金而发行给各个股东作为持股凭证并借以取得股息和红利的一种有价证券。股票是股份公司

思维延伸

你炒股吗？你了解股票开户的基本要求和流程吗？你会关注每日的股价走势吗？

资本的构成部分，可以转让、买卖，是资本市场的主要长期信用工具，但不能要求公司返还其出资。股票在证券交易所交易。证券交易所俗称交易所，是根据国家相关法律，经政府证券主管机关批准成立的集中进行股票证券交易的实际场所。证券交易所的职责主要有：提供股票交易的场所和平台，制定证券交易所的业务规则，审核批准股份制公司的上市申请。此外，交易所会组织、监督股票交易活动，对证券交易所内的股票市场信息进行管理，等等。目前，中国大陆有两个证券交易所：上海证券交易所和深圳证券交易所。

股市是股票市场的简称，是股票发行和流通的场所。股票市场可以分为一级市场和二级市场，一级市场也称为股票发行市场，而二级市场可称为股票交易市场，是指对已发行的股票进行买卖和转让的场所。股

票的交易都是通过股票市场来实现的。股票市场的变化与整个市场经济的发展是密切相关的，股票市场在市场经济中始终发挥着市场流动性状况和经济状况"晴雨表"的作用。所谓"牛市"，也称多头市场，指市场行情普遍看涨，延续时间较长的大升市；所谓"熊市"，也称空头市场，指行情普遍看淡，延续时间相对较长的大跌市。

股市交易的基本规则如下。

1. 交易时间

周一至周五（法定节假日除外）

上午 09：30—11：30　　　　下午 13：00—15：00

2. 交易单位

股票的交易单位为"股"，100 股为 1 手，委托买入的数量必须为 100 股或其整数倍。

3. 涨跌幅限制

在一个交易日内，除首日上市证券外，主板上市的每只证券的交易价格相对上一个交易日收市价的涨跌幅不得超过 10%。科创板和创业板上市的证券日涨跌幅限制为 20%。

4."T+1" 交易制度

"T+1" 交易制度指投资者当天买入的证券不能在当天卖出，需待第二天才可以卖出。（注意：A 股为"T+1"交收，B 股为"T+3"交收。）

三、股票投资中的收益与风险

股票投资是指购买股票以期得到收益的行为。我们在进行股票投资时，必须充分考虑以下两个要素：收益和风险。收益即投资于股票所得的报酬。投资于股票的收益包括两个部分：一是投资者购买股票变成公司的股东，以股东的身份，按照持股的多少，能从公司获得相应的股利

（包括现金股利和股票股利）；二是因持有的股票的价格上升所形成的资本增值，也就是投资者利用资本低价进高价出所赚取的差价利润。投资者购买股票，总是希望能在未来获得投资报酬。

但是由于股价波动不停，无法准确预料，同时股份公司能否获利并派发股利也是不确定的，投资者会面临两种情况：一是获利，二是亏本。这就产生了投资风险。一般来说，投资者的风险大致可分为以下几种。

1. 利率风险

指由于市场利率变动而导致投资者负担的投资风险。具体可分为以下两种情况：一是由于市场利率水平的变动，投资股票的收益率降低而产生的风险；二是由于股票收益率相对低于市场利率水平所带来的损失风险。投资者选择投资对象，一般以追逐最大利润为原则。正因为投资股票的收益率高于市场平均的利率水平，投资者才会"投注"于股票市场。如果股票市场的收益水平低于市场利率水平，会给投资者带来相对损失。

2. 购买力风险

指由于通货膨胀而使股票投资者承担的风险。比如，投资者的股价、行情看好，取得了收益，但同时正遇上居高不下的通货膨胀率，货币贬值，无形中就使投资者损失了一部分价值。也就是说，投资者的货币收入的实际购买力将会下降。这就是承担了购买力风险。通货膨胀的存在，使得投资者即使在货币收入有所增加的情况下，也不一定能够获得大利。因为投资者的实际收益中还要扣除通货膨胀率所带来的损失。若要减少这一损失，投资者只能选择收益率高的投资对象。

3. 市场风险

指由于股价涨跌不定使投资者决策失误而产生的风险，即股价的波动趋势恰与投资者预料相反所产生的风险。出现市场风险的主要原因是股票交易市场受整个国家经济周期变化的影响。经济周期分萧条、复苏、高涨、危机几个阶段。在各个不同的阶段，股市的变化是非常复杂的。在高涨时期，一般股市活跃，交易频繁，获利大增；而在危机阶段，股市则呈萎缩乃至暴跌之势，从而给投资者造成巨大损失。因此，要尽量减少市场风险，投资者就应当了解经济周期发展变化的规律，从而把握时机，减少损失，获取收益。

4. 经营风险

指股票发行公司因其内部经营不善造成亏损，导致股利下降甚至毫无股利可言而给投资者带来的连带经营风险。在股票市场上，这一风险也是无法避免的，因为任何股份公司都不会有绝对的永久取胜的把握。所以投资者只能以其敏锐的感知力来应对复杂的经济形势，从而减少风险。

思考题

既然股票价格走势难以预测，为什么市场上还有那么多股评家和分析师？他们存在的意义是什么？你觉得听从他们的建议能帮助你赚取超额收益吗？

5. 违约风险

指在公司因财务状况不佳而违约和破产时，投资者的实际收益率偏离预期收益率的可能性。当公司破产时，遭受损失最重的是普通股东，其次是优先股股东，最后才是债权人。

股票价格的波动难以预测，没有任何一种方法可以保证我们在股市中的投资一定成功。要准确地预测未来的股价走势，利用股价波动来"稳稳"地赚钱几乎是不可能的。股票投资更多地应该作为我们财富配置中风

思考题

如果你有 100 万闲置资金可以投资于股票和基金，你将如何配置这 100 万的投资？为什么？

险资产配置的一部分，而不是发家致富的手段。我们应该根据自己的风险偏好，通过理性权衡期望收益和风险水平做出恰当的投资选择。

四、股票投资的原则

小资料

1. Uber 上市前，摩根士丹利以内部配售的方式给他们银行的核心客户以内部价买入 Uber 股份的机会，价格是 48 美元左右，且须锁定 180 天不能卖。结果上市没两天，股票就变成了 36 美元，很多大客户非常生气。可以说摩根士丹利计算了半天，把自己的重要客户都"坑"了。

2. 根据统计，在 1996—2015 年间，以上证综合指数为例，如果这 20 年你一直持有上证综合指数，那你的投资回报率可以接近每年 10%；但是如果你错过了其中上涨幅度最大的 5 天，回报率就会下跌到每年 8% 左右；如果错过 40 天，回报率就变成每年 −3.8% 了。

在股票投资中，一般我们需要遵循如下原则。

1. 量力而行

投资往往需要丰富的经验，即便是市场上的投资老手和专家也无法保证每次投资都能成功。大部分青年人资金并不充裕，且缺乏社会经验和投资经验，此时应量力而行，利用闲散资金进行投资，切忌拿输不起的钱去炒股。

2. 分散投资

分散投资，就是资金投入不能过于集中。分散投资包含两方面的含义：一方面是不要将资金过于集中地投入一种或少数几种股票，要建立合理的股票投资组合，也就是通常所说的"不要把鸡蛋放在一个篮子里"；另一

思维延伸

说说你所体会到的"不要把鸡蛋放在一个篮子里"所蕴含的投资学逻辑，并思考在股票投资中应当如何应用。

方面是不要将资金在一个时点上集中投入，应将其分期分批地投入股市，使资金的投入在时间上有一定的跨度，在价格选择上留有一些余地。

　　分散投资虽不能完全消除投资风险，但通过股票投资组合，可将股票互相搭配，避免单只股票带来的风险。通过分期分批投入，可将高低价格予以平均，虽然失去了在最低价位一次性买入的机会，但却能避免资金在最高价位被全部套牢的风险。

　　分散投资一方面是在股票投资中要注意选择不同行业和种类的股票进行搭配组合。若仅选择一种股票，一旦该公司经营不善甚至倒闭，就会血本无归。如果同时投资多种股票或几家公司，即使其中一种或数种股票不能盈利，但其他股票总有效益好的，绩优股票就能抵消绩差的，其投资收益基本能达到整体的平均水平。另一方面是将资金分期分批地投入，这样最大限度地避免股市暴跌所带来的风险，因为股市的涨跌受政治、宏观经济、国际形势等多方面因素的影响，如果在某一点位上倾囊而出，就有可能面临全部资金被套牢而难以自拔的危险局面。

> **思考题**
>
> 　　股票市场中有财务业绩很好的绩优股也有财务绩效很差的垃圾股，你觉得投资绩优股预期回报率更高还是投资垃圾股预期回报率更高？请说明你的理由。

3. 避免炒短线追求快速收益

　　股市上挂牌的股票繁多，各公司的股票也有各自的特点，且受多方面因素的影响，股价也总是处在不断变化之中。我国 A 股市场由于投资者性质等问题，长期以炒短线为主，投资者的"羊群效应"十分明显。可能一些投资者看到股票涨涨跌跌，也就心猿意马，今天炒这个概念，明天追那个板块，其投资目标总是跟着市场变化，毫无理智和原则可言。在股票投资中，大部分股民特别是散户都是赔钱的，因而股市中有"七亏二平一赚"一说，即股市中有70%的投资者是亏钱的，20%的投资者不赚不赔，仅有10%的人在赚钱。如果盲目跟风，一味地模仿他人，自己最终也难以逃脱亏损的命运。

　　投资新手往往缺乏强大的内心和丰富的经验技术，所以我们可以尽量避免短线交易，寻求价值投资。一方面，在股票投资中，我们必须保持理智，克服自己的情绪冲动，避免受市场气氛和他人的干扰，切忌盲目跟随、追涨杀跌；另一方面，可以避开投机性强的领域，追随知名的行业龙头公司，基于基本面进行判断。同时，投资优质企业也是避免劣币驱逐良币的一种方式，有利于 A 股市场逐渐走向成熟。

4. 不要轻易"择时"

对于股市来说，一年中最好的交易日和最差的交易日分布非常不均匀，而且与牛市还是熊市无关，一旦错过那些最好的交易日（单日暴涨），对于投资回报率来说就是致命的打击。短期来看，我们很难通过"择时"获得超额回报。

投资市场提供的回报在时间分布上是非常不均匀的。对于普通投资者来说，仅仅根据自己的感觉，或者说对市场情绪的认知来进行择时，很有可能会错过那些市场突然出现的回报非常好的时刻，最终大幅拉低个人的投资回报。当然，如果能回避掉一年中极端暴跌的日子，也能大幅提高收益率。而实际上即便是在牛市，暴跌也不可避免；即便是如2008 年这样的熊市里，暴涨的日子也有很多天。回避暴跌，踩中暴涨，可以说十分困难，就连顶级的基金公司也无法做到。因此，作为普通散户投资者，在进行投资时，不要轻易主动"择时"、频繁"择时"，要尽可能享受市场螺旋增长带来的红利。

五、价值投资理念

进行股票投资，最重要也是最复杂的一步就是选股，即决定以何种标准来筛选一只或几只个股进行投资。

股市的钱到哪里去了？看起来股市投资像是一场零和博弈。应该如何选股进行投资才能给我们带来长期又安全可靠的回报呢？

目前业界公认最可靠的股市投资方式是进行价值投资。那么，什么是价值投资呢？这个概念最早可以追溯到 20 世纪 30 年代，是由本杰

明·格雷汉姆（Benjamin Graham）最先提出的。而现在，这一概念的
典型践行者就是巴菲特和查理·芒格。价值投资最普遍的定义是一种投
资策略或者投资思维，即实业投资思维在股市上的应用，凡是买股票时
把自己当成长期股东的都是价值投资者。价值投资的基本逻辑如图
10.1 所示。

图 10.1 价值投资的基本逻辑

　　价值投资的重点是透过基本分析中的概念，例如高股息收益率、低
市盈率和低股价/账面比率，去寻找并投资一些股价被低估了的股票。
　　价值投资者力求通过一定的方法测定股票的价值，股票价格长期来
看有向其内在价值回归的趋势，当股票价格低于内在价值时，投资机会
就来了，好比拿着五角钱购买一元钱人民币。
　　著名股票投资专家格雷汉姆曾提出价值投资的三条原则：①股市不

是投机，不是赚取差价，而是购买好公司的一部分。拨开股市的表层迷雾，我们购买的不是投机品，而是一家公司的一部分所有权。我们从中赚取的不是股价波动的差价，而是这家好公司在经济增长过程中创造的价值。②市场是服务工具，而不是博弈的对象，它求远无法告诉你一只股票的真实价值。③留出安全边际，长期持有价格低于价值的好公司。价值投资，其实不是持有所谓的好公司，而是持有价格低于价值的好公司。

六、有效市场假说

假设你去一个拥挤的地铁站里坐地铁，你可以选择在任何一道门前排队等候，在这种情况下大致来说你有两种策略：

第一种策略是主动去寻找最短的队伍并且排在后面。在这种策略下，你需要先望一眼，找到最短的队伍，然后在最短时间内跑到那里排队。事实上大部分人确实都是这么做的。当然，这种策略也有相当的风险。最大的风险是你找了半天，才发现队伍都差不多长，又因为浪费了一定时间，最后反而排在更后面。还有一种风险是远远看去那个队伍比较短，等你跑到时已经又有人加入了队伍，或者走近一看才发现原来并不是那么短，那么花费了额外的时间寻找并且跑过去，对你来说也是一笔成本。

第二种策略是假定每条队伍都一样长。每当某个队伍比其他队伍短的时候，总有人会在最短的时间内把那个空给补上。在这种情况下，花时间去找更短的队伍就是浪费精力，最合理的策略是随机看到一条队伍就排上，而不浪费时间去寻找更短的队伍。

如果市场是高度有效的，那么第二种策略要比第一种策略更优。因为在第一种策略下，乘客首先需要付出一定的成本（比如花时间找，花力气跑来跑去，等等）去寻找最短的队伍。换句话说，在完全有效的市场下，是没有"免费"的午餐的。

（一）什么是有效市场假说？

市场有效性假说（efficient market hypothesis，EMH）由芝加哥大学的金融学教授尤金·法玛（Eugene Fama）在 20 世纪 60 年代提出。有效资本市场假说认为，在一个有效的资本市场中，有关某个投资品的全部信息都能够迅速、完整和准确地被某个关注它的投资者获得，进而这个投资者可以据此判断该投资品的价值以做出买卖决策。有效市场假说的内容主要包含如下三个方面。

1. 投资品价格迅速反映未预期的信息

在一个竞争性的证券市场中，当某一证券供求处于平衡状态时，该证券价格达到均衡点。当与该证券有关的未预期信息出现时，它将改变投资者对其收益和风险的期望，使该证券价格发生变动，直至通过调整供求关系达到新的均衡点为止。

可见，证券价格的变动由证券供求关系决定，证券供求关系的变动又由市场吸收新信息引发，所有对市场有用的信息都将在证券价格中得到最终反映。

2. 投资品价格的随机变动

不同时期证券价格的变动是相互独立的，每次价格的上升和下降与前一次价格变化没有关系，也不会对以后的价格变动产生影响。证券价格是对各种相关信息，包括政治、经济和人文等各方面信息做出反应的结果。证券价格的随机变动正说明了市场的信息效率和市场的有效性。

3. 投资者无法获得超额利润

超额利润是投资者实际获得的利润与预期风险收益的差额。当有效的证券市场对信息做出快速反应，而使投资者获知有关信息后再做出买卖证券的决定时，该信息的作用已经反映到证券价格中了，所以试图利用公开信息在市场上获得超额利润的机会是不存在的。所有的投资者在市场上具有同等的获利机会，任何人都无法赚取超额利润。

（二）有效市场假说成立条件

1. 信息公开的有效性

有关证券的全部信息都能够充分、真实、及时地在市场中得到公开。

2. 信息传递的高效率

市场信息的交流是高效率的，所有与投资有关的信息都可以及时、无代价地获取。如果投资者在买卖证券时要支付费用，这并不意味着市场无效，而是表明当新信息下的价格变化超过交易成本时，才会发生市场价格的变化。

3. 市场价格的独立性

证券价格的形成不受个别人和个别结构交易的影响，市场的参与者是价格的接受者。

4. 投资者对信息判断的理性化

所有的投资者都是理性追求个人利益最大化的市场参与者，每一个参与证券交易的投资人都能够根据公开的信息做出一致的、合理的和及时的价值判断。

上述前提条件严格成立时，市场一定是有效的。

（三）有效市场假说的现实约束

在真实世界中，有效市场假说是否成立呢？我们先看这样一个小故事：

一位信奉有效市场的金融学教授和学生一起散步。

"地上是 10 美元钞票吗？"学生问。

"不，那不可能是 10 美元钞票，如果有 10 美元，应该早就被人捡走了。"教授说。

教授走了，学生捡起钞票，去喝了杯咖啡。

可见，市场并非在任何时候都是有效的。在现实经济社会中，存在如下约束条件。

1. 信息公开的数量、规模和时间的制约

一是证券发行者为了卖出证券，本能地或有意地对投资品进行"包装"，夸大优点，隐瞒缺陷；二是企业出于维护自身竞争地位的需要而对企业信息进行保密或延时公布；三是信息公布会产生成本，包括信息的搜集、整理和发布等直接成本，以及信息公布以后给企业带来的负效应。

2. 信息传递的时效性

信息的传播范围和速度受信息传播程序、途径、载体和技术水平的影响，已公开的信息不能及时、全面地被投资者接收。

3. 投资者实施投资决策的有效性约束

由于投资者的交易地点、交易手段、交易条件和交易技术不同，投资者实施交易所用的时间不同，可能会丧失交易的时效性。

4. 投资者对信息判断存在个体差异

一是风险厌恶使投资者产生对同一投资项目的不同价值判断；二是投资者掌握信息的数量和时间上的差异使得投资者对投资项目的决策产生个体差异；三是投资者知识、技能等方面的差异使得他们在同时掌握等量信息的条件下做出不同的价值判断。

金融研究者们发现，在现实的股票市场中，存在多种与有效市场假说相违背的"异象"，其中最为典型的几种如下：

小公司效应：1981 年，本茨（Benz）对所有在纽约证券交易所上市的股票收益情况进行了研究。他将公司按规模分成了五组，发现最小规模组的公司平均年收益率比那些最大规模组的要高 19.8%，而且无论是在风险调整之前还是调整之后，小规模组的公司股票的收益率都更高。人们称这一现象为小公司效应。

一月份效应：1983 年，凯姆等（Keim, et al.）发现小公司效应在一月份最明显，特别是在一月份的头两个星期，称为小公司一月份效应。他们将公司按规模分成 10 组，比较了每月最小规模和最大规模公司组的平均超额收益情况。1963—1979 年的平均月差额显示，一月份小公司平均每天股价上升达 0.714%，一月份头五天的上升幅度更是超过了 7.16%。

颠倒效应：1985 年，德邦特等（Debondt, et al.）发现，在一段时间内，表现最好的股票接着会表现非常差。他们的研究表明，如果对股票业绩进行为期 5 年的排序，基期表现最不好的股票组（含 35 种业绩最差的股票）在以后的 3 年中的平均累积收益，比基期表现最好的股票组（含 35 种业绩最好的股票）高出 25%。这些企业本身的经营业绩并没有提高多少，而股价却上升不少。

七、基金投资

除股票外，在证券市场上，还有一种投资品类——基金。基金投资是一种间接的证券投资方式。基金管理公司通过发行基金份额，集中投资者的资金，由基金托管人（即具有资格的银行）托管，由基金管理人管理和运用资金，从事股票、债券等金融工具投资，然后共担投资风险、分享收益。通俗地说，证券投资基金是通过汇集众多投资者的资金，交给银行保管，由基金管理公司负责投资于股票和债券等证券，以实现保值增值目的的一种投资工具。表 10.1 总结了基金、股票和债券投资三者之间的主要差异。

思维延伸

你有进行基金投资吗？你是否认为相对于股票，基金投资是一种操作更简单、风险更小、收益更稳定的投资方式呢？

表 10.1　投资基金与债券、股票间的差异

	基金	股票	债券
反映的经济关系	信托关系，是一种收益凭证，投资者购买基金份额后成为基金受益人，基金管理人只是替投资者管理资金，并不承担投资损失风险	所有权关系，是一种所有权凭证，投资者购买后成为公司股东	债权债务关系，是一种债权凭证，投资者购买后成为该公司债权人
所筹资金的投向	间接投资工具，主要投向股票、债券等有价证券	直接投资工具，主要投向实业领域	直接投资工具，主要投向实业领域
投资收益与风险大小	投资于众多有价证券，能有效分散风险，风险相对适中，收益相对稳健	价格波动性大，高风险、高收益	价格波动较股票小，低风险、低收益
收益来源	利息收入、股利收入、资本利得	股利收入、资本利得	利息收入、资本利得
投资渠道	基金管理公司及银行、证券公司等代销机构	证券公司	债券发行机构、证券公司及银行等代销机构

　　按照发行方式，基金可以分为封闭式基金和开放式基金两种。封闭式基金是指基金的发起人在设立基金时，限定了基金单位的发行总额，筹足总额后，基金即宣告成立，并进行封闭，在一定时期内不再接受新的投资。而开放式基金是指基金发起人在设立基金时，基金单位或者股份总规模不固定，可视投资者的需求，随时向投资者出售基金单位或者股份，并可以应投资者的要求赎回发行在外的基金单位或者股份的一种基金运作方式。

　　根据投资对象不同，基金可以分为如下几类：①股票基金。股票基金是以股票为投资对象的投资基金，且股票的价值不能低于80%，股票基金是投资基金的主要种类。股票基金的主要功能是将大众投资者的小额投资集中为大额资金，投资于不同的股票组合，是股票市场的主要机构投资者。②债券基金。债券基金是以债券为主要投资标的的共同基金，除了债券之外，尚可投资于金融债券、附买回债券、定存、短期票

券等，绝大多数以开放式基金形态发行，并采取不分配收益方式，合法节税。根据中国证监会的要求，基金资产80%以上投资债券的为债券基金。目前国内大部分债券性基金属性偏向于收益型债券基金，以获得稳定的利息为主，因此，收益普遍呈稳定增长态势。③货币市场基金。货币市场基金是指投资于货币市场上短期有价证券的一种基金。该基金资产主要有短期货币工具如国库券、商业票据、银行定期存单、政府短期债券、企业债券等。通常投资于货币市场公司的比例接近100%。④混合基金。混合基金是指投资于股票、债券和货币市场工具，股票投资和债券投资的比例不符合股票基金和债券基金规定的基金。

八、基金定投

我们先来算一笔账。假设 A 基金的单位净值第一天 1 元钱，第二天0.8 元，第三天 0.5 元，第四天涨到 0.9 元。如果小明一次性拿出 3 000元购买 A 基金，那么第二天账面亏损 600 元，第三天账面亏损 1 500，忍住不割，第四天亏损 300，盈利-10%。而小强用 3 000 元分三次购买A 基金，每次买入 1 000 元，第一天 1 000 份，第二天 1 250 份，第三天2 000 份，合计 4 250 份，到第四天时，账面已经是 3 825，盈利27.5%。

小强的做法避开了一次性投资的风险，避免了亏损。在市场情况不好时，投资基金也有可能亏损。华尔街流传这样一句话：要在市场中准确地踩点入市，比在空中接住一把飞刀更难。因此诞生了定投。基金定投是定期定额投资基金的简称，是指在固定的时间以固定的金额投资到指定的开放式基金中，类似于银行的零存整取方式。基金定投的本质是均摊成本，拉低均价，低价位吸筹，高价位获利；存不下钱的人也可以把它当作强制储蓄，使自己的资金在投资中保值增值。

也许有读者会问：基金定投一定比一次性投资获利高吗？假设有另

外一个 B 基金，第一天 1 元钱，第二天 1.2 元，第三天 1.5 元，第四天 2 元。小明一次性购入 3 000 元，第四天时，账面是 6 000，盈利100%。小强分三次购买，第一天 1 000 份，第二天 833.33 份，第三天 666.67 份，合计 2 500 份。第四天账面是 5 000 元，盈利66.7%。

可以看出，基金定投不一定比一次性投资获利更高。但是，我们需要明白，踩对时点低点买入是可遇而不可求的，影响证券市场的因素众多且复杂，难以预测。因此，采用定投的方式，一方面可以利用时间烫平波动，另一方面可以分批投资均衡成本，对于风险规避型的投资者而言是一个很好的选择。基金定投的优点可以总结如下：分批投资，摊低成本，降低风险；长期投资，复利增长，积少成多；自动扣款，方便快捷，省心省力。

投资者对基金定投的理解存在几个常见的误区：①等市场明朗时再进场。很多投资者想在底部出现或者市场明朗时再进场投资，但是市场中机会转瞬即逝，等你看明白时，机会已经过去了。②任何基金都适合定投。债券型基金收益一般较稳定，选择定投反而可能会闲置资金，损失资金的时间价值。而股票型基金波动较大，更适合用定投来均衡成本和风险。③已买基金就不必定投。我们可将闲置资金分为现有资金、每月结余两部分，结余部分投资定投是一种不错的选择。④弱市中停止基金定投。基金定投正是依据牛市、熊市交替出现产生的一种投资策略，同样的资金在牛市获得较少的筹码，在熊市获得较多的筹码，从而实现摊平成本，获取平均收益。

案例讨论

在前文中，我们已经介绍了股票和基金的一些重要概念和理论，纠正了一些常见的投资误区。接下来我们将为读者展示巴菲特的投资理念与逻辑，相信读者能够从他的成功经历中获得启发。

巴菲特投资美国运通①

美国运通是国际上最大的旅游服务、金融投资及信息处理的环球公司。美国运通是通过快递业务发家的，1891 年，它推出了一种叫作旅行支票的东西。当时美国还没有全国性的银行，所以这个旅行支票可以在旅行过程中以充当货币的形式实现资金转移。

随着欧洲网络的发展，国内外旅行人数增多，1955 年，美国运通已经为客户提供了 125 亿美元的旅行支票，占据了全世界旅行支票市场份额的 75%。

但是，1963 年，美国运通公司底下的一个子公司，出现了一个很大的问题。仓库里存储的大豆油，竟然大多被人换成了海水，然后这些人拿着他们公司的担保凭证，去银行贷款。

这对于美国运通来说简直是一场致命的灾难，以"信用"著称的美国运通，却在信用上出了这样的大问题，作为担保人的美国运通不得不承担 1.5 亿美元的巨额赔偿。

这场大豆油丑闻不胫而走，美国运通面临破产倒闭的危机，公司股票交易价格从之前的 60 美元下跌至 35 美元，几乎腰斩！

巴菲特却嗅到了潜在的机会，"当别人恐惧时，我贪婪"一言非常恰当地总结了他的行为。

首先，巴菲特选择去实地调查市场的情绪和反应。他跑到餐厅、银行、超市、药店和旅行社进行观察，发现人们依然会使用旅行支票来支付；随后他又和美国运通公司的竞争对手进行交谈。

经过多地调查，巴菲特得出了两个结论：美国运通并没有衰败；它依然是世界上畅通无阻的品牌。所以巴菲特认为，这场危机并没有撼动美国运通的地位，人们依旧很信任这个品牌。

其次，巴菲特花了大量时间跟踪公司的财务报表数据，评估美国运

---

① 摘引自黄建平：《巴菲特投资案例集》，中国经济出版社，2013 年版。

通和竞争对手表现的差距，以及美国运通旅行支票和信用卡的使用率是否下降，最后整理出一英尺高的调查报告。

在 1964 年，美国运通跌了一半，华尔街的经纪人们在不断卖出，而巴菲特却在不断买入。1966 年，巴菲特已经持有了美国运通 1 300 万美元的股票，占了美国运通整个公司的 5%。

随着丑闻的影响慢慢消退，1967 年美国运通的股价已经飙升到 180 美元，巴菲特当年投资的 1 300 万美元，赚到了 2 000 万美元的利润。那一年他的合伙公司的利润率高达 36%，高出道琼斯指数 17 个百分点，而当时华尔街的大多数公司，利润率都没有道琼斯指数高。

美国运通可以说是巴菲特早期投资中最重要的一环，巴菲特不仅获得了丰厚的回报，扩大了自己的资本，还为自己的投资帝国打下了坚实的基础。

案例思考：

从巴菲特的投资案例中，你学到了哪些成功投资需具备的理念和做法？如果让你分析一只股票是否值得投资，你会如何分析和决策？

小结

通过本讲的学习，读者了解到了股票发展的历史、与股票相关的基本概念和理论假说，同时也熟悉了有关基金投资的内容。投资股票和基金是常见的理财手段，对相关概念和原理的学习以及实例的探讨，有助于引导投资者的股票与基金投资行为。

第 **11** 讲

换币有学问：如何把握汇率波动中的机会与风险？

学习目标

◆了解外汇基础知识

◆了解外汇投资的魅力

◆了解汇率波动的风险

◆理解外汇投资的要点

◆了解生活中如何运用外汇知识

随着中国金融市场逐渐开放，人民币国际化的步伐加快，越来越多的国人会跟外汇打交道，包括出国留学、旅游等。市场上也涌现了越来越多的国际型理财产品，参与外汇交易的投资者数量呈逐年上升趋势。由于外汇风险具有特殊性，外汇交易也有特殊的规则，需要在理财过程中注意相关风险。本讲将为大家详细介绍外汇投资中的机会与风险、要点和原则，以及外汇交易的五大种类，并对留学购汇进行简要介绍。

测试

1. 假如现在人民币兑美元汇率是 6.8，即换取 1 美元需要 6.8 人民币，你觉得_____。

   A. 美元太贵了，汇率未来会降低

   B. 美元太便宜了，汇率未来会升高

   C. 这是汇率的正常区间，未来不会有较大波动

2. 如果想进行外汇投资，外汇投资市场开放的时间段是_____。

   A. 北京时间上午 9:15—11:30；下午 1:00—3:00

   B. 美国东部时间 9:30—16:00

   C. 24 小时都可以交易

3. 如果进行外汇投资，你能接受的最大程度的本金损失是_____。

   A. 10%以下

   B. 20%

   C. 30%

   D. 50%以上

4. 你认为期货是用来做什么的？_____。

   A. 投资

   B. 投机

   C. 国际贸易

   D. 风险管理

一、外汇的历史渊源

公元前 8 世纪，古希腊文明繁荣起来，但是受到地理位置的限制，古希腊无法生产出足够的粮食养活居民，所以需要通过酿造葡萄酒，与他国进行贸易，交换粮食。公元前 7 世纪，古希腊成为海上霸主，跨国贸易区围绕地中海发展起来。但是跨国贸易的重要障碍是持有不同货币的人很难进行公平交易。如果想购买别国的商品，就需要使用别国的货币，那么如何交换两国的货币，就成为最早的汇率问题。当时，如果不能解决汇率问题，就无法扩大海洋贸易。

公元前 3 世纪，有了不同货币兑换比率的记录。当时的商人根据不同货币的重量和成色计算兑换比率。这是汇率的源头，也是相对稳定、公平的货币交易。解决了汇率问题后，跨国交易变得更加繁荣和通畅，人类文明的发展开始进入新的阶段。沧海桑田之间，货币发生了翻天覆地的变化，依赖货币重量和成色计算汇率的方法早已不合时宜。但是，不同的货币在同一个市场上相遇，如何设计一套机制保障汇率的公平与稳定依然是国际贸易的重中之重。

二、外汇基础知识

2016—2019 年间，外汇市场的每日成交量达 6.6 万亿美元。6.6 万亿美元是什么概念呢？2019 年中国 GDP 总量为 98 万亿元人民币，折合接近 15 万亿美元。也就是外汇市场 3 天的成交量就会超过中国一年的 GDP 总额。

思维延伸

为什么外汇市场会如此活跃？外汇市场波动又意味着什么？

1. 外汇

外汇是国外汇兑（foreign exchange）的简称，"汇"表示用外币或该国货币兑换的票据，而"兑"有凭票支付或领取现款之意。外汇是国际贸易的产物，商品买卖是以货币购买商品，而外汇交易则是以一种货币购买另一种货币。这也就产生了一国货币可兑换多少外币的问题。按照国际惯例，各国的货币名称通常用 3 个英文字母表示，例如人民币是 CNY——注意了，并非许多人所以为的 RMB！美元是 USD，英镑是 GBP，日元是 JPY 等。

2. 外汇的汇兑关系

一国货币同另一国货币的兑换比率就叫作汇率。如果把外国货币当作商品，汇率就是买卖外汇的价格。以人民币兑美元为例，2020 年 8 月 24 日，人民币兑美元的中间价就表示为 6.912 4，即 1 美元可以兑换 6.912 4 元人民币。汇率中最小的报价单位通常被称为一个汇价基点，简称一个"基点"或一个"点"。当欧元兑美元汇率由 1.280 0 升至 1.290 0 时，通常就称作欧元对美元上涨 100 点或美元对欧元下跌 100 点。

思维延伸

汇率大小是由什么因素决定的？我们为什么要用 6.912 4 的价格去购买 1 美元？

确定不同货币的比价首先需要确定用哪个国家的货币作为标准，目前国际上有三种标价法，分别是直接标价法、间接标价法和美元标价法。

直接标价法，是为了购买一单位国外货币所应当支付的本国货币的数量，包括中国在内的大多数国家目前都在采用此种方法。相对应的，间接标价法，就是卖出一单位的本国货币应当收回的国外货币单位数。少数发达国家和地区如美国、英国、澳大利亚、欧盟等采用间接标价法。举例来说，直接标价法下，人民币兑美元汇率是 1 美元 = 6.912 4 人民币，汇率上升意味着人民币贬值，美元升值；而间接标价法下，人民币兑美元汇率是 1 人民币 = 0.144 7 美元，汇率上升则表示人民币升值，美元贬值。

最后，美元标价法是以一单位的美元为基准折合的其他国家货币单位的计价方法。由于美元在国际贸易计价、国际储备、交易货币、存放款等各方面所起到的重要作用，该方法也是目前国际金融市场上通行的标价法。

3. 外汇交易的游戏法则

在外汇市场中进行交易时，通常采用双向报价法。即报价者（quoting party）——一般是银行或经纪商，同时向客户报出买入汇率（bid rate）和卖出汇率（offer rate）。买入汇率也称买入价，是指银行向同业或客户买入外汇时所使用的汇率，卖出汇率也称卖出价，是指银行向同业或客户卖出外汇时所使用的汇率。

这里买入和卖出都是从银行的角度出发的，银行会以便宜的价格买入外汇，以较高的价格卖出外汇，差价就是银行买卖外币的收益。例如中国银行买入价为 684.39，卖出价为 692.92。中间汇率是银行买入汇率与卖出汇率之间的平均汇率，常用于汇率分析，报刊、电视报道汇率也常常使用的是中间汇率。

三、外汇的魅力

外汇市场上有一个小故事，讲的是一个住在美国和墨西哥交界处的农夫，手头仅有 100 美元的积蓄，早上他花费 10 美元在美国的餐馆里享受一份早餐，拿着剩余的 90 美元前往墨西哥的银行按照 1∶3 的汇率换取 270 比索，然后拿出 30 比索解决自己的午餐，晚上他拿着剩下的 240 个比索回到美国，再以 1∶2.4 的比率换取 100 美元。这个故事有些理想，因为美元的汇率相对稳定，且汇率变动也

思考题

为什么主人公能够享受到免费的早餐和午餐？这个理想的案例不可能发生在现实中的原因是什么？

并非总是朝向有利于这位农夫的一面进行，但它告诉了我们通过外汇获利的基本原理。

通常情况下，外汇会随着一个国家的政治环境、经济环境、新闻因素、心理预期因素、中央银行的干预等变化而产生上下波动，有波动就会产生汇率间的差价，有差价就会带来获利空间。外汇作为一种双边交易，在货币处于高位时先卖出货币再在低位时买入可以获利，在货币处于低位时买入再在高位时卖出也可以获利。也就是说，只要投资者掌握好货币变动的方向，那么无论市场是涨还是跌都是可以赚钱的。

除此之外，外汇投资还具有以下一些优势。

1. 公平透明

外汇市场交易规模庞大，买卖的参与者有各国之间大小银行、中央银行、金融机构、进出口贸易商、企业的投资部门、基金公司甚至个人。与股票、期货等其他资产类别相比，外汇市场是当前世界上流动性最强的市场。外汇市场属于全球性的资本市场，各国中央银行都参与其中，现实中还没有哪一个财团具有操纵它的实力，所以不用担心外汇价格被机构操纵。

2. 每天 24 小时运行

各主要市场交易时间（北京时间）如下：威灵顿 04：00—13：00、悉尼 06：00—15：00、东京 08：00—15：30、香港 10：00—17：00、法兰克福 14：30—23：00、伦敦 15：30—00：30、纽约 21：00—04：00。不难看到，各个市场组成了 24 小时不间断的外汇交易市场，由东方至西方不间断地进行。就投资而言，几乎可在任何时刻，随时根据新的走势变化，进行外汇的买卖操作，投资者几乎每日都有获利机会。

3. 投资标的相对较少

全球超过 170 种不同货币组成了一个庞大的外汇市场，但外汇主要投资标的就在于几大主要货币，投资者只需要在不同市场背景下关注对应货币即可。一般来说，美元是全球硬通货，全世界中央银行主要的外汇储备就是美元，全球的主要商品几乎都以美元计价，大多数的国际贸易是以美元进行交易。当资金寻求安全避风港时，美元也通常是首选。

4. 易学难精

外汇投资是一个门槛低同时又门槛高的领域。门槛低，是指外汇投资仅需要数百美元即可交易，货币作为一种常见的"生活必需品"，投资者对其了解程度较高，上手容易。门槛高，是指外汇投资易学难精。影响汇率走势的因素纷繁复杂，包括各国央行政策、军事事件、国际关系、领导人言论等，其中奥妙往往会吸引投资者钻研一生。

四、外汇风险的种类和管理

外汇风险又叫汇率风险，是指在不同货币的兑换或折算中，因汇率在一定时间内发生变动导致的收益或损失的可能性。从事对外经济贸易、投资的公司、组织、个人或是国家外汇储备管理机构，手头持有大量外币表示的资产或负债等，在国际收付结算中就会面临汇率变动带来的外汇风险。

思考题

一位学生自费前往美国攻读硕士学位，每年需要缴纳四五万美元学费且缴费时间比较集中。面对不稳定的汇率波动，他应当如何有效控制汇率风险？

既然企业或个人等持有的外币资产和负债都存在因汇率变动带来损失的可能性，那么是否所有的外币资产和负债都要承担外汇风险呢？答案是否定的。事实上，只有"超买超卖"的部分，即常被称为"敞口""风险头寸"的部分才是真正的外汇风险对象。倘若你某日需要支付一笔 1 000 美元的订单，但同时另外有人支付给你一笔 1 000 美元的货款，那么美元和人民币的汇率变动将不会对你产生任何影响。

1. 外汇风险的种类

根据外汇风险的作用对象及表现形式，可以将其划分为以下四大类：外汇交易风险、外汇折算风险、经济风险和国家风险。外汇交易风险是指对未了的债权、债务进行事后的交割清算时出现的风险。这些债权、债务在汇率变动之前就已经发生，但经历了汇率变动之后才进行结算，存在于应收款项和所有货币负债项目中，它是一种最常见的外汇风险。由于汇率一直处于变化之中，选用不同时点的汇率往往会产生很大的账面损益，这种汇率波动造成的会计账面损益就被称为"评价风险"或"外汇折算风险"。经济风险是指外汇汇率变动使企业在未来特定时期的收益发生变化的可能性。例如，当一国货币贬值时，可能刺激出口使企业出口额增加而增加收入，但对于某些可能需要使用进口品为原材料进行生产的企业，本币贬值造成的生产成本大幅增加也可能导致其收入减少。国家风险也叫政治风险，当汇率变动不利于一国的对外贸易或国民经济增长时，该国可能会实施某种程度的外汇管制，企业也就难以在外汇市场上进行外汇交易，可能造成的外汇损失就属于国家风险的一种。

思考题

　　暑期出境旅游高峰来临，难免会涉及货币兑换以及境外消费问题。2019年8月7日，某网站发布最新"汇率旅游排行榜"，该排行榜这样排序的依据是什么？不考虑其他因素，去哪个国家更省钱呢？

汇率旅游排行榜

排名	到达国家	币种	汇率涨幅	出行人数同比变化	人均消费
1	阿根廷	阿根廷比索	-37.74%	13%	￥10 281.98
2	冰岛	冰岛克朗	-9.55%	60%	￥13 764.96
3	澳大利亚	澳元	-7.24%	24%	￥4 401.78
4	斯里兰卡	斯里兰卡卢比	-6.98%	-72%	￥2 857.86
5	挪威	挪威克朗	-5.03%	84%	￥9 482.81

2. 如何控制风险

　　目前我国的汇率制度采用参考"一篮子货币"的方式确定人民币外汇价格。近年来，人民币相对欧元、英镑、美元、加币、澳元及其他货币组成的货币篮子并没有显著升值，保持了相对平稳。

在国际投资中，我们可借鉴部分国家管理外汇储备的经验，根据双边贸易量，利用数学模型估算和追踪实际汇率篮子的比重，通过不同币种的各国政府短期票据或外汇衍生品，实现组合外汇权重配置管理，使资产在进行配置时，整个组合的币种配置贴近人民币参考的外汇篮子，最大程度缓解人民币名义汇率波动对基金净值的影响。

对于普通人来说，可以选择买卖的币种、时间和金额，自己管理自己的头寸。尽管很多投资者带着满满的自信和满腔的赚钱欲望投入市场，但现实往往把很多人通过炒汇实现的财富自由梦想打翻在地。

同证券市场一样，外汇风险管理者可分为基本面分析和技术面分析两大门派。购买力平价理论、国际收支模式、国际资金流动、资本市场模式以及种种可能影响外汇变动的因素都是基本面分析中常常用到的分析方法，而技术面推崇者往往利用 K 线图、趋势线、趋向指标等判断外汇走势从而进行交易。

五、外汇投资理念和要点

在外汇市场，即便所有国家经济均伴随时间的增长而发生不同程度的增长，但由于汇率是一个相对指标，我们依旧难以预判比率的变化。事实上，外汇投资在生活当中的运用，更多是一种避险工具，即作为投资组合为分散风险而进行资产配置，为手头的外汇资产或负债进行风险对冲。

（一）外汇市场基本的经济功能

第一，作为全球化资产配置的方式。全球资产配置优于单一国家市场配置，这已经被无数学术研究、行业实践所证实。从投资的角度来说，绝大部分中国人的资产和风险都集中在人民币上，因此分散一部分资金至非人民币的资产，是管理投资风险的有效手段。

第二，为手头的外汇资产或负债进行风险对冲。假设有一家国际贸易公司，下个月需要从美国采购一批物料，但是又预计下个月美元会上涨，那它要如何来尽量避免因此而产生的风险呢？这个时候，该公司就可以去外汇市场买入美元兑人民币的外汇期货合约。如果美元汇率上涨，物料费用更多，但同时外汇交易中也可以获利，可以用在外汇交易中的盈利去填补物料费用上涨带来的亏损；如果汇率下降，尽管外汇市场上亏损，但同时物料费用降低，期货亏损也可以用现实交易中的盈利去填补。这样，这家贸易公司在外汇市场建立头寸的那一刻，就相当于已经确定了自己的汇率，不用操心汇率变化的问题。本质上，这家贸易公司把预测汇率的任务，外包给了外汇市场里专业的风险承担者们。

（二）外汇投资要点

外汇市场的投机成分来自汇率的波动，在一定程度上也可以说是由外汇市场本身并不创造价值引起的。但是进行外汇投资需要注意一些问题，才能控制风险。

1. 外汇交易的合法性

如果去百度上以"炒外汇""外汇投资"作为关键词进行搜索就会发现，网站将置顶提示"目前通过网络平台提供、参与外汇保证金交易均属非法。请提高防范意识，谨防财产损失"。目前，中国人民银行、中国银行保险监督管理委员会、中国证券监督管理委员会、国家外汇管理局及其分支机构未批准任何机构在境内开展或代理开展外汇按金业务。

有人可能要质疑说，既然外汇保证金交易非法，为何我国多个银行也开展了外汇买卖业务？事实上，截至目前，工、农、中、建、交等多家银行都推出了面向个人、适于大众投资

> **思维延伸**
>
> "外汇宝"是银行理财吗？购买或者交易"外汇宝"应该注意什么？

者参与的个人外汇买卖业务，如中国银行的"外汇宝"、中国工商银行的"汇市通"等。但需要注意的是，该种外汇交易，是指个人委托银行，参照国际外汇市场实时汇率，将一种外币买卖成另一种外币的交易行为，因此也被称为实盘交易。我国银行交易不具备保证金交易的卖空机制和融资杠杆机制。再加上每个人每年 5 万美元的额度限制，客户波动盈亏浮动也相对较小。

2. 选择合规交易商

外汇交易商（foreign exchange dealer）是指买卖外国汇票的交易公司或个人，多数是信托公司、银行等兼营机构，也有专门经营这种业务的公司和个人。那么如何甄选合规的外汇交易商呢？答案是查询监管号。合规的外汇交易商，也就是受监管的交易商，该方式下客户所交易的订单直接进入银行和市场。目前全球主要的外汇交易商受四大监管机构监管：英国金融服务监管局、美国商品期货交易委员会、美国全国期货协会和澳大利亚证券和投资委员会。

除此之外，平台成立年份及公司背景也可成为辅助我们判断的依据。一般来说，平台历史越悠久，越说明其经受住了市场长久的考验，也就越安全。而考察公司背景如大股东情况，也是为了确保该平台的资金充足，有足够的能力抵抗对赌风险。

3. 理性选择杠杆大小

据新闻报道，2019 年 6 月，上海一对情侣凌晨坠楼身亡。据称，事件中两位当事人此前炒外汇一向颇为成功，甚至以父母的卖房款、动迁款作为本金投入外汇市场，后遇挫爆仓，

> **思维延伸**
> 为什么有人炒期货会倾家荡产？如何正确看待期货投资的风险？

亏损 900 万，最终选择了自杀。这对情侣遭遇爆仓的具体原因可能很复杂，但整体离不开两种可能性：一种是，其交易的平台本身就是虚拟盘，他们上当受骗了；另一种是，交易的平台是真实的，但他们没有把握好杠杆风险。

要明白杠杆的重要性和危险性，就要先回答三个问题：第一个问题，杠杆跟保证金的关系是怎样的？假设开立一个 2 000 美元的账户，欧元现价 1.107 3，200 倍杠杆和 400 倍杠杆下分别做一手（一张标准合约价值是 10 万美元，称为"一手"），前者需要保证金：$1.107\ 3\times\dfrac{100\ 000}{200}=553.65$，后者需要保证金：$1.107\ 3\times\dfrac{100\ 000}{400}=276.825$。也就是说，杠杆越大，占用保证金金额也就越小。

第二个问题，杠杆跟盈亏的关系。在外汇市场中，一张标准合约价值是 10 万美元，那么一个点的价值就是 $100\ 000\times0.000\ 1=10$，所以无论投资人是 200 倍杠杆还是 400 倍杠杆，1 张标准合约的 1 个点都是 10 美元，并不会随着杠杆的变化而发生变化。但不同杠杆下投资者初始可投入资金不同，杠杆越大，需要的初始资金越低，因而收益率（或亏损率）也就越高。

第三个问题，杠杆跟爆仓风险的关系。当可用保证金为零时，账户将被强制平仓。200 倍杠杆和 400 倍杠杆下可用保证金分别为 $2\ 000-553.65=1\ 446.35$ 和 $2\ 000-276.825=1\ 723.175$，这也是该投资者此时至多能够承受的亏损。试想一下，当欧元的走势与客户本身判断的趋势相反，或者说受到市场冲击较大，投资者就将面临爆仓的风险。此时，200 倍杠杆下能经受得住 144 个点，而 400 倍杠杆下可以经受得住 172 个点。因此，在同等仓位的情况下，杠杆越大，保证金越低，面临的风险也就越低。但另一方面，由于在大杠杆下所需要的保证金少，在心理的作用下，投资者很容易就会加大仓位甚至是重仓进行交易。在 400 倍杠杆下，投资者可能会利用资金买入两手，更加容易爆仓，风险也就越大，而 200 倍杠杆时，这种事情是不会发生的。

4. 做好资金管理

如果把外汇投资视作一场资本市场上的调兵遣将，那么调拨多少兵力、如何部署、如何相机调整都是一位军事将领必须慎重考虑的事情。资金管理是指资金的配置问题，包括投资组合的设计、整体账户风险承受度、每笔交易初始风险承受度、交易规模的设定、如何进行仓位调整等各个方面。尽管每一个人都知道交易的金额超过自己能承受的范围是一件愚蠢的事情，但这种事情在投资过程中还是时有发生。

下面介绍几种资金管理的原则和方法。

外汇交易中初始资金的1%原则，是指每笔交易最多只能承担交易账户资金金额1%的风险。假设一个外汇投资者有10万元的总资金，那么他每笔交易能承担的最大损失为100 000×1%＝1 000元，也就是风险上限。当损失达到1 000元，终止交易，根据行情发展再择机展开交易。

金字塔形仓位管理法，就是初始进场的资金量比较大，后市如果行情按相反方向运行，则不再加仓；如果方向一致，则逐步加仓，加仓比例越来越小。漏斗形仓位管理法，就是初始进场资金量比较小，仓位较轻，若行情按相反方向运行，后市逐步加仓，进而摊薄成本，加仓比例越来越大。矩形仓位管理法是初次建仓时，进场的资金量占总资金的固定比例，若行情按相反方向发展，以后逐步加仓，降低成本，且加仓都遵循这个固定比例。

六、外汇交易的分类

外汇交易根据交易时间、交易形式、交易合同等方面的不同，可以分为四类，包括即期外汇交易、远期外汇交易、外汇期货交易和外汇期权交易。

1. 即期外汇交易

即期外汇交易也称现汇交易，指的是外汇市场上买卖双方成交后，在当天或第二个营业日办理交割的外汇交易形式。它是外汇市场上最常用的一种交易方式，交易额也占到了外汇交易总额的大部分。需要注意的是，"即期"不等于"即刻"，即期交易并非即刻结算支付，而是根据双方约定的汇率在成交之后的两个工作日内结算。

即期外汇交易主要承担以下功能：一是满足客户临时性的支付需要。二是帮助客户调整手中外币的币种结构，从而帮助客户分担外汇风险。假如企业已知在两天后要支付一笔货款，承担较大的可能随着汇率上升带来的外汇风险，若企业判断汇率将大幅增长，或为避免三天后汇率的上升造成的外汇损失，企业可通过进行即期外汇交易，锁定现有的汇率，从而消除两日内汇率波动给企业带来的损失。但同时我们也可以看到，由于即期外汇交易只是将第三天交割的汇率提前固定下来，它的避险作用十分有限。

2. 远期外汇交易

远期外汇交易是指双方在成交后并不立即办理交割，而是事先约定币种、金额、交割时间等交易条件，到期进行实际交割的外汇交易。凡是交割日在成交两个营业日以后的外汇交易均属于远期外汇交易，最常见的远期外汇交易交割期限一般有 1 个月、2 个月、3 个月、6 个月、1 年。1 年期以上的则被称为超远期外汇买卖。

远期外汇交易的期限可以分为固定交割日和选择交割日。前者又被称为标准交割日的远期外汇交易，它是最常见的外汇交易类型。到交割日，按对方的要求将货币交割到对方指定

思维延伸

远期外汇交易在应对外汇波动风险上存在什么缺点？

的银行账户内。即便一方提前交割，另一方既没有提前交割的义务，也无需因对方提前交割而支付利息。但若有一方推迟交割，则必须向对方缴纳支付利息。选择交割日的远期外汇交易，具体交割的日期不确定，签订合同时只规定交易的数量和汇率。交易的一方可在成交日的第三天起的约定期限内的任何一个工作日要求交易对方按照双方约定的远期汇率进行交割。

3. 外汇期货交易

外汇期货是指交易双方在期货交易所内，通过公开叫价的方式，买

卖在未来某一标准清算日期交割一定数量外汇的标准化期货合约的交易。从本质上来说，外汇期货只是一种资产标的为外汇的期货，外汇期货合同跟远期外汇合同也很类似——双方约定在确定的日期按照确定的价格买进或卖出一定金额的指定货币。但是，两种产品在结构和组织上存在重大的差别。期货合约在有组织的交易所通过公开竞价的方式集合交割，交易接受美国商品期货交易委员会的监督；而远期合同是柜台交易，市场分散，监管方式多为自律形式，只受普通商业合同法和税法约束。这也就是为什么期货合约流动性大、交易范围广，而远期缺乏流动性、信用风险高。也正由于此特性，期货通常不等交割便转手易人，赚取的是差价；而远期不易转手，其持有通常是为了最终的交付。

4. 外汇期权交易

外汇期权的"权"，就是一种选择的权力，指的是期权买方在支付一定数额的期权费后，有权在约定的到期日按照双方事先约定的协定汇率和金额同期权卖方买卖约定的货币，同时也有不执行上述买卖合约的权力。

显而易见，如若合同规定的汇率为2.5，到期时市场实际汇率只为2.3，不行权反而能够给期权买方带来更大的收益，此时卖方也就乐得白赚一笔期权费；若到期时市场汇率为2.7，那么买方行权，卖方就必须按照2.5的合同汇率向其支付，作为自己趋势判断错误和收取期权费所应付出的代价。

再举个例子。当你看中一套当前标价100万元的房子，想买但担心房价会下跌，继续等待又怕房价持续上涨。如果房产商同意你以付2万元为条件，无论未来房价如何上涨，在3个月后你有权按100万元购买这套房，这就是期权。如果3个月后的房价为120万元，你可以以100万元的价格买入，120万元的市价卖出，扣除2万元的支出，净赚18万元；如果3个月后房价跌到95万元，你可以不行权，按95万元的市价买入，加上2万元的费用，总支出97万元，以95万元市价卖出后亏损2万元。

因此，期权是指期权合约的买方具有在未来某一特定日期或未来一段时间内，以约定的价格向期权合约的卖方购买或出售约定数量的特定标的物的权利。买方拥有的是权利而不是义务，他可以履行或不履行合约所赋予的权利。

七、外汇交易指南

在日趋国际化的今天，有出国留学打算的学生不在少数。但是据了解，拿外钞现钞做出国留学汇款的家长不在少数。这主要是由于很多人不了解外汇与外钞的区别。根据国家外汇管理的有关规定，现钞是不能随意换成现汇的。现钞通常指外币的钞票或以钞票存入银行所生成的存款。现汇主要是指以支票、汇款、托收等结算方式取得并形成的银行存款。由于汇往国外需要的是现汇，在银行换汇得到的才是外汇。所以手上持有的如果是外钞现金，现钞汇款到国外，除了要收取手续费及电汇费用外，还将按汇款的千分之一（上不封顶）向银行额外多交一笔手续费。

对于有购汇支付留学费用汇款国外的需求的客户来说，除了要注意通过正规渠道办理之外，还要知道，不同银行外汇牌价有固定、浮动之别。目前中国银行的外汇牌价是实时更新（9 秒一变），分为买入价、卖出价和中间价，客户购汇的价格就是卖出价。如根据牌价显示，澳元的最新卖出价是 420.13，就是说，若客户想购买 100 澳元，需要支付420.13 元人民币，无须支付其他任何费用。但有的银行实行固定牌价制度，即每天早上给出一个固定牌价。浮动牌价与固定牌价各有利弊，如果当天外币汇价下跌，按浮动的牌价购汇可以省钱，如果当天外币汇价上涨，当然按固定的牌价购汇就更省钱。特别是购汇金额比较大时，换汇之前应该先看看苗头。一般来说，各家银行同一时间，同一个币种报价都有高低的差别，想换汇的客户可以平时多打听查看各家银行的报价，尽量选择报价低的银行办理换汇业务。

案例讨论

经过前文的介绍，相信读者已经对外汇的知识和常识有了一定的了解，也明白了各类外汇交易的风险性。接下来的案例将会使读者对外汇交易有更加直观的认识，并学习到一些外汇投资的经验。

兰迪·麦克的外汇投资经验[①]

兰迪·麦克是外汇投资高手，具有较为传奇的成长和投资经历。大学二年级，麦克迷上桥牌，白天黑夜地玩牌，结果6门功课不及格。麦克辍学从军，被送往越南战场。在那里，麦克经受了严格的纪律训练，并学会了生存保护。他同时还成为和平主义者。1970年回国后，麦克继续求学，他哥哥为他在芝加哥交易所找到一份临时工，他开始接触期货。

当时芝加哥交易所的一个席位值10万美元，但为吸引投资者，外汇交易厅的席位只卖1万美元，并且免费赠送每个现有交易所会员一个席位。麦克的哥哥把他的免费席位转送给了弟弟，还借给他5 000美元。麦克将3 000美元存进银行作为生活费，另外2 000美元拿来做外汇期货。当时麦克对外汇的了解非常有限，看到别人买马克，他就跟着去买瑞士法郎，没事时就下棋玩，就这样第一年居然赚了7万美元。

1976年，英国政府担心英镑升值会导致进口过多，宣布不允许英镑涨到1.72美元之上。当时英镑本来在1.6美元左右徘徊，消息一经传出，却出人意料地一下子猛涨到1.72美元。以后每到这个点都反弹，但越弹越少。大部分人都在盘算，英国政府不让英镑超过1.72美元，所以在这一点做空头应该是没有风险的。

麦克却另有打算：既然英国政府态度如此明确都压不住英镑的涨势，那么说明内在需求很旺，市场实际上是涨停板。这可能是一次千载

---

① 选自新浪网《外汇市场名家高手经验谈系列》（转自：《扬子晚报》）。

难逢的机会。在此之前，麦克最多只做三四十张单，这一次却一下子进了两百张买单。尽管心里很自信，但他也怕得要死，因为这么多单子稍一反走就会完蛋。麦克连着几天夜不安寝，早上 5 点钟就起床向银行询问报价。一天早上，他听到银行报价：英镑 1.725 0 美元。他以为对方报错了，等再一次核实后他欣喜若狂。三个月后他平仓出场。这一次交易麦克净赚 130 万美元。

麦克另一得意之作是 20 世纪 80 年代初抛空加拿大元，从 85 美分一路抛到 67 美元，前后达 5 年之久，进单量 1 500 张，赢利数百万美元。这几年，加拿大政府虽然多次干预支撑加元，但总是半心半意，直到有一天加拿大总理马尔罗尼气愤地说：我们不能任凭芝加哥的投机商决定我们的币值。市场自此逆转，麦克也及时出场。

麦克也有走麦城的时候。1978 年 11 月卡特宣布挽救美元计划时，麦克正好手头有大量外币买单。但头两天他从市场的力道看出涨势在衰退，所以平掉了所有马克买单，只剩下英镑。得知消息后第 2 天，一开市外币就大跌，期货很快便到跌停板。麦克赶紧到现货市场平单，亏损 1 800 点，损失 150 万美元。另外还有一次更大的损失也是做加元。20 世纪 80 年代末加元一路上扬，麦克追势进单，一共吃进 2 500 张买单，本来是赚了 200 万美元。时值加拿大大选，在一次辩论会上，本来遥遥领先的现任总理吃了大亏，民意测验突然大跌 16 点，结果加元大幅下跌，等麦克受不了压力砍单出场时整整赔了 700 万美元。

案例思考：

通过了解兰迪·麦克外汇期货投资案例，你认为外汇期货降低还是放大了外汇波动风险？外汇波动会受到哪些因素的影响？我们可以从兰迪·麦克的投资经历中学习到哪些投资经验？

小结

本讲介绍了外汇的相关知识点。通过本讲的学习，读者可以了解外汇的历史背景和外汇的特征，包括公平透明、全天候交易等。外汇投资具有相对较少的投资标的，但易学难精，存在多种风险，包括外汇交易风险、外汇折算风险、经济风险和国家风险等。本讲还简要介绍了留学购汇的相关知识。本讲关于外汇概念、特征、种类以及投资和交易方面的知识可以为读者今后的外汇理财提供一定的指导。

第 **12** 讲

未雨先绸缪：如何安排生活与投资中的风险管理？

人生的每个阶段都可能面临各种各样的风险，例如疾病、事故、财产毁损、失业、投资损失等。这些风险会侵蚀我们的财富，影响我们的生活水平。如何尽可能规避风险，降低风险给生活带来的损失是与我们每个人都息息相关的重要课题。本讲将重点介绍基本的保险工具和金融衍生工具，通过本讲的学习，你将会学到如何利用保险工具和金融衍生工具规避风险，为自己的生活提供保障。

测试

1. 你对待风险的态度是_____。

　　A. 厌恶风险

　　B. 害怕风险

　　C. 理性对待

　　D. 喜欢风险

2. 出去游玩，你会如何防范意外的发生_____。

　　A. 不去危险的地方

　　B. 收集信息，了解风险有哪些

　　C. 购买保险

　　D. 结伴游玩

3. 你购买过哪些保险合同_____。

　　A. 人身意外险

　　B. 健康保险

　　C. 养老保险

　　D. 其他保险

4. 以下哪个不是金融衍生工具_____。

　　A. 期货

　　B. 期权

　　C. 贵金属交易

　　D. 远期合同

一、风险的基本特征与分类

　　首先我们要认识风险，了解风险产生的原因，才能进行有效的风险管理。风险是指损失发生的不确定性，这种不确定性包括时间上的不确定性、空间上的不确定性和损失程度上的不确定性。

　　风险是指某种特定的危险事件（事故或意外事件）发生的可能性。风险具有客观性、可测性和可变性等基本特征。客观性是指各种自然灾害

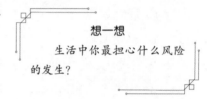

想一想
生活中你最担心什么风险的发生？

属于按照自然规律运行的客观现象，是人类不可抗拒的风险；各种人为事故可以通过加强风险管理得以减轻，但无论如何也不可能完全消灭它。可测性是指利用概率论和数理统计，可以测算出风险事故的发生概率和损失幅度。可变性主要表现在风险的性质可变、发生的概率和损失幅度可变、风险的种类可变。

　　根据发生的对象分类，风险可以分为财产风险、人身风险、责任风险和信用风险。其中，财产风险是指财产损失的不确定性，既可以是自然灾害，如火灾、雷电、台风等带来的财产损失，也可以是人为因素，如盗窃、抢劫等造成的财产损失。人身风险是人的衰老、疾病、伤残和死亡等因素造成的损失。责任风险是指企业或个人因为承担责任可能面临的风险，如公众责任风险、雇主责任风险、产品责任风险和职业责任风险等。信用风险是指在金融信用体系下存在的不确定性损失，如商业信用损失、银行信用损失等。

二、风险管理的基本方法

　　风险具有可测性，因此可以通过统计学知识对风险大小进行分析，进而采取措施展开风险管理活动。

从控制风险的角度出发，可以采用风险回避、损失控制和风险隔离等方法。风险回避是主动放弃某项活动，以达到避免因从事该活动可能导致的损失的目的。损失控制是通过降低损失频率和减少损失幅度来减少期望损失成本的方法。风险隔离是指尽量把风险单位进行分割或复制，尽量减少经济单位对某种特殊资产、设备或个人的依赖性，以此来减少因个别设备或个别人员遭受意外事故而造成的总体上的损失。

另外，还可以通过财务手段将风险转移出去，降低自身损失，主要途径有自留风险、保险和非保险方式的风险转移等。自留风险是指面临风险的企业或单位自己承担风险，并做好相应的资金安排，包括把损失摊入生产成本、建立意外损失基金和建立专业自保公司。保险是风险的财务转移机制，即以小额的固定支出，换取对未来不确定性的巨大风险损失的补偿，使风险损害后果得以消化和减轻。非保险方式的风险转移是以合同的形式，将损失发生的经济后果转嫁给他人，如合同、租赁和转移责任条款等。

我们可以根据风险的发生概率和损失程度来选择不同的风险管理方法。具体方式可以参照表 12.1。

表 12.1 风险管理方法选择参考

风险发生概率	损失程度	风险管理方法
低	小	自留风险
高	小	损失控制
低	大	保险
高	大	风险回避

思维延伸
如何看待极限运动中存在的风险？如何管理和应对相关风险？

需要说明的是，保险通常仅适用于发生可能性小，损失程度大的风险。如果风险发生可能性大，损失程度也大，保险公司一般不承保。那么这类风险就往往需要借助于金融产品来规避。

可保风险是保险市场可以接受的风险，或者说可以向保险公司转嫁的风险。可保风险必须是纯粹风险。

那保险公司愿意保障的风险有什么特点呢？①经济可行性。对投保人来说，只有在可能发生的损失达到无法承受时才能产生保险需求；对保险公司来说，损失发生的概率必须是很低的，如此风险才能分散。②风险必须是大量的、同质的和可测的。损失的概率能够被准确预测，而大量的同质的风险的存在又是准确预测风险损失概率的必备条件。③损失必须是意外的、被保险人无法控制的。风险不能在预料之中，不能是必然发生的；事件在被保险人的控制下也是不可保的。④损失必须是确定的和可测量的。损失必须在时间上和地点可以被确定，在数量上可以用货币测量。

三、保险的基本常识

保险是一种花钱转移风险的投资理财工具。财富积累不容易，谁都希望自己的财富不断增长，然而现实生活中有太多的风险，使我们即使拥有财富也不能安枕无忧。意外的灾祸、生意失败、对手的陷阱，加之有时亲人的失误，都可能导致到最后真正属于自己的财产少之又少，让我们的人生陷入困境之中。

保险，是一份资产，在财富遭遇不测时，保单不会受影响，可以完整保留，使辛苦积累的财产不至于一夜间化为乌有，借此也可以东山再起。

（一）保险的内涵和构成要素

我们通常看得到的保险都是以合同形式呈现的，即保险是指投保人根据合同约定，向保险人支付保险费，保险人对于合同约定的可能发生的事故因其发生所造成的财产损失承担赔偿保险全责任，或者当被保险人死亡、伤残、疾病或达到合同约定的年龄、期限时，承担给付保险金责任的商业保险行为。

保险是集合同类风险单位以分摊损失的一项经济制度。被保险人与保险人之间是一种商品交换关系；被保险人之间体现的是国民收入再分配关系。保险是一种合同行为。保险合同确立了投保人与保险人之间的权利义务关系。保险是一方同意补偿另一方损失的契约，是一种在约定的事故发生时立即生效的债权凭证。保险是一种风险转移机制。通过参加保险，将风险转移给保险公司，保险公司借助众多经济单位的财力对遭受损失的被保险人做出补偿。

（二）保险的必要性

人生中风险无处不在，而保险可以有效帮助我们规避这些风险。以下从四个方面来列举保险的必要性。

思维延伸
你购买过哪些保险？未来会购买哪些保险？

1. 医疗

家庭的医疗开支，是由家庭成员的健康状况来决定的。伴随着医疗费用的不断上升，医疗开支已成为家庭沉重的负担。

2. 教育

面对竞争激烈的社会，保险可提早以较少支出保证子女日后必不可少的教育经费。它既可以充作孩子的教育基金、成长费用，也可以为孩子踏入社会、成家立业奠定基础。当遇到重大变故时，它能在一定程度上保证孩子继续受到良好的教育。

3. 养老

随着医疗技术的发展，人的寿命越来越长，退休后将迎接数十年小心翼翼的花钱时间，把现在收入的一部分用作养老保险的规划，可以为退休后的老年生活增加一份保障。

4. 意外

日常生活中出现一些意外是难免的，这正反映了风险发生的时间、程度的不确定性，风险有时会像重锤般落下来。既然不知风险何时降临，除了担心外更应该做好准备，拥有充分保障。

四、保险合同

保险合同（insurance contract）是由保险关系双方当事人签订的具有法律约束力的协议，也称保险契约。保险合同可以明确保险关系双方当事人的权利和义务，是产生保险关系、实现保险保障的依据。既然保险有那么多功能，那我们就需要了解保险合同里面都约定了哪些内容，以便在购买保险时擦亮眼睛。

（一）保险合同的基本特征

第一，保险合同是保障合同。作为有偿合同，保险人提供给保费支付人的利益是经济保障。第二，保险合同是附和合同。由保险公司提供合同的内容，投保人只能对合同内容选择

思维延伸

你购买保险时仔细阅读过合同吗？你认为合同中哪些条款是需要特别注意的？

接受或不接受，不能对合同的内容进行修订。因此，在投保之前一定要认真阅读合同条款，必要时需要向保险代理人咨询相关条款内容。第三，保险合同是射幸合同，保险合同的效果在订约时不能确定。就每个保险合同而言，倘若在保险合同存续期间发生保险事故，被保险人获得的补偿可以远远大于其所缴纳的保险费；反之如无事发生，则只缴纳保险费，而不能获得任何补偿。第四，保险合同是双务合同。保险当事人双方相互享有权利，同时也相互承担义务。一方享有的权利正是另一方的义务。第五，保险合同是要式合同。必须采取特定的形式履行特定的程序才能成立。

（二）保险合同的各利益关系人

保险人（insurer）：是指与投保人订立保险合同，并承担赔偿或给付保险金义务的保险公司。保险人要具备法定资格，且必须以自己的名

义订立保险合同，需要依照保险合同承担保险责任。

投保人（applicant）：是指对于保险标的具有保险利益，与保险人签订保险合同，并承担交付保险费义务的自然人或法人。投保人需要具有民事权利能力和民事行为能力，须对保险标的具有保险利益。投保人与保险人订立保险合同后应当并按约定交付保险费。

被保险人（insured，assured）：是指其财产、人身享受保险合同保障，即享有保险金请求权的自然人或法人。

受益人（beneficiary）：是指在人身保险合同中，由投保人或被保险人指定的享有保险金请求权的人。

（三）保险合同的基本内容

一项保险合同应当具有以下内容。

1. 保险责任

保险责任是保险合同中约定的保险人承担的风险项目。包括事故的原因和后果。

2. 责任免除

责任免除是保险合同中约定的保险人不予承担的风险项目。包括事故的原因和后果。

3. 保险金额

保险金额是保险合同中约定的保险保障的货币额度，是计算保险费的依据，也是保险人履行赔偿责任的最高限额。

4. 保险费与保险费率

保险费是投保人支付给保险人使其承担相应保险责任的费用。保险费=纯保费+附加保费。保险费率是每一单位保险金额的保险费的计收标准，又称保险价格。通常以每百元、每千元保险金额应缴的保险费表示。保险费=保险金额×保险费率。

5. 免赔额（率）

免赔额（率）是指保险人要求投保人自行承担部分损失的一种方法。其实践意义在于可以减少发生频率较高的小额索赔的处理成本，同时有助于减少道德风险和逆向选择。

（四）保险合同的分类

根据业务性质，保险合同分为补偿性合同和给付性合同。补偿性合同是建立在补偿保险客户的保险利益损失基础上的保险合同，是专就财产保险合同而言的；给付性合同是保障遭受不幸事故的被保险人及其家属获得物质上的帮助和经济上的支持的保险合同，是专就人身保险合同而言的。

根据是否约定保险价值，保险合同分为定值保险合同和不定值保险合同。定值保险合同是指保险人和被保险人双方共同约定保险标的价值的合同。保险事故发生时，保险人按照事先约定的价值赔款（保险金额即为保险价值）。不定值保险合同是指不约定保险标的价值，仅列明保险金额作为赔偿的最高限额的合同。在发生保险事故需要确定赔款时，保险人才去确定保险价值。

根据每份合同中被保险人的人数，保险合同分为个人保险合同与团体保险合同。个人保险合同是指一份保险合同只承保一名被保险人的合同。团体保险合同是指一份保险合同承保一个机关、团体、事业单位的大多数成员作为被保险人的合同。

五、常用的金融衍生工具

如果说保险帮助我们对冲掉了重大的、难以预测的风险，那么金融衍生工具则可以帮助我们对冲掉一些可预见的但是难以掌控的风险。下面我们将带领大家了解一些常见的金融衍生工具及其通常的用途。

（一）金融衍生工具概述

金融衍生工具是指一种根据事先约定的事项进行支付的双边合约，其合约价格取决于或派生于原生金融工具的价格及其变化。金融衍生工具是相对于原生金融工具而言的。这些相关的或原生的金融工具一般指股票、债券、存单、货币等。

当风险来临时，有的人没有预料到，或者预料到也不知道如何规避，于是就选择自己承担；有的人则想办法把风险转嫁出去。这就是金融衍生工具诞生的最基本原因——规避风险。换句话说，金融衍生工具就是转嫁风险的各种合约。

举个例子：王老板觉得某只股票月底要涨到 20 元，但手头紧，又担心有钱后 20 元买不到。于是跟李老板签了合约：王老板保证，在 30 号以每股

案例思考
王老板要支付给李老板多少手续费呢？

20 元买入 10 手股票。然后交了保证金。到了 30 号，该股涨到了 25 元。但按合约规定，王老板可以每股 20 元买入 10 手。这就是王老板利用期货合约规避股价上涨风险的故事。也许有读者会问，李老板为什么肯帮王老板承担风险？其实每个人的风险判断和承受能力各不一样，对李老板来说，他担心的是股票价格下跌，而与王老板签订了该合约后，他不仅可以收取好处费（手续费），也将股价下跌的风险转嫁给了王老板。

（二）远期合约

远期合约（forward contract）是在未来某一约定时刻以约定的价格买卖某产品的合约。远期合约可以帮助交易者锁定未来的价格，规避价格波动的风险。比如，牧羊人和羊毛厂可以签订羊毛销售的远期合约，约定在未来等到羊毛长长了后以一个商量好的价格来剪羊毛。这样牧羊人就可以规避未来羊毛价格下跌的风险，而羊毛厂也可以规避未来羊毛价格上涨的风险。这时，交易的双方都能获利。

远期合约交易具有非标准性、场外交易、交易双方信息不对称和流动性较差等特点。非标准性主要体现在远期合约是交易双方根据自身需求签订的，并非提前规定好的。场外是指交易所之外，通常远期合约的交易并不在规范的交易市场中进行。远期合约交易不需要交保证金，违约风险较大。远期合约因为其交易标的物的特殊性，以及场外交易因素的影响，通常很难找到买卖双方以外的第三人转让交易。

（三）期货合约

前面我们提到远期合约是交易双方根据需求进行设计的，并且在场外进行，因此很难找到第三人转让交易。那么有没有可能很多人对同一种商品有着大量的交易需求呢？比如大豆、贵金属、石油等产品，往往同质化严重，并且在全球范围内总是存在交易需求的。对于这类商品，我们要想办法解决它们流通困难的问题。于是期货合约就应运而生。

1. 期货合约的概念

期货合约（future contract）是在期货交易所内进行交易的标准化合约，合约的主要内容还是约定在未来某一时刻交易合约中规定的特定数量的商品。但是与远期合约不同的是，远期合约是交易双方直接进行交易的，期货合约是在交易所内进行交易的，因此交易双方没必要知道交易的对手方是谁。同时，合约的内容是标准化的，也就是每份合约对交易标的物、交易时间、交易价格和交易数量都进行了严格的规定。期货合约的买卖双方无法自行决定每份合约的交易数量等内容。但交易双方可以根据需求买入或卖出特定数量的期货合约。

期货交易场内交易，也就是在期货交易所内进行交易。我国有四大期货交易所，分别是郑州商品期货交易所、大连商品期货交易所、上海期货交易所和中国金融期货交易所。四大期货交易所的交易商品范围也有所侧重。郑州商品期货交易所主要交易农产品期货；大连商品期货交易所主要交易农产品和工业品期货；上海期货交易所主要交易金属和能源化工期货；中国金融期货交易所主要交易股指和国债期货。

2. 期货交易的特征

第一，期货交易使用的是标准化合约。合约除价格外的其他要素都是标准化的，由交易所事先统一好，交易时无须再商定。交易双方唯一要做的是选择适合的合约，并就价格进行竞争。一般有 7 个方面的标准化条款。

交易单位：期货交易的交易单位（又称合约规模）固定，具体交易对象的数量固定，在交易中只能整数倍买卖合约。这能够使结算更加简便，也能够使流通更为快捷。

最小变动价位：即每次价格变动的最小幅度。正如股票交易一样，期货每次价格变动也有最小单位，合约最小变动幅度＝合约规模×标的物的最小价格变动。

每日价格波动限制：为防止过度损失或过度获利，对每日价格波动最大幅度做出限制，并实行涨跌停板制度。如美国长期国债期货合约每天价格波动幅度为不超过上个交易日结算价上下各 3 000 美元。

合约月份：合约交割月份，大多为 3 月、6 月、9 月、12 月。

交易时间：即各种合约每天的具体交易时间。不同的交易所有不同的交易时间，同一交易所不同的合约也有不同的交易时间。

最后交易日：即到期月份中的最后一个交易日。如果这一天仍不了结仓位的，将进行实物交割或现金结算。

交割：即期货合约实际交收的各项具体规定，如交割日、交割方式、交割地的规定。

第二，期货交易采取保证金制度。期货交易买方与卖方都要交纳保证金。期货保证金与证券现货保证金性质完全不同，现货保证金是定金，是价款的一部分；期货保证金是双方的履约保证，是用于承担价格变动风险的资金。

第三，期货交易使用每日结算无负债制度。当缴足初始保证金，买卖合约后，清算所逐日比照每天公布的结算价对未平仓合约进行盈亏核算，并逐项增减其保证金余额，也叫逐日盯市。保证金账户余额超过初始保证金部分可自行取走。有亏损第二天须补交追加保证金，否则交易所会强行平仓。

第四，期货交易采用对冲平仓制度。平仓（对冲）是指在交割日之前，采取与前一个操作相反的交易，以结束其手中持有的期货头寸（部位），避免实物交割，是了结期货头寸的常用手段。通常实物交割不到2%。

思维延伸

每日结算无负债制度增加还是降低了投资者风险？

3. 如何应用期货交易进行风险管理

先买进（或卖出）与现货数量相当但交易方向相反的期货合约，未来再通过对冲获利以抵偿现货价格变动带来的风险。传统的套期保值一般须遵循"数量相等、时间相同或相近、方向相反、品种相同"的原则。其原理是，受相同因素影响，期货价格与现货价格的变动趋势总是一致的，在期货合约买卖交易发生后，期货和现货的价格逐渐聚合，到期日二者价格相同。

先买入（卖出）期货合约，后卖出（买回）合约对冲原先买入合约的，叫作多头套期保值。多头套期保值适合回避现货价格上升的风险，空头套期保值适合回避价格下跌的风险。

（四）期权合约

简单来讲，期权（option）是一种选择权利，而非义务，并且这种权利是有价值的。而期权合同就是规定这一权利所属及价格的合约。

有记载的最早利用期权进行投机的是古希腊天文学家、哲学家泰利斯（Thales，公元前624—前546）。根据亚里士多德记载，泰利斯凭借自己星相方面的知识在冬天就知道来年的橄

思考题

假如你进入一家初创企业，公司现在正在进行一项员工期权计划，即本公司员工可以以2元/股的价格在5年后认购公司股票，但参与这项期权计划需要支付1元/股。在何种情况下你愿意参与该期权计划呢？

榄会丰收。他大量买进橄榄压榨设备的使用权，当时没有人与他竞争，因此价格非常低。第二年，橄榄果然大获丰收，对橄榄压榨设备的需求迅速上升，泰利斯通过出售期权合约获得了丰厚利润。

1. 看涨期权与看跌期权

现在我们假设一个娱乐公司签约场景。如果你在本年度校园歌手大赛中获得一等奖，被某知名娱乐公司星探发掘，邀请你去他们公司做艺人。该娱乐公司给你提供一份两年期合同，每年支付给你佣金 100 万元。同时提供一份附加合同，内容为：额外支付给你 20 万元，你需要承诺在本合同结束后，公司有权以每年 110 万元的价格续约两年。

在这个场景中，该娱乐公司为你提供的附加合同，就是一份期权合同。这份合同的标的物是未来以每年 110 万元的价格与你续约两年的权利。而这个续约的权利标价为 20 万元。在这次交易中，娱乐公司是合约的买方，而你是合约的卖方。你可以根据自己的实际情况选择是否以 20 万的价格卖掉未来为该娱乐公司以每年 110 万元的价格服务两年的义务。

为什么娱乐公司要邀请你签署这样一份额外的合同呢？这是因为娱乐公司认为你两年后的身价会上涨，超过 110 万元/年。娱乐公司就提前用 20 万元向你买下一项选择权，这样在两年后，如果你的身价超过了 110 万/年，娱乐公司就会选择行使要求你以 110 万元/年的薪资继续为其服务的权利。但是如果你两年后的身价低于 110 万元，娱乐公司就可以选择放弃这项权利，这样你就不能以 110 万元/年的薪酬为娱乐公司服务了。

而你何时会选择接受这份合约呢？如果你认为自己两年后会走红，身价超过 110 万元/年（不考虑货币的时间价值），显然理性的你不应该接受这份附加合约，因为接受这份合约意味着你未来可能损失更高额的报酬。但是如果你觉得自己两年后身价达不到 110 万/年呢？这个时候选择接受这份合约则对你来说更有优势。因为如果两年后你的身价真的没能达到 110 万/年，该娱乐公司会选择不与你续约，而你可以得到 20

万的期权费。

在这份合约中，娱乐公司提出的用 20 万元买入未来买入的权利，是建立在看好你的未来发展的基础上的，即娱乐公司对你的身价是看涨的。这就是一份看涨合约（call option），又叫作买方期权，即买方享有购买选择权。

同样地，假设你获得了校园歌手大赛第一名，一家知名娱乐公司与你签约两年，每年薪酬为 100 万元。但是由于你致力于进军娱乐圈，希望能够得到长期发展，因此你与娱乐公司进行谈判。你愿意降低每年的薪酬到 90 万元/年，但是两年合约期结束后，你有权利要求娱乐公司以 110 万元/年的价格再与你续约两年。即你希望与娱乐公司签订一份额外的合同，愿意以 20 万元的价格买入一项权利——两年后以 110 万元/年的价格与该娱乐公司续约两年的权利。

这个合约同样是一份期权合约，与上份期权合约不同的是，这次你是合约的买方，而娱乐公司是合约的卖方。合约的费用为 20 万元，合约的标的为你要求该娱乐公司两年后以 110 万元/年与你续约两年的权利。

这个时候娱乐公司会与你续约吗？这取决于娱乐公司对你未来身价的判断。如果娱乐公司认为你未来身价将超过 110 万元/年，将会很愿意与你订立这份合约。但是如果娱乐公司认为你未来身价无法超过 100 万元/年，就一定不会愿意与你订立这份合约。

而你又出于什么考虑提出与娱乐公司订立这份期权呢？我们要明确，在这份期权合约中你具有选择权，即如果两年后你的身价没有超过 110 万元/年，你有权要求娱乐公司按照约定价格续约。而如果你两年后的身价超过了 110 万元/年，你也可以选择放弃行使这项权利。因为，显然此时用市场价来定义自己更有利可图。由此可见，你提出购买此项选择权是出于一种"保底"考虑，即你对未来自己身价的预期并不是100%看好的，而是有一部分看跌的。这种卖方出于对未来不好的预期而购买未来以特定价格卖出标的物的期权就叫作看跌期权（put option），又称为卖方期权，即卖方享有购买选择权。

2. 期权需要具备哪些要素？

买方（buyer）：也称期权的多头方、持有方，是支付期权费，获得权利的一方。

卖方（seller，writer）：也称期权的立权者，是出售权利，得到期权费的一方。该方只有接受买方选择，交付或接受交付的义务。

期权费（premium，option price）：又称期权市值、保险金、权利金、期权成本等，是买方支付给卖方购买权利的费用。期权合约中唯一的变量，即期权合约的价格。期权费多少取决于合约的性质、到期月份、敲定价格等因素。

协定价格（strike price，exercise price）：也称敲定价格，即事先确定的标的资产或期货合约的交易价格。场内场外交易协定价格确定方式不同。

到期日（expiration date）：也叫最后交易日，期权购买者在该日再不做对冲交易，则他要么放弃期权，要么在规定的时间内执行期权。与现货期权不同，期货期权的到期日应先于其标的期货合约的最后交易日。

履约日（exercise date）：是由期权合约所规定的，期权购买者可以实际执行该期权的日期。期权有欧式期权和美式期权之分，欧式期权的履约日与到期日一致。

3. 期权可以用来干什么？

期权具有套期保值功能。期权可以通过付出一部分的对价（期权费）来消除未来的不利风险，保留未来的有利风险。这一点和保险有一些类似。

期权还具有投机功能。期权是用期权费购入一项选择权，而期权费往往仅占期货标的总价值的很小一部分。投入的期权费很容易全部亏损，当然也可能盈利极大。

4. 期权交易有什么规则？

第一，期权交易使用标准化合约。期权也属于场内交易的衍生工具。凡是在集中性的市场上上市的金融期权合约都是标准化的合约。在这些标准化合约中，交易单位、最小价格变动单位、每日价格波动限制、协定价格、合约月份、最后交易日、履约日等都由交易所作统一的规定。

第二，期权交易有头寸限制。是指交易所对每一账户所持有的期权合约头寸的最高限额。是为了防止某一投资者承受过大的风险或对市场有过大的操纵能力。不同的交易所有不同的头寸限制。有的限制持有合约的数量，有的限制合约的总值。

第三，期权交易有最后到期日与履约日。欧式期权到期日可以理解为就是履约日，美式期权到期日为期权有效期的最后期限，履约日是有效期内任一营业日。

第四，期权交易采用保证金制度。有保护的看涨期权的卖出方不需交初始保证金。卖出看涨期权者，若手上持有股票、票据、证券或同时持有同种股票的看涨期权，可用这些标的物保证卖权的兑现，属于有保护的买权；卖出看跌期权者，持有相同或更晚到期同种股票看跌期权，其敲定价高于或等于他卖出期权的敲定价，属于有保护的卖权。

5. 期权与期货有什么区别？

盈亏风险不同。期货交易双方的盈亏风险都无限；期权交易买方亏损有限，盈利可能无限，也可能有限，而期权卖方盈利有限，亏损可能无限。

合约的构成有所不同。期货是场内交易，合约载体是标的资产，交易变量是合约价格；期权大多是场外交易，合约载体多是期货合约本身，合约价格已敲定，交易变量是期权费。期货合约都是标准化的，而期权合约则不一定。

套期保值原理不同。期货套期保值能将不利与有利风险都转移出去，期权能将有利机会保留住。

买卖匹配不同。期货合约的买方到期必须买入标的资产，而期权合约的买方在到期日或到期前则有买入（看涨期权）或卖出（看跌期权）标的资产的权利。

案例讨论

接下来将会向读者介绍"原油宝"负油价事件，从这个案例中，可以进一步了解到国际期货业务中存在的巨大风险。

当中行"原油宝"遭遇负油价①

2020 年 4 月 20 日，WTI 原油期货 5 月合约价格狂跌 306%，收于 −37.63 美元/桶，正是负油价这一"黑天鹅"事件引发了中行原油宝的雪崩。负油价对投资人意味着什么？"如果一个客户以 30 美元一桶的价格买入了 5 月合约，强制平仓后每桶亏损高达 67.63 美元。加上银行收取的利差，大约每桶亏损 68 美元。"业内人士分析称。

中行于 2018 年 1 月开办"原油宝"产品，为境内个人客户提供挂钩境外原油期货的交易服务，不允许杠杆交易。按照一般投资人的理解，抄底实物资产，没有杠杆最多就是本金亏光，但在 WTI 原油期货 5 月合约跌至负值后，中国银行"原油宝"产品的投资人不但亏光本金，还欠了银行一大笔钱。据报道，一名原油宝投资者持仓均价 194.23 元，本金 388.46 万元，目前亏损 920.7 万元，倒欠银行 532.24 万元。

案例思考：

通过了解"原油宝"案例，你认为"原油宝"属于银行理财还是原油期货？二者的区别是什么？"原油宝"事件中银行和投资者需要汲取的教训有哪些？

---

① 摘引自《负油价"击穿"原油宝，有投资者倒欠银行 532 万》（转自：《新晚报》）。

小结

本讲对生活中常见的投资进行了介绍。在辨析风险的相关概念后，对常见的保险合同，金融衍生工具的内涵、特征、类型等进行了说明。读者在投资时，要注意把握投资工具的特点，认清投资风险和收益之间的关系，做出合理的决策。

第四篇

经济问题应对

第 **13** 讲

风雨同舟否：如何处理婚姻中的经济问题？

学习目标

◆ 理解恋爱或婚姻中金钱的含义

◆ 掌握恋爱中的资金管理技巧

◆ 掌握婚后夫妻财产该如何管理

◆ 了解如果婚姻发生破裂，如何处理婚内财产无论你正处于恋爱阶段还是已经步入了婚姻殿堂，你的伴侣都会给你的整个经济生活带来影响。你们分享彼此的钱财，购买共用的生活物品，但也可能会为金钱而争吵。在共同生活的过程中，恋人或夫妻双方在经济问题上都会存在或多或少的分歧。这种分歧如不及时解决，就很可能引发原先不曾预料到的争执，甚至带来更加严重的后果。有调查显示，80%的夫妻曾为钱拌嘴，35%的夫妻每月至少会为钱吵一次，43%有孩子的夫妻曾因担心钱而失眠。研究表明，同亲密关系、家庭事务与孩子教育问题相比，金钱更容易成为家庭风暴的导火线。因此，如果想要拥有一段稳定的恋情抑或幸福的婚姻，恋人和夫妻都需要接受金钱的运用方面的科学引领和指导。在本讲中，大家将了解恋爱关系中的资金管理、婚后家庭的经济事务以及离婚财产分割的相关知识，初步获得体系化的婚姻理财知识。

测试

1. ＿＿＿＿＿＿是财产分割的重要依据。

    A. 婚前　　　　　　　　　　B. 婚后

    C. 离婚　　　　　　　　　　D. 结婚

2. 离婚财产分割的原则不包括＿＿＿＿＿＿。

    A. 男女平等原则

    B. 照顾子女和女方利益原则

    C. 权利不得滥用原则

    D. 保护女方原则

3. 家庭内部资金管理的原则不包括＿＿＿＿＿＿。

    A. 自治原则

    B. 权力平等原则

    C. 能者多劳原则

    D. 透明原则

4. 应对伴侣之间金钱观差异的有效策略是＿＿＿＿＿＿。

    A. 顺应一方策略

    B. 折中妥协策略

    C. 冲突策略

    D. 互不干涉策略

5. 哪些情况下不可以要求返还彩礼＿＿＿＿＿＿。

    A. 双方未办理结婚登记手续的

    B. 双方办理结婚登记手续但确未共同生活的

    C. 婚前给付并导致给付人生活困难的

    D. 办理结婚登记后，共同生活不和谐，随即离婚的

一、恋爱中的资金管理

在经济学家眼中，金钱仅仅是一个物物交换的媒介，它理性而客观，简明而准确。然而，在恋爱和婚姻关系中，爱情和契约赋予了金钱不同的含义。例如，在以男性挣钱养家为认知的传统社会中，热恋中的男性会为女友抢先买单而感到羞愧；已婚妻子对自己赚的钱和丈夫给她用于生活开支的钱有不同的感觉。在恋爱和婚姻关系中，金钱与爱、权力和责任交织在一起，变成了一种感性的心理状态。

热恋中，爱情可以掩盖金钱所带来的种种问题。但随着两人关系的日渐亲密，彼此在金钱问题上的处理方式和习惯慢慢显现。无论是"啃老生活""举债（信用卡）消费"，还是

思维延伸

在恋爱与婚姻关系中，经济融合与感情发展有何内在关联？

"花钱大手大脚""抠搜吝啬""勤俭节约"，都概括了情侣对彼此生活经济行为的印象。诚然，在两人住进同一所房子或缔结婚约之前，双方都可以随心所欲地支配自己的钱财。但也有越来越多的情侣，因为爱情的催化而在经济上"不分你我"。他们在爱情的冲动之下，彼此约定誓与对方缔结姻缘，经济上也逐渐融合。然而，这种融合除了作为对爱情忠贞的表达之外，可能也暗藏了危机。为了更清楚地解释这一点，请看一个相对极端的例子：

男孩和女孩二人情投意合，经过几年的恋爱，二人决定生活在一起。他们互换了情侣戒指，一起憧憬童话般的婚礼和温馨的沙滩蜜月。既然决定结婚，二人在经济上也不再分你我。男孩提议以他的名义建立一个银行账户来支付两人的开销。女孩欣然答应，因为她相信这一切都是为了两个人共同的未来。于是，女孩把自己名下的钱统统放进男孩名

下的银行账户里，憧憬着明年的婚礼和即将到来的美好生活。

在这个美好爱情的故事背后，还隐藏着另一个版本：男孩曾经在一次旅行中邂逅一名空姐，着实为之着迷。空姐起初并没有答应男孩的追求，为了获得她的青睐，男孩需要相当的经济基础。另一方面，男孩并不确定空姐会不会答应他的追求，如果空姐始终不答应他，那他就退而求其次，与女孩结婚；如果空姐答应了他的追求，那他就义无反顾地抛弃女孩，投入空姐的怀抱。最后的结果如男孩所愿，在昂贵的礼物攻势之下，空姐答应了他的追求。与此同时，男孩取走了账户里的全部资金，从此消失得无影无踪。对女孩来说，最糟糕的还不止这些，三天之内就要交房租，信用卡账单也寄到家里，但此时的她已经身无分文。她所有的钱财都被那个曾让她陷入爱情中的人带走了。

在实际生活中，婚姻关系之外的经济融合会带来五花八门的麻烦和困扰。分手情侣常常因"谁花谁的钱多一点""送你的名贵礼物要不要还回来"等话题而起争执。

一旦在恋爱中发生了经济矛盾，情侣双方就要遵从法律和道德的约束。请看以下小案例。

小燕与男友恋爱一年，相处期间男友给她买过一些东西，如衣服、化妆品、手机等，并长期帮她交手机话费。前段时间，小燕发现男友在与她交往的同时还与别的女人保持暧昧，便提出分手。对方同意，但提出要她赔偿买衣服、化妆品和手机等的费用。请问，这个要求合理/合法吗？

从以上介绍的情况看，对方送给小燕的东西，并不是以结婚为目的的彩礼，而是一般社交礼节上的礼品，以及恋爱期间自愿赠与的礼物。赠与合同具有单务性、无偿性、诺成性等特点，只要对方将自己的财产给予小燕，小燕也表示接受，赠与合同即告成立；在他将财物交付给小燕的时候，赠与活动就完成了。如果小燕不具备《合同法》第 192 条规定的"严重危害赠与人或赠与人的近亲属""对赠与人有抚养义务而不履行""不履行赠与合同约定的义务"这三种法定情形，对方就无权要求她返还这些财物。当然，如果小燕自愿退还对方部分财物也是可以的。①

二、婚前经济事务

婚前经济事务发生在恋人关系确定下来以后，谈婚论嫁之前的阶段。在这个阶段，伴侣双方的经济事务已经开始融合，各种尖锐的经济问题也随之浮现。例如，两人的金钱观念应该如何契合、婚前彩礼问题应该如何协调、婚前是否应该进行财产公证等。这些问题需要双方勇敢面对、开诚布公，因为涉及资金的用度方案，不可避免地会对两人日后的生活产生或多或少的影响。

思考题
你认为婚前财产应该包含哪些内容？

1. 婚前双方的金钱观念应该如何契合？

每个人对金钱的观念是不同的，这与其自身经济背景、成长经历以及自我概念、自尊水平都有密切关系。如果你问对方，金钱对他（她）意味着什么？或许他（她）的回答是安全感——银行账户里存的钱越多，应对突发事件的能力就越强；或许他（她）的回答是选择——有了经济实力，才可以在生活中有更多的选择，而不是一味地被生活所累；他（她）的答案还有可能是成功和权力——钱代表了成功，有了钱就能够获得更多的尊重。无论答案是什么，都代表了对方对金钱的价值判断。这些答案可以帮助你了解彼此金钱观念的异同。

---

① 该案例选自杰夫·奥普戴克的《夫妻经济学：钱财无忧的婚姻》（重庆出版社）。

伴侣之间的金钱观念接近是最理想的状态，这无疑有助于强化双方的关系。但是，二人的金钱观念存在分歧的情况在生活中更为常见，例如一方是一个花钱大手大脚的人，而另一方却习惯于节俭，那么生活中的摩擦、不快和争吵也会随之而来。因此，如何解决金钱观念上的差异，就成了婚前双方的必修课。

折中妥协不失为应对伴侣之间金钱观念差异的一个有效策略。每个人都有各自的禀性，没有孰优孰劣之分。从这一点出发，恋爱中的任何一方都不应强制另一方按照自己的意愿处理金钱问题，适当退步、制定双方都能接受的折中方案是最优选择。以前例来说，恋爱关系中的两人，一个花钱大手大脚，一个勤俭节约。折中方案就意味着大手大脚的一方不再无节制地花钱，而是制定预算，把自己的花销控制在一定范围之内，减少浪费；勤俭节约的一方也同意对伴侣放松一些管制。

2. 习俗与彩礼

在中国的文化背景下，谈婚论嫁总离不开彩礼与嫁妆的话题。彩礼是指在订婚和结婚时，男方给予女方的一定数量的现金或财物。在我国，彩

思维延伸

彩礼因何而诞生？又为何而变质？

礼是有着悠久历史的民间传统习俗，男方给付彩礼，表示愿意与女方缔结婚姻关系。由于这是一笔财产支出，因此男方一定是在得到女方明确的肯定答复之后才会给付的。对女方而言，收受彩礼的行为则代表着愿意与男方缔结婚姻的承诺。

随着时代的变迁，中国彩礼从新中国成立初期的烟、酒、茶、糖、衣料、脸盆等，到 20 世纪八九十年代的彩电、冰箱、洗衣机，再到现在的现金、房子加轿车，数额节节攀升。高价彩礼的泛滥，让婚姻披上了物质的外衣，常常成为夫妻关系破裂的导火索。一旦婚姻走到尽头，为了索还高价彩礼，双方往往对簿公堂。

因此，情侣应理性看待彩礼问题，尽可能摒除高价彩礼的恶习。同时，要了解关于彩礼的相关法律规定，维护自己的合法权益。那么如果

婚前一方提出分手，彩礼钱应该退还吗？请看以下小案例。

三年前，赵莹与男友经人介绍而相识，后发展成恋人关系。两人相处一段时间后，彼此感觉都不错，便见了双方家长。双方家长也表示满意。经商量后，两家决定先举办一个订婚仪式，然后再择日举行婚礼。在订婚典礼上，男方按女方家长的要求，给了女方 11 000 元的彩礼，寓意"万里挑一"。但是订婚后不久，两人就开始因为一些鸡毛蒜皮的小事发生争吵，不过一般几天后就和好了。因此，赵莹也没往心里去，她觉得情侣之间吵吵闹闹很正常。但就在上周，男友以感情不和为由，突然向她提出分手，并且让她退还订婚彩礼，这让赵莹一时难以接受。那么，她是否应该退还这笔彩礼钱？①

从法律上看，给付彩礼的行为并非以无偿转移财产为目的，而是一种附条件的民事法律行为——附解除条件的赠与行为。所附的解除条件是婚约的解除，如果解除条件成立，则赠与行为失去法律效力，当事人之间的权利义务关系解除，赠与的彩礼应当恢复赠与前的状态。那么，哪些情况下可以要求返还彩礼呢？《最高人民法院关于适用〈中华人民共和国婚姻法〉若干问题的解释（二）》第 10 条明确规定："当事人请求返还按照习俗给付的彩礼的，如果查明属于以下情形，人民法院应当予以支持：（一）双方未办理结婚登记手续的；（二）双方办理结婚登记手续但确未共同生活的；（三）婚前给付并导致给付人生活困难的。适用前款第（二）（三）项的规定，应当以双方离婚为条件。"在本案例中，赵莹与对方订婚时，对方给付了彩礼，但没有办理结婚登记手续，符合第（一）项的规定，故应当返还。如果拒不返还，继续占有，就构成民法上的不当得利。②

---

① 该案例选自《法律枕边书》（中国法制出版社）。
② 《法律枕边书》（中国法制出版社）。

3. 婚前是否需要进行财产公证？

婚前财产公证常常被误认为是对婚姻关系缺乏信心的表现，抑或是一种加以防范的暗示。一般双方通常会想："为什么我们还需要进行婚前财产公证？我们谁都没有什么可保留的啊。"但在很多情况下，将要结婚的准夫妇不得不进行财产公证，来保障双方的权益。请看如下小案例。

孙阿姨和老李，一个丧偶，一个离异，两人都长期过独居生活。他们各自的孩子都已经长大成人。孩子们看到老人日子过得孤独，便四处托人帮助介绍老伴儿。后经人介绍，孙阿姨和老李有缘相识。两人见了几次面之后，发现对方的脾气秉性都十分相投，便尝试着继续交往。两人年龄都大了，也都需要有个人在身边相互照料，因此交往一段时间后就有了结婚的打算。由于孙阿姨和老李都有各自的子女，为防止子女们因遗产继承发生纠纷，两人商量过后，准备办理婚前财产公证。

婚前财产是一个法律名词，指在结婚前夫妻一方就已经取得的财产。夫妻一方的婚前财产，不管是动产还是不动产，是有形财产还是无形财产，只要是合法取得的，就依法受到法律保护。一般来说，比较容易举证的财产就不需要进行婚前财产公证；比较难举证的财产，则需要进行婚前财产公证。像不动产，如房子、汽车等，因为实行登记制度、产权明确，则不需要婚前财产公证。而产权随时处于变动的动产，像存款、玉器、金银首饰等贵重物品，为避免日后无法说明白，需要进行婚前财产公证。举个例子来说，如果一方婚前有一套房产，结婚期间，房子拆迁，那么拆迁补偿款就是个人财产。拿到这笔补偿款后，如有必要，就要及时进行婚前财产公证。因为钱是动产，如果不公证，一旦发生纠纷，很难说清是谁的，说不清楚的就要算作共同财产。

值得注意的是，有两种情况强烈建议进行婚前财产公证：一种情况是婚前一方出资购房，对方不出资，但购房合同、交款发票等手续全在对方名下的；另一种情况是婚前双方（包括双方家里均有出资的情况，未办理结婚证）共同出资购房的。公证为共同财产的，可以写明各自占有整个房产的比例，可以各占50%，也可以根据出资比例确定。

那么，哪些情况不需要进行婚前财产公证呢？①婚前一方已经取得产权证的。因为现在的《民法典·婚姻家庭编》规定一方的婚前财产为夫妻一方的个人财产，所以不会因结婚达到一定年限而转变为夫妻共同财产。②婚后所住房屋为自己父母的房屋或是承租的公房的。因为这种情况下房子在谁名下就是谁的财产，如果离婚该住房不是夫妻共同财产，不能分割。③婚前已经交付了全部房款，婚后才能拿到房产证的。这种情况并不以拿到房产证的日期来界定财产归属，否则显失公平。④婚前按揭购房，已办理了贷款手续，购房合同和银行的贷款合同都是以一方名义签的。这种情况下，房子是婚前个人财产，但婚后所还贷部分是夫妻共同财产，如果离婚，应补偿给对方一半。

婚前财产公证，是指未婚夫妻在结婚登记前达成协议，办理公证。办理婚前财产公证时，当事人应当向住所地或协议签订地的公证处提出申请，婚前财产公证的具体程序如下：

第一步：当事人要准备好以下几种材料：①个人的身份证明。如身份证、户口簿，已婚的还要带上结婚证。②与约定内容有关的财产所有权证明。如房产证，未拿到产权证的提供购房合同和付款发票等能证明财产属性的证明等。③双方已经草拟好的协议书。协议书的内容一般包括：当事人的姓名、性别、职业、住址等个人基本情况，财产的名称、数量、价值、状况、归属，上述婚前财产的使用、维修、处分的原则等。一般双方当事人的签名和订约日期空缺，待公证员对协议进行审查和修改后，再在公证员面前签字。

第二步：准备好上述材料后，双方必须亲自到公证处提出公证申请，填写公证的申请表格。委托他人代理或是一个人来办理婚前财产公证，是不会被受理的。

第三步：公证申请被接待公证员受理后，公证员就财产协议的内容，审查财产的权利证明、查问当事人的订约是否受到欺骗或误导，当事人应如实回答公证员的提问，公证员会履行必要的法律告知义务，告诉当事人签订财产协议后承担的法律义务和法律后果。当事人配合公证员做完公证谈话笔录后，在笔录上签字确认。

婚前财产公证程序
身份证明及所有权证明→拟定协议→提出公证申请→公证谈话→签字

第四步：双方当事人当着公证员的面在婚前财产协议书上签名。至此，婚前财产公证的办证程序履行完毕。

三、婚后家庭经济事务

人们为什么要缔结婚姻、组建家庭？有人说，婚姻是双方财富、心理和生理的结合；也有人说，婚姻是双方的一种特定的社会盟约。德国社会学家穆勒曾归纳了三种婚姻的动机，即经济、子女和感情，并认为在上古时代经济第一，子女第二，爱情第三；中古时代，子女第一，经济第二，爱情第三；现代社会，爱情第一，经济第二，子女第三。人类婚姻史的第一个时期，婚姻的主导动机源于妇女是创造财富的活动工具，娶妻是为了增加劳动力。第二个时期，妇女劳动范围逐渐变小，财富及继承问题日趋突出，于是关于个人至亲骨肉的后代观念便成了婚姻的主导动机。婚姻是为了生育合法的儿女和照管家室。第三个时期，妇女社会地位发生了变化，个人自由成为社会生活的基本准则，爱情成了婚姻的主导动机，其次才是生儿育女和权衡经济。但即使是在现代社会，经济和子女这两个因素在婚姻中占有的比重仍然很高。鉴于此，自人类社会出现以来，双方结合趋于规范化的主要手段是风俗、伦理和法律；而现代社会则主要依据法律。

缔结婚姻之后，夫妻双方亦面临诸多的家庭经济事务，例如婚后财产应该如何认定、家庭开支应该如何管理等。这些都关系到夫妻二人和谐相处与家庭幸福。

（一）婚后家庭经济事务一：婚后共有财产应该如何界定？

夫妻共同财产指的是夫妻在婚姻关系存续期间，一方或双方取得，除另有约定或法定属于夫妻个人特有财产以外的由夫妻双方共同享有所有权的财产。无论是之前的《婚姻法》，还是现在的《民法典·婚姻家庭编》，都对夫妻在婚姻关系存续期间归夫妻共同所有的财产作了明确规定。我们结合以下两个小案例来窥见"夫妻共同财产"具体包括的范围。

岳女士与欧先生结婚以后，两人联手创办了一个机械加工企业。随着企业规模日益扩大，夫妻两人便当起了老板，不再亲自下车间干活。欧先生每天除了单位的日常管理和销售，其他都交由手下人去干，岳女士更是赋闲在家，当起了全职太太。时间一长，经常在外出差的欧先生慢慢起了歪心思。对此，岳女士当然没少起疑心，特别是对丈夫专门招聘的那个衣着性感，挂着"总经理秘书"头衔的张小姐，她越看越感觉两人不对劲儿，但总是找不出具体的证据。一天，欧先生出去应酬后喝多了酒，吐得身上到处都是。岳女士在给他换洗衣服时，发现他衣服口袋里有一笔 80 万元的银行转账凭证。她当时想推醒丈夫问一问缘由，但看着他酒后酣睡的样子，就改变了主意。次日，她不动声色地开始暗自调查。果不其然，丈夫给张小姐买了套房，并登记在对方名下。请问岳女士可以要回购买房产的 80 万吗？①

我国《民法典》第一千零六十二条规定："夫妻在婚姻关系存续期间所得的下列财产，为夫妻的共同财产，归夫妻共同所有： （一）工资、奖金、劳务报酬；（二）生产、经营、投资的收益；（三）知识产权的收益：（四）继承或者受赠的财产，但是本法第一千零六十三条第三项规定的除外；（五）其他应当归共同所有的财产。夫妻对共同财产，有平等的处理权。"据此，上例中欧先生出资为张小姐购买房产的

---

① 该案例选自《法律枕边书》（中国法制出版社）。

80 万元属于欧先生与岳女士的夫妻共同财产，欧先生无权单独对夫妻共同财产做出重大处置。而且，欧先生的行为违反公序良俗，即使他当时有赠与的意思表示，也是无效的。张小姐接受 80 万元的行为属于不当得利，应当返还。如果张小姐执意不返还，岳女士可通过法院判决并强制执行。

前不久，孙女士在家里进行卫生大扫除的时候，无意中发现了一张存折，经询问里面是她丈夫结婚后私自积攒的零花钱。对于这张存折的权属问题，夫妻双方发生了纠纷。孙女士认为，存折是丈夫婚后攒下来的，属于婚后所得，属于夫妻共同财产；丈夫则认为，这是他利用自己的零花钱积攒的"私房钱"，属于个人财产，其他人无权支配。两人为此闹得不可开交。请问夫妻一方积攒的"零花钱"属个人财产还是夫妻共同财产？①

我国《民法典》第一千零六十五条规定："男女双方可以约定婚姻关系存续期间所得的财产以及婚前财产归各自所有、共同所有或部分各自所

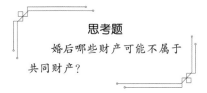

思考题

婚后哪些财产可能不属于共同财产？

有、部分共同所有。约定应当采用书面形式。没有约定或者约定不明确的，适用本法第一千零六十二条、一千零六十三条的规定。夫妻对婚姻关系存续期间所得的财产以及婚前财产的约定，对双方具有法律约束力。"《民法典》第一千零六十二条列举了夫妻在婚姻关系存续期间所得的财产为夫妻共同财产，体现了法定夫妻财产制是婚后所得共同制；该法第一千零六十三条列举了属于夫妻一方财产的五种情形。因此，如果孙女士夫妻双方并未就积攒的"零花钱"的归属做出约定或约定不明，应适用法定夫妻财产制，即应认定"零花钱"属于夫妻共同财产。

---

① 该案例选自《法律枕边书》（中国法制出版社）。

（二）婚后家庭经济事务二：夫妻应该如何管理家庭资金？

无论生活中的境况如何，夫妻二人在家庭框架内管理好钱财都是十分具有挑战性的工作。夫妻二人在金钱用度问题上发生的分歧和争吵实际上很少是单纯的经济问题。争吵的焦点往往隐含了与权力、独立性、自尊心、安全感以及控制欲等有关的情绪。而家庭内部的金钱管理模式恰恰提供了一条通路，它反映了家庭内部资源的再分配问题，即一个家庭中夫妻"谁管钱"以及"如何管"的问题。

目前家庭内部资金管理的模式见表 13.1。

表 13.1　沃格勒（Vogler, C.）和帕尔（Pahl, J.）的家庭资金管理模式研究

谁管钱？	管钱模式		支出分工
妻子管钱模式	模式一：	妻子收入完全由自己掌管，丈夫将全部工资交给妻子，自己只留一小部分作为个人零用钱	妻子：负责所有公共开支 丈夫：只负责自己个人开支
	模式二：	双方收入几乎完全共享，但由妻子主要负责掌管	妻子：负责支付税单、燃料费、电话费、保险和贷款或租金等
共同管钱模式	双方收入完全共享，任何一方都能接触到家里所有的钱，并且都可从共同账户中取用		丈夫、妻子：共同负责家庭各项开支
丈夫管钱模式	模式一：	丈夫收入完全由自己掌管，妻子一般没有收入，也没有个人零花钱	丈夫：负责家庭各项财务支出
	模式二：	收入几乎完全共享，但由丈夫主要负责掌管	丈夫：负责支付税单、燃料费、电话费、保险和贷款或租金等
	模式三：	每月给妻子固定数额的钱作为家用津贴，而剩下的钱则由丈夫自己掌管	妻子：负责日常家用开支 丈夫：负责大额公共开支，如天然气账单、购车、购买家具、假期旅行开支等

家庭资金管理模式是一个复杂的系统，现有研究强调了经济资源是家庭权力的重要来源。因此，不少学者将家庭日常经济的管理权作为家庭权力的衡量指标。然而，家庭经济支配权不仅体现了夫妻相对权力的强弱，还可能与个人兴趣、时间充裕程度、财务管理才能的比较优势有关。因此，有些家庭的财务管理决策并不能体现为家庭权力，而是责任和义务的表现。

一个家庭应该采取哪种资金管理模式，要视不同家庭的实际情况而定。然而，我们可以确定的是，每个家庭都可以遵循以下三条原则。

自治原则：无论使用哪种家庭管钱模式，都要尽可能允许关系双方每人每月可以自由支配一定数量的钱财，相互不得干预或质疑。这样就在家庭共有资金管理的前提下为各方提供了某种限度的自治空间，可以打消两人因消费选择不同而产生摩擦的顾虑。

透明原则：夫妻双方各自的账户以及其他形式的资产都要向对方保持公开、透明，从而使双方都能对家庭的总体经济状况有所了解。这种做法有助于强化婚姻中的经济安全感——这正是减少家庭经济关系中紧张、压力、不满和矛盾的关键因素。

权力平等原则：无论你们选择哪种理财方式，夫妻双方在收入的每分钱上享有平等的利益。也就是说，双方有平等的权力决定大家赚回来的钱该怎么花。

最后，要提醒大家的是，家庭金钱大战的根源并非金钱，而在于在金钱问题上缺乏有效的沟通和交流。如果夫妻双方能有效顺畅地讨论家庭日常经济中暴露出来的问题，找到两人共识的基础，而不是一味互相指责，那么一个家庭就能在经济上做到游刃有余、幸福长久。

四、离婚财产分割

在日常生活中，夫妻双方只有在离婚时才开始介怀家庭财产的归属问题。然而，在谈论如何进行合法的离婚财产分割之前，首先要提醒大家一个常常被忽略的事实，即"离婚散财，结婚生财"。这是俄亥俄大学研究人员在对数千人的财富与婚姻状况追踪调查 15 年后所得出的结论。他们的研究报告显示，处于婚姻状态中的人累积的个人财富几乎是单身或离婚者同期积累数量的两倍。因此，从积累财富的角度讲，离婚也是夫妻双方在不可调和的矛盾面前的最后选择，但凡有回转的余地都要给对方沟通的空间、给婚姻一线机会和希望。

为此，我国《民法典》增加了一项全新的制度，即"离婚冷静期"。根据《民法典》第一千零七十七条规定，自婚姻登记机关收到离婚登记申请之日起三十日内，任何一方不愿意离婚的，可以向婚姻登记机关撤回离婚登记申请。前款规定期间届满后三十日内，双方应当亲自到婚姻登记机关申请发给离婚证；未申请的，视为撤回离婚登记申请。

然而，如果一段婚姻注定走到了尽头，那么夫妻双方也要理性看待离婚财产分割问题，用法律的武器维护自己在离婚过程中的合法权益。

离婚财产分割即夫妻共同财产的分割，是指离婚时依法将夫妻共同财产划分为各自的个人财产。现行《民法典》对《婚姻法》进行了修订，其

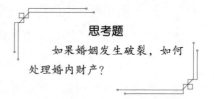

思考题

如果婚姻发生破裂，如何处理婚内财产？

第一千零六十二条到第一千零六十五条，明确了夫妻共同财产是在夫妻关系存续期间取得的财产，以列举式和概括式的方式规定了夫妻共同财产的内容。该法也规定了夫妻共同财产的分割有协议分割和判决分割两种做法。离婚时，双方有合法婚姻财产约定的，依约定。一方的特有财产归本人所有。夫妻共同财产一般应当均等分割，必要时亦可不均等。有争议的，人民法院应依法判决。

根据《民法典》及最高人民法院《关于人民法院审理离婚案件处理财产分割问题的若干具体意见》（以下简称《财产分割意见》）的规定，结合司法实践，人民法院在审理离婚案件分割夫妻共同财产时，应当遵循以下原则。

1. 男女平等原则

男女平等原则既反映在《民法典·婚姻家庭编》的各条法律规范中，又是人民法院处理婚姻家庭案件的办案指南。在离婚财产分割上，就是夫妻双方有平等地分割共同财产的权利，平等地承担共同债务的义务。

2. 照顾子女和女方利益原则

这里的"照顾"，既可以在财产份额上给予女方适当多分，也可以在财产种类上将某项生活特别需要的财产，比如住房，分配给女方。毕竟从习惯势力上，从传统因素的影响所造成的障碍上，从妇女的家务负担、生理特点上讲，离婚后一般妇女在寻找工作和谋生能力上也较男子要弱，需要社会给予更多的帮助。同时，在分割夫妻共同财产时，要特别注意保护未成年人的合法财产权益。未成年人的合法财产不能列入夫妻共同财产进行分割。

3. 照顾无过错一方的原则

一方因重婚、有配偶者与他人同居、实施家庭暴力和虐待、遗弃家庭成员而致婚姻关系破裂的，无过错方有权请求损害赔偿。需要说明的是，有过错不代表就会"净身出户"。

4. 公平原则

离婚时应清算夫妻的经济利益，例如，夫妻双方对家务劳动、抚养子女的付出，一方离婚后生活水平的下降，妥善安置离异后的患病方等。

5. 尊重当事人意愿，财产约定先于法定的原则

公民有权处分自己的财产，可以多种形式处理双方财产问题。

那么，在常见的离婚案例中，夫妻双方应该如何合理利用法律维护自己的合法权益？我们通过以下两个小案例来进行学习。

上官女士与丈夫是在外打工时认识的。婚后，夫妻二人仍然在外面打工挣钱。考虑到将来的生活，他们在工作地贷款买了一套房子。夫妻俩商定用上官女士的工资还贷，用丈夫的工资养家糊口。房子现已大幅升值。后来丈夫工作变动，去了外地，因丈夫耐不住两地分居的寂寞，出轨背叛了上官女士，上官女士提出离婚。丈夫自知理亏，同意了她的要求，但在房屋财产的分割上二人出现了分歧：上官女士认为，一直是由她的工资在还房贷，加之丈夫有过错应少分家产，不应该平分；丈夫则认为，这份家产是双方共同努力打工积攒的，应该平分。请问上官女士的丈夫能与她平分这套房子吗？①

上官女士与丈夫婚后购买的房子，属于婚后所得，即使一直是用上官女士的工资在还贷，那也是夫妻共同财产，离婚时应该夫妻平分。但是，我国《民法典》也设立了离婚损害赔偿制度，根据该法第一千零九十一条规定，有下列情形之一，导致离婚的，无过错方有权请求损害赔偿：（一）重婚；（二）与他人同居；（三）实施家庭暴力；（四）虐待、遗弃家庭成员；（五）有其他重大过错。因此，由于一方以上过错导致夫妻感情破裂引发离婚的，无过错方有权请求过错方给予物质损害赔偿和精神损害赔偿。也就是说，如果上官女士起诉离婚，作为无过错方，法院会在平分财产的基础上，对她给予适当照顾。

因性格不合等诸多原因，李女士与丈夫已经分居4个多月，中间人劝说调解了好几次，都没有效果，离婚已经提上了日程。一个偶然的机会，李女士听朋友们说起她丈夫正在逐步转移财产，如果离婚，她将有"净身出户"的危险。于是，她通过电话、短信警告丈夫不要乱来，但丈夫解释说是正常的业务经营。她不相信，但也拿不出更多的证据。那么如果在离婚期间发现对方恶意转移财产，该怎么办？②

离婚期间如果发现类似情况，可以通过申请财产保全的法律手段，阻止对方企图的实现。财产保全的措施有查封、扣押、冻结等。根据

① 该案例选自《法律枕边书》（中国法制出版社）。
② 该案例选自《法律枕边书》（中国法制出版社）。

《民事诉讼法》第九十二条、第九十三条的规定，财产保全又分为诉前保全和诉讼保全两种。诉前保全是在当事人起诉前就向法院提出财产保全申请，这一般适用于情况紧急的情形，如还未起诉时就发现对方已在转移、变卖、毁损财产等。这时要注意的是，在法院采取保全措施 15 天之内，申请人必须起诉。如果不起诉，法院将解除财产保全。诉讼保全是当事人一方已正式起诉后，在诉讼过程中发现对方有毁损、隐匿、转移、变卖财产等迹象时，申请法院采取的财产保全措施。法院采取财产保全措施后，负有保管被保全财产的义务人必须妥善保管，不得隐藏、转移、毁损或变卖财产。而且，《民法典》第一千零九十二条也专门规定："夫妻一方隐藏、转移、变卖、毁损、挥霍夫妻共同财产，或伪造债务企图侵占另一方财产的，在离婚分割夫妻共同财产时，对该方可以少分或不分。离婚后，另一方发现有上述行为的，可以向人民法院提起诉讼，请求再次分割夫妻共同财产。"所以，上例中，为了维护自身的合法权益，李女士应立即向法院申请诉前财产保全。

小结

本讲为大家讲解了恋爱中的资金管理、婚前经济事务、婚后家庭经济事务以及离婚财产分割的相关问题。在充满感性的伴侣关系当中理性看待金钱和经济问题，是收获稳定恋情和幸福婚姻的必要条件。

第 **14** 讲

财务困境的规避与应对

学习目标

◆ 了解产生财务困境的原因

◆ 识别财务困境的信号，并提前进行规避

◆ 掌握应对财务困境的一般方法

◆ 重视个人信用的维护与修复，强化核心价值
  理念

财务困境也被称为"财务危机"和"财务困难"。但究竟什么是财务困境，在概念方面，还缺乏一个明确的定义和标准。从相关研究结果来看，虽然存在一定的分歧，但学者们在企业"财务困境"的界定上达成了共识：当企业对债权人的承诺无法实现或难以遵守时，就意味着财务困境的发生；对个人而言，当其经济来源（含信用额度）不足以支付其基本的支出，出现债务增加、信用丧失等情况，就意味着这个人陷入了财务困境。本讲将帮助读者了解财务困境产生的原因，并对陷入财务困境的信号进行辨识。同时，告知读者如何规避、应对财务困境，即当出现财务困境时，可以通过压减不必要的消费、合理使用信用与借贷工具、增加收入来源，以及寻求社会支持系统等路径来破解困境。

测试

1. 以下哪些情况可能会导致个人陷入财务困境? _____。

    A. 失业

    B. 所在企业破产或倒闭

    C. 参与赌博

    D. 将全部储蓄投资朋友公司

2. 以下哪些属于正当债务催收? _____。

    A. 假扮推销员收债

    B. 威胁债务人将采取法律行动, 达到收债目的

    C. 即使债务人在工作时间不允许接打私人电话, 仍然拨打其
       电话

    D. 在晚上 8 点之前拨打债务人的家庭电话

3. 经济困难的一个常见原因是_____。

    A. 没有养成良好的理财习惯

    B. 需要额外的职业培训

    C. 未及时准备纳税申报表

    D. 没有足够的人寿保险

4. 以下哪些行为属于破产的流程_____。

    A. 获得延期付款许可

    B. 获得信贷咨询服务组援助

    C. 采取法律手段减免债务

    D. 采取法律手段, 从薪水中扣除所欠款额

一、财务困境形成的原因

（一）家庭经济支持能力不足

家庭经济的总体水平决定其成员的大致消费能力。对于大多数人而言，家庭经济支持能力不足的表现主要有：失去固定收入来源，因家庭所在地区遭受严重灾害而减少或失去经济来源，家庭成员因患病丧失劳动能力。判断家庭经济支持能力是否不足的简单标准是：本人每月最低生活费标准是否低于所在城市最低生活保障线。

思考题

请写下消费者未能支付账单的 4 个最常见原因。

思考题

李华最近由于生病，几个礼拜没有上班。他因此被扣掉一部分薪水，无法按时支付账单和贷款。你推荐他采取哪些行动？

（二）受骗

现如今社会上的各种骗局层出不穷，大到商业传销的"庞氏骗局"，中到房地产市场的"一房多卖"，小到小巷和尚的"消灾除害"，等等。随着社群人际关系的复杂化、虚拟化发展，骗术升级所造成的危害程度也在逐步加深。施骗者用虚构事实或隐瞒真相的方法骗取数额较大的财产，侵害他人合法权益，轻者令受害者烦恼，或陷入经济困境，难以维持正常的生活，身心遭受沉重打击；重者会使受害者自杀或导致刑事案件发生……

此外，发生在校园的骗局多是利用学生热爱学习、热衷公益、情感单纯、心地善良等特点，营造各种虚假情景，让大家放松警惕，产生麻痹心理后上当。

（三）失业

失业（unemployment）是指有劳动能力、愿意接受现行工资水平但仍然找不到工作的现象。

1. 失业的种类

（1）自愿失业与非自愿失业

劳动人口主观不愿意就业而造成的失业，被称为自愿失业。自愿失业无法通过经济手段和政策来消除，因此不是我们关注的范畴。

非自愿失业，是指有劳动能力、愿意接受现行工资水平但仍然找不到工作的现象。这种失业是客观原因所造成的，因而可以通过经济手段和政策来消除。经济学中所讲的失业是指非自愿失业。非自愿失业又可以分成摩擦性失业、结构性失业和周期性失业。

摩擦性失业是指生产过程中难以避免的、由于转换职业等原因而造成的短期、局部失业。摩擦性失业在任何时期都存在，并随着经济结构变化有增大的趋势，但从经济和社会发展的角度来看，这种失业的存在是正常的。

结构性失业是指劳动力的供给和需求不匹配所造成的失业。其特点是既有失业，也有职位空缺。失业者没有合适的技能，或者居住地点不当，因此无法填补现有的职位空缺。结构性失业在性质上是长期的，而且通常受制于劳动力的需求方。结构性失业是由经济变化导致的，这些经济变化引起特定市场和区域中的特定类型劳动力的需求相对低于其供给。

周期性失业是指在经济周期中的衰退期或萧条期时，因社会总需求下降而造成的失业。当经济发展处于一个周期中的衰退期时，社会总需求不足，因而厂商的生产规模也缩小，从而出现较为普遍的失业现象。周期性失业对不同行业的影响是不同的。一般需求收入弹性越大的行业，周期性失业的情况越严重。也就是说，人们收入下降时，产品需求大幅度下降的行业，周期性失业情况比较严重。通常用紧缩性缺口来说明这种失业产生的原因。紧缩性缺口是指实际总需求小于充分就业的总需求时，实际总需求与充分就业总需求之间的差额，图 14.1 说明了紧缩性缺口与周期性失业之间的关系。

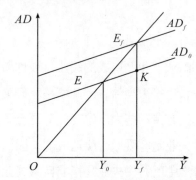

图 14.1 紧缩性缺口与周期性失业之间的关系

在图 14.1 中，横轴 OY 代表国民收入，纵轴 OAD 代表总需求，当国民收入为 Y_f 时，经济中实现了充分就业，Y_f 为充分就业的国民收入，实现这一国民收入水平所要求的总需求水平为 AD_f，即充分就业的总需求。但实际的总需求为 AD_0，这一总需求水平决定的国民收入为 Y_0，Y_0 小于 Y_f，这就必然引起失业。Y_0 小于 Y_f 是 AD_0 小于 AD_f 造成的。因此，实际总需求 AD_0 与充分就业总需求 AD_f 之间的差额（即 $E_f k$）就是造成这种失业的根源。这种失业是总需求不足引起的，故而也称为"需求不足的失业"。

（2）隐藏性失业

除了这几种主要失业类型外，经济学中常说的失业类型还包括隐藏性失业。所谓隐藏性失业是指表面上有工作，但实际上对产出并没有做出贡献的人，即有"职"无"工"的人，也就是说，这些工作人员的边际生产力为零。当经济中减少就业人员而产出水平没有下降时，即存在隐藏性失业。

2. 失业的影响

失业的影响一般可以分成两种：社会影响和经济影响。失业的社会影响虽然难以估计和衡量，但它最易被人们感受到。失业直接威胁着作为社会单位和经济单位的家庭的稳定。如果没有收入或收入遭受损失，家庭就不能起到应有的作用。家庭的要求和需要得不到满足，家庭关系将因此而受到损害。有关的心理学研究表明，解雇造成的创伤不亚于亲友的去世或学业上的失败。此外，家庭之外的人际关系也会受到失业的影响。一个失业者在就业的人员当中失去了自尊和影响力，最终将会导致其在情感上受到严重打击。

失业的经济影响可以借助机会成本的概念来理解。当失业率上升时，经济中本可由失业工人生产出来的产品和劳务就损失了。衰退期间的损失，就好像是将众多的汽车、房屋、衣物和其他物品都销毁掉了。从产出核算的角度看，失业者的收入总损失等于生产的损失，因此，丧失的产量是计量周期性失业损失的主要尺度，因为它表明经济处于非充分就业状态。20 世纪 60 年代，美国经济学家阿瑟·奥肯（Arthur M. Okun）根据美国的数据，提出了经济周期中失业变动与产出变动的经验关系，被称为奥肯定律。奥肯定律的内容是：实际失业率每高于自然失业率一个百分点，实际 GDP 将低于潜在 GDP 两个百分点。换一种方式说，相对于潜在 GDP，实际 GDP 每下降两个百分点，实际失业率就会比自然失业率上升一个百分点。

（四）破产

所谓破产，是指当债务人的全部资产不足以清偿到期债务时，债权人通过一定程序将债务人的全部资产供其平均受偿，从而使债务人免除不能清偿的其他债务，并由法院宣告破产解散。

1. 破产的方式和特征

一般来说常见的破产方式有两种：一是破产清算，即破产主体停止一切经营活动，财产被查封拍卖用于抵偿债务；二是重整或债务重组，即破产者在债权人或破产管理人的监督下可继续经营，并在规定期限内向法院和债权人提出重整计划。需要说明的是，目前破产仅限于企业法人，而不适用于自然人。

破产存在如下四个特征：

一是债务人不能清偿到期债务。"到期债务"是指已经到了履行还债义务期限的债务；"清偿"是指全部偿还；"不能清偿"是指没有按期清偿的各种可能性。债务人资不抵债并不能当然认定为"不能清偿"。

二是存在多数债权人。如果只有一个债权人，只需采取一般民事执行程序即可；当存在多数债权人时，如采取一般民事执行程序，出现债权人竞相请求对债务人财产强制执行的情况时，可能造成部分债权人得不到偿还或只得到少量偿还，产生显失公平的结果，因而需要一种特殊的程序——破产程序，以保证各债权人的损益公平。

三是债权人公平受偿。债务人的全部财产不足以清偿全部债务，决定了债权人无法实现全部受偿债务。而按照"同质债权、同等地位"的要求，必须依照法定顺序，按照同一比例，将债务人的财产在各个债权人之间分配，以保证债权人之间的公平。

四是免除未能清偿的债务。

2. 破产程序

（1）申请

破产申请，是指当事人向法院提出的宣告公司破产的请示。

（2）受理

人民法院裁定或受理公司破产案件后，应当在 10 日内通知债务人和已知的债权人，并发布公告。债权人应当在收到通知后的 30 天内，未收到通知的债权人应当自公告之日起 3 个月内向人民法院申报债权，说明债权的数额和有无财产担保并提交证明材料。逾期申报债权的，视为自动放弃债权。

（3）宣告

法院对债权人或债务人提出的破产申请进行审理，确认其具备法定条件的即可宣告破产。公司宣告破产的界定，是指公司宣告破产的法定条件成立，被人民法院宣告公司破产。宣告公司破产，是依据《中华人民共和国企业破产法》关于企业法人破产还债程序的规定进行的。

公司破产，是指对公司因不能清偿到期债务，由债权人或者由债务人向人民法院申请破产还债。公司破产成立的条件有两层意义：

一是公司不能清偿债务。这是指公司在经营中陷入困境，不能偿还债务或者不能继续偿还债务。不能偿还的能力表现于：公司的负债超过公司的资产，出现资不抵债的情形；公司的负债虽然未超过公司的资产，但由于种种原因，公司无力调动资产还债。

二是公司不能清偿到期债务。这是指不管是主观还是客观因素造成的，公司已无能力偿还已到期应依法偿还债务的情形。

公司出现上述情况，依据《民事诉讼法》第一百九十九条的规定：企业法人因严重亏损，无力清偿到期债务，债权人可以向人民法院申请宣告债务人破产；债务人也可以向人民法院申请宣告破产还债。

企业经人民法院批准宣告破产，进入破产程序。

（4）清算

破产清算是破产宣告后，清算组在有关当事人的参加下，对破产企业的财产依法进行保管、清理、估价、处理和分配，了解破产企业债务的活动与程序。

破产财产变卖遵循以下原则：成套设备应当整体出售，不能整体出售的可以分散出售；破产财产属于限制流转物的，由国家指定的部门收购；变卖应以公开拍卖方式进行。

清算组在对破产财产进行清理的基础上提出分配方案，经债权人会议讨论通过，报请法院裁定后执行。破产财产优先拨付破产费用后，按照破产企业所欠职工工资和劳动保险费用、破产企业所欠税款、破产债权的顺序清偿。只有清偿完第一顺序后，才能清偿第二顺序，依次类推。破产财产不足清偿同一顺序的清偿要求的，按照比例分配。

（5）破产终结

破产终结是指法院裁定的破产程序的终结，是指破产企业无财产可分或财产分配完毕，由破产清算组提请法院结束破产程序，并向破产企业原登记机关办理注销登记的程序。

延展阅读

研究数据表明，财务困境出现的原因包括以下几个方面：

（1）收入损失（48%），包括：①失业、破产（24%）；②疾病（16%）；③其他（离婚，死亡，8%）。

（2）开支超过正常范围（25%），包括：①理财不善；②遇到突发事件；③追求物质享受；④即兴消费。

（3）产品或服务缺陷（20%）。

（4）信用卡欺诈（4%）。

（5）其他（3%）。

二、如何规避和应对财务困境

思考题

王超的每月净收入为 8 100 元。他每月固定开销包括：1 500 元的房租（他与两个朋友分摊房租）。他每月灵活开销包括：450 元他应付的那一份水电燃气费和电话费，950 元的饭钱，500 元的个人用品和家庭用品开支，500 元的交通费，以及 400 元的休闲娱乐费用。他目前的还款责任包括：须向花呗偿还 2 320 元，每月最低还款额为 250 元。王超的两个室友之一在应交付下月房租的前两天决定搬家。王超和另一个室友如果凑出足够的钱缴纳房租，王超就没有足够的钱支付自己那一份电话费、水电燃气费和信用欠款。

如果你是王超，你会怎么办？

---

1. 认真梳理财务状况并合理运筹

①正确安排支出项目，适当削减开支。②切实了解个人支付能力。

2. 通过政策性法规等合法途径寻求帮助

①合法贷款。②合法筹借。

3. 寻求社会支持系统的支持

当一个人的财务困境已经严重影响到学习、生活时，应当主动向社会支持系统寻求支持。一是在生活上可以通过社区（村）向所在乡镇（街道）申请最低生活保障（俗称的"低保"）；二是因家庭变故有重大经济困难的情况还可以向乡镇（街道）申请临时困难救助；三是可以向社会公益组织或所在单位申请特别救助，近年来一些单位的内部捐赠筹款、水滴筹等救助方式在解决重病致困等问题上发挥了积极作用。特别是大学生陷入财务困境时，要主动向辅导员、班主任告知情况，通过临时困难补助、国家奖助学金、专项奖助学金、勤工助学岗等一系列综合途径形成自己的经济支持系统，解决财务困境。

想一想

如果遭遇财务困境，你会最先想到向谁寻求帮助？如果你是一名大学生，你是否了解学校的奖助学金和助学贷款政策呢？

4. 理财规划

理财规划是指运用科学的方法和特定的程序制定切合实际、具有可操作性的包括现金规划、消费支出规划、教育规划风险管理与保险规划、税收筹划、投资规划、退休养老规划、财产分配与传承规划等在内的某方面或者综合性的方案。理财规划是为你或你的家庭建立一个独立、安全、自由的财务生活体系，以实现个人人生/家庭各阶段的目标和梦想。

理财规划类型可分为公司理财规划（enterprise financial planning）和个人理财规划（personal financial planning）。公司理财规划是指企业为了达到既定的战略目标而制订的一系列相互协调的计划和决策方案，包括投资决策、融资决策、成本管理、现金流管理等。个人理财规划又称私人理财规划，是指个人或家庭根据家庭客观情况和财务资源（包括存量和增量预期）而制订的旨在实现人生各阶段目标的一系列互相协调的计划，包括职业规划、房产规划、子女教育规划、退休规划等。

理财规划策略可以分为保本型理财策略、稳定—增长型理财策略和高收益型理财策略。

保本型理财策略的目标是保本。一是保证本金不减少，二是保证理财所得资金可以抵御通货膨胀的压力。保本型比较适合风险承受能力比较低的理财者，如超级保守型和较保守型家庭。主要理财工具是储蓄、国债和保障型险种。参考理财组合：储蓄和保险占70%，债券占20%，其他占10%。

稳定—增长型理财策略的目标是在稳定收入的基础上寻求资本的增值，比较适合具备一定风险承受能力的理财者，如理想型理财者。主要理财工具是分红保险、国债、基金和股票。储蓄和保险占40%，债券占20%，基金和股票占20%，其他理财占20%。

高收益型理财策略的目标是获取高收益，比较适合具备较高风险承受能力的理财者，如冲动型理财者。主要理财工具有股票、基金、投资连接保险等。参考理财组合：储蓄保险20%，债券和股票占60%，其他占20%。

三、信用修复

信用修复制度是社会信用体系建设的一个重要机制，是完善守信联合激励机制和失信联合惩戒机制的重要环节，是构建以信用为核心的事中事后监管机制的必然要求，是失信主体退出惩戒措施的制度保障。

1. 信用修复的原则

信用修复应遵循的原则，一是政府推动社会共建。充分发挥政府在信用修复机制建设中的组织、引导、推动和示范作用，规范发展信用服务的市场，发挥行业商业协会的作用，鼓励调动社会力量广泛参与，共同推进，形成信用修复机制建设的合力。二是逐级修复，梯次退出。科学地界定可修复的失信行为，明确修复内容，规范与失信严重程度相对应的修复条件和程序，逐项开展信用修复。三是明确主体，落实责任。明确信用修复过程中各类主体的责任与义务，建立健全跨部门信用修复的协调机制，逐步实现信用修复机制，实现对失信惩戒领域的全覆盖。

延伸阅读

失信个人信用修复可以向处罚机构咨询，或请专业人员帮忙处理；失信企业可以登录"信用中国"网站，按照国家规定程序进行修复。所需材料为：

1. 信用修复承诺书（原件照片、扫描件，须加盖申请单位公章）；

2. 行政相对人（申请单位）主要登记证照（原件照片、扫描件或加盖申请单位公章的复印件）；

3. 已履行行政处罚相关证明材料（原件照片、扫描件或加盖申请单位公章的复印件）；

4. 由行政处罚机关出具《涉及一般失信行为的行政处罚信用修复表》（原件照片、扫描件，须加盖申请单位和处罚机关公章）；

5. 主动参加信用修复培训的证明材料（原件照片、扫描件或加盖申请单位公章的复印件）；

6. 信用报告（原件照片、扫描件或加盖申请单位公章的复印件）。

2. 信用修复的主要内容

失信主体信用修复的主要内容，包括失信主体在规定期限内纠正实际行为，失信主体公开做出信用承诺，信用主体积极主动地参与各类信用修复的专题培训，接受协同的监管，持续提交信用报告，失信主体主动参与志愿服务和社会公益事业等内容。

3. 信用修复的意义

建立和完善信用修复制度，有利于深化放管服服务，推动信用建设规范化、系统化，有利于规范市场经济的秩序，释放市场主体的活力，有利于激发失信主体守信意愿，保障失信主体的合法权利。对进一步提升政府公信力，弘扬诚信的文化，培育诚信的环境，都有重要的意义。

案例讨论

P2P、消费贷、校园贷，这些频繁出现在社会新闻中的词语，距离我们也并不遥远。近些年，大学生陷入"校园贷"的案例屡见不鲜。下面的案例将警示我们，要提高自我保护意识，警惕网络贷款，避免陷入财务困境。

张芳一步步陷入财务困境的教训①

张芳（化名），女，某高校管理类专业大二本科生。张芳一家六口，爷爷奶奶体弱多病，母亲无固定收入来源，家里靠父亲一个人的工资收入维持生计。张芳在读期间申请了国家助学贷款和勤工助学岗位，学校也多次根据其申请，发放了临时生活补助。

2018年3月，一心想提升英语水平的张芳经老乡推荐，了解到"白福英语培训"机构，参加了试听课，最终决定参加该英语培训。在正式开始培训前，"白福英语培训"要求签订一个为期一年的培训协议，培训费用共计7 500元。由于张芳无法一次性支付全部的培训费用，"白福英语培训"提供了一份培训协议。该协议约定：由张芳向上海一家名为"学习分期"的网络贷款平台贷款7 500元，一次性缴清培训费用，然后分12个月，每月向"学习分期"支付980元的还款。

张芳参加了两个月的培训后，发现培训课程并没有之前所说的那么有效，再加上每月支付980元，对于她来说经济压力比较大，于是萌生了放弃培训的念头。但是在她与培训机构沟通后，对方并没有同意，理由是协议已签，即使终止培训，后续费用还是要支付。几次沟通不成功以后，张芳就不再管这个事情，既不参加培训，也不支付每个月980元的费用。一边张芳因为觉得培训不值得而为当初的决定懊悔；一边贷款

---

① 该案例根据真实事例改编，文中的人名和机构名称均为化名。

机构不停催收的信息又严重影响了她的生活与学习……

3 个月后, 2018 年 6 月 10 日下午 16:40 分许, 张芳的辅导员接到一个自称"学习分期"工作人员的电话, 请辅导员转告张芳务必在三天内还清逾期欠款; 若仍拒不还款, 将派遣当地外访员前往当地上门催收, 并把个人贷款资料上传有关贴吧, 其后果由她本人承担。

与张芳深入沟通后, 学校老师们认真研读她与培训机构签订的培训协议, 发现这份协议本质上是一个贷款协议, 很多条款对于学生是不利的。一旦签订该协议, 无论培训是否参加, 都必须要支付全部费用。

事实上, 在这个过程中, 张芳已经陷入了严重焦虑之中, 她又通过"某呗"分期贷款 3 000 元, 给"学习分期"支付了 1 次 980 元的费用。

为维护学生的正当权益, 学校有关老师与培训机构取得联系, 详细告知其张芳同学的实际情况, 严正告知其培训协议内容有失明显的公平性, 且其在宣传时宣称是"佰福", 实际签到协议的公司却是"白福", 存在明显的欺诈。要求培训机构与贷款公司"学习分期"协商, 学生只支付参加学习的两个月的费用, 剩余费用不支付。否则, 只能诉诸法律途径解决。学校和学院将为学生维护正当权益, 提供一切必要的支持。

经过学校老师与培训机构的多次协商, 最终对方同意与网络贷款公司协商, 调整还款金额。三天后, "学习分期"网络贷款平台在 App 上修改了还款金额, 最终张芳支付了两个月的培训费, 了结了贷款危机。

案例思考:

张芳财务困境的成因为何? 她又是如何化解财务困境的呢?

小结

通过对本讲的学习，读者了解到了财务困境形成的原因、财务困境的规避方法和应对方式，以及如何进行个人信用的维护与修复。财务困境可能出现在我们的生活中，为我们带来诸多不便。读者应该树立起相应的财务危机意识，重视个人信用，强化核心价值观念。

参考文献

［1］ Atkinson A, Messy F-A. Assessing financial literacy in 12 countries: an OECD/INFE international pilot exercise. *Journal of Pension Economics and Finance*, 2011, 10 (4): 657-665.

［2］ Argyle M, Furnham A. The psychology of money. London: Routledge, 1998.

［3］ Huston S J. Measuring financial literacy. *Journal of Consumer Affairs*, 2010, 44 (2): 296 – 316.

［4］ Lusardi A, Mitchell O S. The economic importance of financial literacy: theory and evidence. *Journal of Economic Literature*, 2014, 52 (1): 5 -44.

［5］ Mitchell T R, Mickel A E. The meaning of money: an individual-difference perspective. *Academy of Management Review*, 1999, 24 (3): 568 -578.

［6］ OECD. PISA 2012 Financial Literacy Framework, 2012.

［7］ OECD. OECD/INFE Toolkit for Measuring Financial Literacy and Financial Inclusion, 2011.

［8］ OECD. OECD/INFE Toolkit for Measuring Financial Literacy and Financial Inclusion, 2015.

［9］ OECD. PISA 2012 Assessment and Analytical Framework: Mathematics, Reading, Science, Problem Solving and Financial Literacy, 2013.

［10］ Sundie J M, Kenrick D T, Griskevicius V, et al. Peacocks, Porsches, and Thorstein Veblen: conspicuous consumption as a sexual signaling system. *Journal of Personality and Social Psychology*, 2011, 100 (4):

664 - 680.

[11] Tang T L P. The meaning of money revisited. *Journal of Organizational Behavior*, 1992, 13（2）：197-202.

[12] Tang T L P. The development of a short Money Ethic Scale：attitudes toward money and pay satisfaction revisited. *Personality and Individual Differences*, 1995, 19（6）：809-816.

[13] Vogler C, Pahl J. Money, power and inequality within marriage. *The Sociological Review*, 1994, 42（2）：263-288.

[14] 单丽丽. 浅谈企业年金的特点和建立意义. 现代经济信息, 2015（23）：106.

[15] 韩喜平. 马克思的信用理论及我国信用制度的构建. 当代经济研究, 2000（7）：8-12.

[16] 胡雪璐. 蚂蚁花呗的发展及其前景分析. 中国乡镇企业会计, 2017（10）：17-18.

[17] 贾华春. 法律枕边书：女性智慧生存维权宝典. 中国法制出版社, 2015.

[18] 金眉. 论彩礼返还的请求权基础重建. 政法论坛, 2019（5）：149-158.

[19] 刘凌希. 消费信贷对于缓解我国居民消费需求不足的思考——基于政治经济学视角. 时代金融, 2020（8）：10-11, 13.

[20] 刘晓宏. 外汇风险管理战略. 复旦大学出版社, 2009.

[21] 四川大学"中国大学生财经素养教育"课题组. 中国大学生财经素养状况蓝皮书（2022）——家庭环境的作用. 经济管理出版社, 2022.

[22] 王宏宇. 社会变迁下的农村高价彩礼演变影响、成因分析及破解路径. 重庆理工大学学报（社会科学）, 2020, 34（5）：89-94.

[23] 王卫国, 载志强, 朱晓娟. 消费者权益保护自助手册. 清华大学出版社, 2008.

［24］魏强斌. 外汇交易进阶：从新手到大师的成功之路. 经济管理出版社, 2014.

［25］习近平. 坚持中国特色社会主义教育发展道路 培养德智体美劳全面发展的社会主义建设者和接班人. 人民日报, 2018-09-11.

［26］夏萍. 小议货币时间价值在投资决策中的应用. 中国乡镇企业会计, 2008（6）, 14-15.

［27］徐玖平. 大学本分：本科教育事大 教授理应担当. 民主与科学, 2014（2）：73-74.

［28］徐玖平. 大学秩序：善治、自主、共治. 中国高等教育, 2014（21）：43.

［29］徐玖平, 牛永革, 李小平. 中国大学生财经素养状况蓝皮书. 经济管理出版社, 2021.

［30］徐鹏, 李成玲. 逾期还款影响征信 切莫轻信虚假修复. 法制日报-法制网, 2020.

［31］徐胥. 应该补补财经素养课. 经济日报, 2017-07-08（6）.

［32］杨小燕. 大学生"校园贷"产生的原因及对策——辅导员工作案例分析. 现代交际, 2019（21）：172-173.

［33］张军. 应用区块链技术提升社会信用体系建设. 市场周刊, 2020（5）：3-4.

［34］中国期货业协会. 外汇期货. 中国财政经济出版社, 2013.

［35］中国人民银行《中国征信业发展报告》编写组. 中国征信业发展报告（2003—2013）. 中国金融出版社, 2013.

［36］周欣悦. 身边的金钱心理学. 机械工业出版社, 2020.

后 记

面对基础财经教育弱、金融产品创新快、金融骗局陷阱多的现实，当代青年普遍存在财经价值取向偏、财经知识缺、财务风险意识弱、经济规划能力低的问题。近年来校园电信诈骗、网贷悲剧、借钱炒股失败而陷入财务困境的案例屡见不鲜，表明当代青年亟需提升财经素养。编写并推广通俗易懂的财经素养教育类读本，构建财经素养教育通识课程体系，创新财经素养教育方式，扩大财经素养教育的覆盖面和影响力已成为通识教育不可或缺的关键环节和重要使命。

自 2007 年始，我们以四川大学为平台，整合各方研究力量，组建"大学生财经素养教育课题研究小组"，依托国、省、校教改课题，经十余年的探索、研究、应用与推广，提出了"四化"财经素养教育理念，创立了"全程—多维—立体—系统"的财经素养教育模式。"四化"教育理念包括：情景化，依托场景模拟拓展学生素养；故事化，通过角色扮演强化学生理解；生活化，运用现实案例发现实践价值；实践化，通过实训演练培养应用能力。"全程—多维—立体—系统"的教育模式是依据"做法随学法、学法从教法"的教学规律，遵循"产—教—学、学—训—练、练—知—行"的路径，将财经素养教育全程分为基础教育、提升教育、拓展教育三个阶段，穿插贯通到大学生学习生涯中。我们利用传统课堂教学、新颖在线慕课、创新情景模拟、虚拟仿真实验、财经素养知识竞赛、创新创业大赛、家庭理财实践等多个维度，打造财经素养教育系统工程。

2017 年 5 月 22 日，以课题组成员为筹备组主力，四川大学成功举办了第二届中国财经素养教育高峰论坛。与会嘉宾围绕"财经素养教育与'一带一路'倡议"和"财经素养教育与教育'十三五'规划"进行了深入的分享和探讨，从实践探索的角度展开了对话，新华网、中新经纬、中证网、和讯新闻进行了专门报道。自 2018 年以来，在四川省教育厅和中汇会计师事务所等主管部门和企业的大力支持下，课题组每年还精心筹备"中汇杯"大学生财经素养大赛，吸引了四川省内数十所高校的几百支队伍、上千名大学生积极报名参赛，已成为四川省内最有影响力的省级赛事之一。

为了进一步提升课题组研究成果和应用的影响范围，我们还坚持于每年的 12 月下旬在四川大学江安校区的水上报告厅开办一场财经素养大讲堂。除了线下来自四川大学各个学院的学生参与讲座，我们还通过双线混合、网络直播的方式，面向线上线下、国内国外数万名听众开放讲座和互动，这种形式新颖的开放式讲座也获得了新华社、人民网、中国教育报、中国青年报、封面新闻、每日经济新闻、搜狐网、腾讯网、新浪网、凤凰网、网易新闻、四川电视台、成都日报、四川新闻网等多家权威媒体的专门报道，在社会上形成了广泛影响。

从 2018 年 3 月开始，课题组率先在四川大学每学期循环开设"大学生财经素养教育"通识课程，每期学生 300 余名。课程经过全院到全校的试讲，并以多种方式在理论拓展和实践探索中不断修正和完善各个主题的财经素养教育内容，得到了学生的高度评价。2020 年，四川大学教务处支持我们面向全校本科生开设"财富的理性本质——从个人功用到社会素养"通识核心课程，对课程质量提升、教改项目立项也提供了支持和指导。此后课程建设整体提速、成效显著，已成为四川大学选课人数最多、评价最好的通识课程之一，并连续多期达到课程推荐率100%。基于核心通识课程建设的在线开放课程"财富的理性本质：大学生财经素养教育"也将在中国大学慕课（爱课程）平台和学堂在线平台上线，这将吸引全国各地对提升自身财经素养有需求和兴趣的更多学生参与课程学习。

在教学过程中，课程组除了收获学生的积极评价和高度认可外，也收到了很多宝贵的建设性意见和改进建议。其中出现频率最高的意见之一就是希望有一本全面系统的读本与课程配套。然而遗憾的是，在目前已出版的所有财经类教材中都很难找到一本与课程内容和学生需求完全匹配的通识读本。已出版的读本要么难以系统覆盖财经素养教育各个重要模块，要么讲述方式不够通俗，难以让缺乏专业基础的学生掌握和理解。为此，在笔者的牵头组织下，课程组从 2020 年开始历时两年时间协同攻关、集体编写《财富的理性本质：从个人功用到社会素养》这本与同名核心通识课程配套的读本。编写小组采取"边研究、边咨询、边修改"的合作联动方式，以课程讲义为基础，结合历次课程实践中学生们的反馈意见，力争做到系统全面、通俗易懂而又生动有趣。在每一讲的内容设计中，通过核心知识点的导引和梳理、生活实践小案例的穿插应用，以及延伸思考和讨论，帮助学生系统建立财经理念、掌握基本财经知识和方法；同时必要时还配有综合案例讨论，帮助学生利用所学知识分析和解决实际财经问题，提升财经素养。

编写小组由我担任主编，负责全书的统筹策划、结构安排和内容组织；应千伟、牛永革、李小平和刘海月担任副主编。"财富的理性本质：从个人功用到社会素养"核心通识课程的其他各位课程组成员鲁力、张攀、孟致毅、吴邦刚、贾西猛、邱瑞等也都参与了本书的编写工作。在形成初稿和修订稿件过程中，我们持续召开了 10 余次撰稿会和审稿会。本书共分为四篇：第一篇"预算与消费"共四讲，由牛永革撰写提纲和初稿，张攀和孟致毅参与修订；第二篇"借贷与信用"共两讲，由牛永革和鲁力合作撰写和修订；第三篇"理财与风险"共六讲，由应千伟主笔，刘海月、贾西猛、吴邦刚、邱瑞等参与修订；第四篇"经济问题应对"共两讲，分别由张攀和李小平撰写和修订。全书成稿后，由刘海月、应千伟、李小平等审核校对，并由笔者对全部书稿再次核验后定稿。

在撰稿和审稿过程中，中汇会计师事务所合伙人、成都分所所长刘彬文先生，四川大学商学院卢毅研究员和胡知能教授等对书稿的撰写和修订提出了诸多宝贵意见和建议，在此表示诚挚的谢意。同时还要特别感谢四川大学教务处和四川大学出版社的各位同仁在多次审稿会中给予的建设性反馈意见。相信本书的出版可以为进一步推进和推广大学生财经素养教育做出一定的贡献。

徐玖平

图书在版编目（CIP）数据

财富的理性本质：从个人功用到社会素养 / 徐玖平
主编．— 成都：四川大学出版社，2023.7
（明远通识文库）
ISBN 978-7-5690-5722-5

Ⅰ．①财… Ⅱ．①徐… Ⅲ．①经济学－文集 Ⅳ．
①F0-53

中国版本图书馆 CIP 数据核字（2022）第 186391 号

书　　名：财富的理性本质：从个人功用到社会素养
　　　　　Caifu de Lixing Benzhi: Cong Geren Gongyong dao Shehui Suyang
主　　编：徐玖平
丛 书 名：明远通识文库
- -
出 版 人：侯宏虹
总 策 划：张宏辉
丛书策划：侯宏虹　王　军
选题策划：曹雪敏
责任编辑：曹雪敏
责任校对：张宇琛
装帧设计：燕　七
责任印制：王　炜
- -
出版发行：四川大学出版社有限责任公司
　　　　　地址：成都市一环路南一段 24 号（610065）
　　　　　电话：（028）85408311（发行部）、85400276（总编室）
　　　　　电子邮箱：scupress@vip.163.com
　　　　　网址：https://press.scu.edu.cn
印前制作：成都完美科技有限责任公司
印刷装订：四川盛图彩色印刷有限公司
- -
成品尺寸：165 mm×240 mm
印　　张：20.625
插　　页：4
字　　数：309 千字
- -
版　　次：2023 年 7 月 第 1 版
印　　次：2023 年 7 月 第 1 次印刷
定　　价：58.00 元
- -
本社图书如有印装质量问题，请联系发行部调换

扫码获取数字资源

四川大学出版社
微信公众号